# 복지국가의 미래

## 위기론의 허구와 실제

프랜시스 캐슬 지음 | 우명동 · 우기동 옮김

# The Future of the Welfare State

## - Myths and Crisis Realities

도서출판 해남

나의 손녀 한나(Hannah), 소피(Sophie), 그리고 엘리(Ellie)에게 이 글을 준다. 내 생각으로 나의 다섯 자녀들이 수년 내에 몇 명의 손자, 손녀들을 더 안겨 줄 것이다. 이는 제7장의 내용에서도 밝혀지겠지만, 나 자신의 개인적인 즐거움일 뿐만 아니라 사회적으로 유용한 일이 될 것이다. 그들에게도 이 글을 주고 싶다.

# 머리말

이 책은 내가 최근 몇 년간 복지국가의 미래에 관해 폭넓은 주제로 기술한 책의 내용과 일련의 기고문의 논점을 통합하고 최근의 것까지를 체계화하기 위해 쓴 것이다. 원래의 기고문과 책의 글들은 시기적으로나 국가군(群)에 있어 다소 상이하지만, 이 책에서는 1980~1998년까지 OECD 21개 국가들에 관해 일관되게 분석하였다. 최근 서구 복지국가에 발생한 것을 근거로 장차 이들 국가에 무슨 일이 발생할 것인지 알아보는 것이 이 글의 의도이다. 비록 여기 쓰인 글의 70% 정도는 새로 저술한 것이지만, 나의 이전 글 중에서 어떤 부분을 인용하였는지 밝히고, 이들 자료의 사용을 허락해 준 해당 출판사들에 감사드린다.

이후의 장(章)들에는 나의 아래 글들이 포함되어 있다. 제3장은 "Developing New Measures of Welfare State Change and Reform," *European Journal of Political Research*, Blackwell Publishing, 41: 5, 2002: 613~641에서 가져온 것이며, 제4장은 "The European Social Model: Progress Since the Early 1980s," *European Journal of Social Security*, Intersentia, 4: 1, 2002: 7~21에서 가져온 것이다. 이어 제5장의 내용은 "On the Political Economy of Recent Public Sector Development," *Journal of European Social Policy*, Sage Publications, 11: 3, 2001: 195~211에서, 제6장은 "Public Expenditure and Population Ageing: Why Families Nations are Different," Jochen Clasen(ed.), *What Future for Social Security? Debates and Reforms in National and Cross-National Perspective*, Kluwer Law International, 2001: 143~155, 그리고 제7장의 내용은 "The World Turned

Upside Down: Below Replacement Fertility, Changing Preferences and Family-Friendly Public Policy in 21 OECD Countries," *Journal of European Social Policy*, Sage Publications, 13: 3, 2003: 209~227에서 가져온 것이다. 이 책의 제목 역시 *International Journal of Health Services*, Baywood Publishing Company, Inc., 32: 2, 2002: 255~278에 실린 나의 다른 글의 제목이었다. 그 글에서 나는 처음으로 복지국가의 미래에 대한 다양한 생각들을 통합해 보고자 시도하였다. 이상하게도 그 글의 내용을 이 자리로 옮겨 오는 것은 앞의 다른 글들에 비해 더 많은 한계점이 있었다. 그럼에도 불구하고 그 자료의 사용을 허가해 준 출판사측에 감사의 뜻을 전한다.

이처럼 나의 종전의 글을 빌려 와서 이 책을 만들 수 있도록 도와 준 데 대한 감사와 더불어, 이 책의 서술을 가능하게 해 주고 때로는 즐겁게 작업할 수 있도록 해 준 많은 지지와 협조에 감사드리고자 한다. 무엇보다도 다섯 가지의 서로 다른 글을 모아 하나의 작품으로 완성하는 데 필요하였던 5개월의 안식기간을 집처럼 편하게 대해 준, 호주 국립대학의 국립 유럽센터와, 센터 책임자 엘림 파파다키스(Elim Papadakis) 교수, 그리고 행정책임자 헬렌 페어브라더(Helen Fairbrother)에 대하여 감사드리고자 한다. 다음으로 이 책에 담긴 생각들을 연구할 수 있도록 시간과 지적 공간을 제공해 준 에든버러대학교 사회정책학부(Social Policy)의 동료들에게도 감사를 표하고자 한다. 지금 에든버러의 나의 동료들은 하나같이 40여년의 교수생활에서 만난 가장 멋지고 또한 가장 큰 도움이 된 사람들이다. 그리고 초고를 읽고 평을 해 주거나, 정보와 자료들을 제공하는 등 다양한 도움을 준 많은 훌륭하신 분들께 감사드리고자 한다. 특히, 다양한 방법으로 원래 글들이 담겨 있던 책과 그 글들을 원래 상태보다 더욱 돋보이게 해 준 윌렘 아데마(Willem Adema), 리처드 그랜트(Richard Grant), 리처드 패리(Richard Parry), 맨프레드 슈미트(Manfred Schmidt) 그리고 듀엔 스완크(Duane Swank) 등 여러분께 감사를 드린다. 끝으로 이 과제가 결실을 맺도록 지적 · 정서적으로 한결같이 나를 도와 준 나의 아내 베스(Beth)에게 감사하고자 한다.

## 역자 머리말

오늘날 '범세계적 차원에서의 경제적 거래의 자유화' 현상이 더욱 가속화되면서, 복지국가에 대한 사회적 압력이 거세지는 추세를 보이고 있다. 그러한 가운데 현실의 위정자들은 지난 시절 대처(Margaret Thatcher) 총리가 던졌던 '대안이 없다'는 상징적 구호를 되뇌면서 복지국가의 '바닥으로의 질주'현상을 가속화시키려는 움직임을 보이기도 한다. 심지어 많은 사회문제 전문가들까지도 이러한 정책적인 움직임에 가세하여 세계적인 경쟁에서 살아남기 위해서는 복지국가 후퇴가 보편적이고 필연적이라는 주장을 거침없이 쏟아 내고 있다. 경우에 따라서는 가세하는 정도가 아니라 앞장서서 그 논리적 배경마저 제공해 주곤 한다.

그러나 많은 자유주의 시장론자들이 인정하기를 저어하고 있지만, 다른 모든 사회현상과 마찬가지로 복지국가의 위상 또한 보편적이라기보다는 사회적 · 역사적인 제약을 받으면서 서로 다른 양상을 보이기 마련이다. 이렇게 보면 오늘날 각국이 처한 사회문제에 대한 대응방식도 달라야 하는 것이 오히려 당연할 것이다. 본서가 우리에게 주는 중요한 시사점은 바로 이와 같은 점에 있다. 본서는 각국의 역사적 · 사회경제적 차별성에 따라 복지국가의 과거 모습이 그랬듯이 현재와 미래의 모습 또한 차별적일 수밖에 없다는 사실을 보이는 데 역점을 두고 있다. 나아가 본서는 각국이 자국의 실정에 맞는 차별적인 복지국가 전략을 구상하는 것이 최선의 길이라는 사실을 조용하게, 그러나 아주 단호하게 시사하고 있다.

한국은 1996년 OECD에 가입하고, 세계경제 10대 대국의 반열에 올라와 있지만, 복지지출면에서는 국민의 정부, 참여정부를 거치면서 큰 폭으로 늘어 왔음에도 불구하고 아직도 OECD 평균의 절반에도 못 미치고 있으며, 복지서비스의 구조적 측면, 나아가 복지서비스 전달메커니즘 또한 취약한 상태에 놓여 있음은 주지의 사실이다. 그럼에도 불구하고 특히 세계적인 경제위기에 편승하여 규제완화 내지 철폐를 통해 더욱더 시장근본주의 · 경제지상주의를 지향하면서, 복지부문에서는 부분적인 시혜적 복지서비스로 사회를 통합하겠다는 정책구상들과 이론가들의 주장이 난무하고 있다. 본서는 바로 이러한 국면에서 저자가 객관적 자료에 근거하여 실증적으로 제시하고 있는 OECD 21개국의 서로 다른 복지서비스 규모변화 추세와 그 공급구조의 차별적인 모습을 보면서, 우리나라의 특수성을 점검하고 복지국가의 방향성을 설정하는 데 주요한 지침을 제공해 주리라 확신한다.

역자의 평소 의지 같았으면 훨씬 이전에 본 역서가 출간되었을 것이다. 한편으로는 그간 자연적 연령이 주는 제약이 출간을 늦추는 데 일조하였다. 그러나 또 한편으로는 많은 숫자를 통해 지나치게 자세하게 설명해 가는 저자의 설명방식이 역자들을 나태하게 만든 면도 적지 않았다. 이러한 여건 속에서도 포기하지 않고 2년에 걸친 긴 시간을 거쳐 번역작업을 완성시키기에 이르렀다. 먼저 역자들은 일상적인 연구생활을 틈타 1년여에 걸쳐 각자 독자적으로 번역을 한 차례 끝내고, 그리고 또 다시 1년여의 시간을 들여 장별로 협의를 거쳐 내용을 다시금 점검해 가면서 번역상 오류를 줄여 저자의 의도가 왜곡되지 않게 하려 노력하였다. 그럼에도 불구하고 역자들의 부족한 능력으로 번역상의 오류나 부적절한 표현이 없지 않을까 두려운 마음을 떨치지 못하는 것이 솔직한 심경이다. 그렇지만 이렇게 끝까지 번역작업을 이어간 것은 사회문제에 대한 차별성 인식의 중요성을 전해 주고자 한 본서가 주는 시사점을 독자들과 공유하고자 하는 번역의 의도를 중히 여겼기 때문이다. 아울러 독자들의 편의를 제고하기 위해 원저에 없는 '각주'와 '보론'을 추가하였으니 참고하기 바란다.

본서를 역자에게 처음으로 소개해 주고, 지난 2년여 간 이어진 지루한 번역과정에서 역자들의 다양한 질문에 기꺼이 응해 주면서 소중한 정보까지 제공해 주신 인하대학교 강병구 교수님과 성신여자대학교 성효용 교수님께 감사의 말씀을 전해 드린다. 이번에도 도서출판 해남의 노현철 사장은 자칫 중간에서 멈추어 버릴 수도 있었을 역자들의 나약함을 반성하고 다시 깨어나게 해 주는 신선한 자극제가 되었기에 이 자리를 빌어 고마운 마음을 전한다.

2008년을 마무리하면서
북가좌동 서재에서

우명동 씀

## 차 례


Chapter 1

**복지국가 위기－사실인가 허구인가, 그 실상은?** 1

4 제1절 주제

16 제2절 접근방법

23 제3절 장별 내용

33 보 론 복지국가의 '옛 정치'와 '새 정치'

Chapter 2

**복지국가는 '바닥으로 질주'하고 있는가?** 35

37 제1절 미리 고려할 점

41 제2절 총지출의 유형

51 제3절 복지의 특징과 수준

62 제4절 실질지출의 유형

69 제5절 결론

Chapter 3

사회적 공급의 구조는 변하고 있는가? 73

75 제1절 세분화된 자료의 사용

78 제2절 보다 개선된 총량 자료의 구축

86 제3절 변화의 형태와 방향

95 제4절 사회적 공급의 형태와 변화경로

107 제5절 결론

Chapter 4

유럽의 복지국가는 수렴하고 있는가? 111

113 제1절 국가군의 수렴현상과 특이성

121 제2절 총지출

126 제3절 필요에 따른 조정

130 제4절 개별 프로그램

134 제5절 지출 비중

138 제6절 결론

142 보 론 EU 기구

143 보 론 제 국가군의 분류

Chapter 5

지출성과는 어떻게 설명할 것인가? 147

149 제1절 결과에서 원인으로

153 제2절 세계경제 요인
158 제3절 국내 요인
168 제4절 지출변화 설명을 위한 세 모형
174 제5절 경로분석과 그 의미
178 제6절 남겨진 과제
181 보 론 경로분석

Chapter 6

**인구고령화는 국고를 고갈시키고 있는가?** 183
185 제1절 인구통계적 위협
192 제2절 인구고령화(1960~2050)
198 제3절 연금지출과 연금급부율
206 제4절 연령관련 지출의 상관성
210 제5절 모형의 재검토
214 제6절 위기설 해당 국가

Chapter 7

**출산율 저하위기－실제로 일어나고 있는가?** 217
219 제1절 인구감소 가능성
227 제2절 현상의 반전
230 제3절 문화적 가치와 고용구조
236 제4절 선호유형의 변화
241 제5절 다양한 정책배경

244 제6절 정책효과 측정

254 제7절 판단의 보류

256 보 론 출산율의 제 개념

Chapter 8

## 안정적 복지국가는 달성가능한가? 261

263 제1절 머리말

264 제2절 안정적 지출

268 제3절 유형별 수렴현상

273 제4절 미래 복지 결정요인

278 제5절 남겨진 과제

285 참고문헌

309 찾아보기

## 표 및 그림 차례

44 〈표 2.1〉 OECD 21개국 GDP 대비 공공부문 총사회적 지출 비중과 그 변화
48 〈표 2.2〉 OECD 21개국 GDP 대비 일반정부 총지출 비중과 그 변화
55 〈표 2.3〉 OECD 21개국 일반정부 총지출 대비 공공부문 총사회적 지출 비중
57 〈표 2.4〉 OECD 21개국 복지국가 급부율
66 〈표 2.5〉 OECD 21개국 1인당 실질사회적 지출(1985년 미국달러 기준 금액)
68 〈표 2.6〉 OECD 21개국 복지의존인구 1인당 실질사회적 지출(1985년 미국달러 기준 금액)
84 〈표 3.1〉 OECD 21개국 공공사회적 지출 척도—12항목 척도, 11항목 척도, 수정된 11항목 척도
92 〈표 3.2〉 OECD 21개국 복지국가 구조변화와 복지국가 규모감소 정도(1980~1998)
100 〈표 3.3〉 OECD 21개국 사회적 지출 유형별 점유율
106 〈표 3.4〉 OECD 21개국 사회적 지출 유형별 점유율 변화(1980~1998)
122 〈표 4.1〉 OECD 21개국 12항목 총사회적 지출과 일반정부 총지출의 변이계수
127 〈표 4.2〉 OECD 21개국 복지국가 급부율 및 의존인구 1인당 실질사회적 지출의 변이계수
132 〈표 4.3〉 OECD 21개국 고령현금급여 및 공공보건지출 GDP 대비 비중의 변이계수
135 〈표 4.4〉 OECD 21개국 사회적 지출 비중의 변이계수
154 〈표 5.1〉 OECD 21개국 세계경제 노출 정도 측정을 위한 변수(1981~1998)

158 〈표 5.2〉 OECD 21개국 지출변화분과 세계경제에의 노출 정도 측정치 사이의 다양한 상관성(1980~1998)

166 〈표 5.3〉 OECD 21개국 지출변화분과 프로그램, 사회경제적, 정치적 변수 사이의 다양한 상관성(1980~1998)

170 〈표 5.4〉 OECD 21개국 12항목 사회적 지출 척도, 일반정부 총지출, 12항목 감소 정도 변화 측정을 위한 최적모형(1980~1998)

175 〈그림 5.1〉 OECD 19개국 일반정부 총지출 변화에 대한 핵심경로분석

194 〈표 6.1〉 OECD 21개국 65세 이상 고령인구 비율

200 〈표 6.2〉 OECD 21개국 GDP 대비 고령현금급여지출 비중 및 AGE 비율(고령인구 대비 고령현금급여지출 비중)

208 〈표 6.3〉 OECD 21개국 지출변화분과 연령관련 변수의 다양한 상관성(1980~1998)

212 〈표 6.4〉 OECD 21개국의 연령관련 변수를 포함한 12항목 사회적 지출 척도, 일반정부 총지출, 12항목 감소 정도 변화측정을 위한 최적모형(1980~1998)

220 〈표 7.1〉 OECD 21개국 기간합계출산율

231 〈표 7.2〉 OECD 21개국 기간합계출산율과 문화적 가치 및 고용구조 관련변수 사이의 상관성 유형

234 〈표 7.3〉 OECD 21개국 기간합계출산율 변화분과 문화적 가치 및 고용구조관련 변수 초기값 및 변화분 사이의 상관성 유형(1980~1998)

248 〈표 7.4〉 OECD 21개국 기간합계출산율과 다양한 가족친화적 공공정책 척도들과의 상관성 유형(1998)

252 〈표 7.5〉 OECD 20개국 기간합계출산율의 국가 간 차이의 결정요인에 대한 최적모형(1998)

Chapter 1

# 복지국가 위기 -사실인가 허구인가, 그 실상은?

제1절 주제
제2절 접근방법
제3절 장별 내용

# 복지국가 위기
# -사실인가 허구인가, 그 실상은?

제1절 주제

제2절 접근방법

제3절 장별 내용

Chapter 1

이 책에서는 최근 몇 해 동안의 복지국가 발전에 관한 일련의 글들을 평가함으로써 서구 국가들이 미래에 어떤 형태의 복지국가로 발전해 갈지에 대해 알아보고자 한다. 주요 문헌들을 보면, 복지국가 과제 전반이 경제의 세계화 추세에 따라 위험에 처하였으며, 고령인구의 요구로 인해 다음 세대의 복지에 필요한 자금공급이 불가능하다는 것을 다양한 방식으로 보여 주고 있다. 또한 그러한 글에 의하면, 각국의 정책결정권자들은 위와 같은 제 요인에 적응하기 위해 복지국가 개혁을 위한 주요 방안들을 구상하기 시작하였다. 이러한 구상은 좌 · 우파의 프로그램상의 대립에서보다는, 오히려 지출감소를 지지하는 견해와 반대하는 견해 내지는 '복지국가의 새 정치'[1]에 대한 대립된 견해로부터 아이디어를 얻고 있다. 오늘날 사회와 이 사회의 기반이 되는 사회정책 토대의 존립마저 위협받고 있다는 논의도 일어나고 있다. 그러한 논의는 많은 선진국에서 출산율 저하로 인해 나타나는 재난에 가까운 급격한 인구감소의 위협과 관련되는 것이다. 이 책의 목표는 이러한 논의들이 얼마나 정확한지를 평가하고, 그러한 논의들에서 밝히고 있는 제 요인들이 앞으로 사회정책의 발전경로를 어떻게 규정지을지에 대해 숙고해 보는 데 있다. 본장에서는 본서에서 다룰 주제들을 설정하고, 접근방법을 개괄적으로 살펴보며, 나아가서 이어지는 분석들에서 다룰 장별 내용을 개관한다.

1) '복지국가의 새 정치'에 대해서는 보론을 참고할 것.

## 제1절 주제

본서에서 우리는 복지국가의 위기와 그 허구성 여부, 나아가 검증을 통한 실상의 파악을 주요 주제로 삼고 있다. 이 주제들은 서로 복잡하게 얽혀 있다. 제1차 오일쇼크가 그때까지 당연해 보이던 지난 시절의 지속적인 경제성장 추세에 종지부를 찍은 이래, 지난 30여 년간 영향력 있는 논객들은 복지국가가 극도의 곤경에 빠졌다고 주장하였다. 그러나 1970년대와 1980년대 복지국가 위기에 대한 초기 논의들은 여러 가지 사건들에 의해 허구임이 밝혀졌는바, 이러한 위기론의 허구성은 사회정책의 전개과정에서 실증적으로 밝혀진 것이다. 여기서 제기하는 질문은 위와 같은 상황이 오늘날에도 사실일까 하는 점이다. 말하자면, 세계화와 인구통계적 구조변화로 인해 예상되는 위기적 상황들이 사회정책의 재앙을 불러올 것인가, 아니면 오늘날의 위기도 다시금 허구로 판명될 것인가 하는 점이다. 우리는 1970년대와 1980년대의 초기 위기론으로부터 논의를 시작하려 한다. 그것은 초기의 위기론이 현재 우리가 당면하고 있다는 위협과 닮은 점이 많기 때문이다(초기 문헌에 대해서는 Moran, 1988을 참고할 것).

복지국가 위기현상에 대한 초기의 설명은 '민주주의 국가의 과부하론'[2]과 '현대국가의 재정위기론'[3]의 형태로 나타났던바, 전자는 우파 학

2) '민주주의 국가 과부하론'(democratic overload)은 국가규모 팽창현상을 설명하는 견해 중의 하나로서, 오늘날 국가규모가 팽창하는 현상은 자유민주주의 국가가 대중들의 지나친 요구를 수용한 데 따른 것이라고 파악하는 헌팅턴(S. P. Huntington) 등 다원론적 민주주의자들과 뷰캐넌(J. M. Buchanan) 등 공공선택론자들의 견해이다(박상섭, 1985: 14~15 참고). 다원론자들의 이러한 논의에 대한 보다 구체적인 논의는 관련 정치학 문헌을 참고하기 바람.

자들로부터(Crozier et al., 1975 참고), 후자는 좌파 학자들로부터 제시되었다(O'Connor, 1973; Gough, 1979; Offe, 1984 등 참고). 이들의 정치적 관점은 서로 다를지라도, 기본적으로 진단은 다르지 않다. 시민들이 국가가 정부지출로 제공할 수 있는 것 이상의 것을 요구하였기 때문에 국가가 위기에 빠지게 된 것이다. 그리고 시민들의 요구를 대표하는 대의제 민주주의 장치가 곧바로 시민들의 지나친 요구를 가능하게 하는 메커니즘으로 작동하고 있기 때문에, 어떠한 개혁조치도 현대 민주주의 국가의 파멸을 불러오게 되는 것이다. 국가는 —사회정책 영역에서 현저히 새로운 지출수요가 생기는 복지국가는 당연히— 위기에 처하였다. 왜냐하면, 국가는 양립할 수 없는 모순을 갖고 있기 때문이다. 말하자면, 민주주의는 자본주의가 충족시켜 주지 못하는 요구들을 만들어 내기 때문에 민주적 자본주의는 기능할 수 없다.

경제적 분석결과 1980년대 공공경제는 1970년대의 경우와 마찬가지로 통제범위를 넘어서고 있었는데, 이러한 사실은 경제침체기에 '큰 정부'가 재앙까지는 아니더라도 위기상황이라 할 정도로 많은 어려움에 직면해 있음을 가리키고 있다(Hood and Wright, 1981 참고). 금세기 초 경제협력개발기구(OECD)가 발간한 『복지국가의 위기』(OECD, 1981)는 복지국가를 연구하는 주도적인 학자들과 재계, 노동계, 정부의 다양한 대표들이 참석하여 '1980년대의 사회정책'에 관해 토론한 내용을 싣고 있다. 이 책에서 반복적으로 다루어지고 있는 주제들에는 경제성장률 저하가 불가피하

3) '현대국가 재정위기론'(fiscal crisis of the state)은 국가규모 팽창현상을 설명하는 견해 중의 하나로서, 자본주의 사회의 특성 중의 하나인 '생산의 사회적 성격'으로 인해 '생산비용의 사회화'가 진행되면서 정부지출이 증가될 수밖에 없다고 보는 오코너(J. O'Connor) 등 정치경제학자들의 견해이다. 이들은 그와 같은 생산의 사회적 성격에도 불구하고 자본주의 사회의 또 하나의 특성인 '소유의 사적 성격'으로 인해 국민의 조세지불 의지나 능력은 매우 제한되어 있어서 재정위기현상이 나타나게 되는 것으로 파악하고 있다. 이에 대한 보다 구체적인 논의는 우명동(1990)을 참고하기 바람.

게 사회보장 팽창에 충격을 준다는 사실, 높은 실업률이 사회보장제도의 재정적 위기를 불러온다는 사실, 완전고용을 달성할 수 있는 국가의 능력이 줄어들고 있다는 사실, 조세반란이 나타나서 충분히 확보되지도 않은 기존의 복지국가기금을 위협하게 된다는 사실 등이 있다. 그 토론의 논조는 아주 비관적이었는데, 한 세션의 사회자는 '대부분의 정부로 하여금 조세부담을 줄이라는 강력한 정치적 압력이 행해지고 있다는 사실'과 '조세부담수준이 이미 일정한 한계에 도달하였다는 사실이 일반적으로 받아들여지고 있다는 점'을 지적하였다(OECD, 1981: 70). 1985년에 OECD는 같은 주제를 다시 다루면서, '스테그플레이션에 대응하기 위해 공공지출 팽창을 억제하고 정부적자를 축소할 것'을 주장하였으며, '복지국가의 물적 조건의 관점에서 보면, 사회적 진보가 이루어지지 않은 상태에서 곧바로 예산위기 국면이 나타나기 시작하였다'는 사실을 시사한다(OECD, 1985: 9).

예산위기 상태가 보다 즉각적이고 광범위하게 나타날 것이라는 견해가 많이 퇴색하였음에도 불구하고, 복지국가가 더 발전해 가는 과정에서 직면하게 될 경제적 문제들이 1980년대 초반 이래 복지국가 미래에 관한 주요 논쟁에서 꾸준한 주제가 되어 왔다. 민주주의 국가에서 주민의 요구가 끊임없이 일어난다는 전제 위에 이루어진 기존의 위기 예상은, 1980년대 OECD 국가들의 공공지출 팽창 정도가 전반적으로 줄어드는 것을 볼 때 지나치게 과장된 것으로 밝혀지기 시작하였다(1960년대 이래 총사회적 지출의 팽창과 총정부지출에 관한 자료는 제2장의 〈표 2.1〉과 〈표 2.2〉를 참고할 것). 특히, 큰 복지국가들이 경제적 침체나 실업 등에 취약하다는 설명은 오스트리아, 핀란드, 노르웨이, 스웨덴 등 서유럽의 사회민주주의적 조합국가들의 경험에 비추어 볼 때 무언가 맞지 않는 점이 드러났다. 이 나라들은 1980년대를 거쳐 복지국가를 팽창시키면서도 완전고용과 적정

경제성장률을 성공적으로 달성하였다(Goldthrope, 1984; Lindberg and Maier, 1985). 종전의 우려들이 점점 약화되면서 새로운 걱정들이 나타나는데, 이것은 종전보다 더욱 풀기 어려워 보였다. 그것은 새로운 위협의 근원이 한편으로는 세계경제 차원에서 일어나는 변화이며, 또 한편으로는 인구구조상의 변화로서 전적으로 국내 정치주체들의 통제범위 밖에 있는 것으로 밝혀졌기 때문이다.

세계경제에서 일어나고 있는 변화에 바탕을 둔 글들은 세계화의 정치적 시사점과 정책적 충격에 관한 오늘날의 수많은 문헌들의 중요한 일부가 되었다(이들을 소개하고 있는 문헌으로는 Ohmae, 1991; Hirst and Thompson, 1996; Keohane and Milner, 1996; Strang, 1996 등을 참고). 세계화는 적어도 다음과 같은 두 가지 이유로 급부수준이 높은 복지국가의 지속가능성에 중대한 위협으로 간주되었다. 첫째로 세계무역에 심하게 노출됨으로써 사회적 지출과 조세를 삭감하라는 심각한 압력이 제기되고 있다는 점이 지적되어 왔다. 자국의 수출이 세계시장에서 경쟁력을 갖추는 것을 보고자 하는 정부, 고용주, 노동조합들은 정부지출과 조세수준을 낮출 생각을 하게 된다. 그것은 정부지출과 조세가 바로 임금비용수준을 높이며, 그리하여 수출가격을 높이기 때문이다(Pfaller, Gough, and Therborn, 1991; Drache, 1996 참고). 둘째로 1980년대 초반 이래 세계경제 전환을 특징짓는 세계적인 자본흐름의 거대한 증가는 '소셜 덤핑'에 대한 강제적 유인을 만들어 내었다. 소셜 덤핑이란 유동자본 보유자의 자본도피에 겁먹은 정부들이 사업의지를 저해할 것으로 예상되는 각종 부담을 없애기 위해 모든 조치를 취하는 과정이다(Webb, 1995; Aspinwall, 1996; Jessop, 1996 등 참고).[4] 세계화의 이와 같은 두 측면은 극단적으로 '바닥으로의 질주' 현상

4) 원래 의미의 '소셜 덤핑'(social dumping)은 제품수출에 있어서 낮은 수준의 노동조건

을 만들어 내는 것으로 간주되는데, 그러한 현상이 일어나면 세계시장에서 경쟁해 나가면서 해외자본을 유인해야 할 필요성 때문에 복지국가는 끊임없이 축소되어, 결국 최소한의 복지국가 상태에 이르게 될 것이다. '소셜 덤핑'에 대한 우려로 무역과 자본의 자유로운 흐름을 증진시키기 위한 제도를 의식적으로 고안하고 있는 유럽연합의 경우도 이와 비슷하다. 유럽연합의 몇몇 회원국들은 사회적 비용을 낮추고 있는데, 이러한 사실은 사회적 공급수준의 하향수렴현상을 가져오는 요인으로 간주된다(Leibfried and Pierson, 1995: 70~71; Scharpf, 1998 참고). 이런 설명들을 보면, 국가들은 정도의 차이는 있지만 정책결정의 자율성을 상실한 것으로 보인다. 서로 다른 국가들은, 개별 국가의 통제범위를 넘어서는 경제적 요인에 의해 지배되고 있기 때문에, 서로 다른 다양한 정책을 선택하기가 어려워졌다(Mishra, 1999). 이러한 사실들은 복지국가들이 일련의 세계화의 명령에 따라야 하기 때문에 점점 더 유사해지고 더욱 위축되었다는 사실을 시사한다. 세계화가 복지국가에 주는 제약점은 자신을 비평하는 사람들을 향해 대처(Margaret Thatcher)가 외쳤던 "다른 선택은 없다"는 말에 압축적으로 잘 나타나 있다.

복지국가의 미래는 상당히 그 규모가 감소될 것이라고 예상하는 견해가 있는가 하면, 흥미롭게도 다른 한편에서는 그와 반대로 예상하는 견해도 있다. 말하자면, 가까운 미래에 사회적 지출을 매우 급격하게 늘리는 요인이 존재한다는 것이다. 그와 같은 지출증가를 가져오게 하는 요인은 인구고령화인데, 세계은행(World Bank, 1994)은 이 문제를 '고령화 위기'로 묘사하였으며, OECD(1996a)는 복지국가의 '중대한 정책상의 도전'이라고 밝힌 바 있다. 논점은 분명하다. 복지국가에서 비용이 가장 많

으로 인한 직·간접적인 노동비용의 차이를 이용하여 경쟁상대국에 비해 인위적으로 제품원가를 낮게 유지하는 행위를 일컫는다.

이 드는 두 가지 프로그램은 고령현금급여와 공공보건 서비스인데, 전자는 연금개시 연령을 넘어서는 모든 노인들을 위한 포괄적인 영역이며, 후자는 노인들이라도 조건에 따라 서로 다르게 이용하는 서비스이다. 대부분의 OECD 국가들에서, 이 프로그램들은 총사회적 지출 중 약 2/3를 차지한다. 동시에 인구통계적 추정에 의하면 65세 이상 인구비율이 급격하게 증가하기 시작하였음을 알 수 있다. 1990년대 후반기에 OECD의 한 추정에 의하면, 2000년 OECD 인구의 13.9%에 해당하던 것이 2030년에는 22.5%로 늘어남으로써(Bos et al., 1994) 30년 만에 60% 이상 늘어날 것으로 예상되고 있다. 이러한 사실이 시사하는 바는 분명하다. 인구고령화는 각국 정부들이 기존의 고령자에 대한 각종 혜택들을 축소하는 방법을 찾아 내지 않는 한, 확실히 사회적 지출을 매우 큰 폭으로 증가시킬 것이라는 점이다.

사실 제6장에서는 지출증가 원인을 인구고령화 그 자체로 돌리는 것이 적절한가, '고령화 위기' 개념을 어떠한 형태로든지 일반화시키는 것이 타당한가에 대해 의문을 제기한다. 그러나 이러한 문제들이 어느 정도 정치적 위기를 불러오는 잠재력을 가진 쟁점들이라는 점에 대해서는 거의 의문의 여지가 없다. 1995년 프랑스 보수정부는 연금권리를 축소하려는 제안에 반대해서 촉발된 노동자들의 소요와 가두항의의 직접적인 결과로 무너졌다. 이 장을 서술하던 2003년 늦봄에도 다시금 프랑스에서 대규모 시위가 벌어지고 있었으며, 오스트리아와 스웨덴에서도 시위가 일어나고 있었는데, 이들 시위는 연금개시 연령을 늦추거나 아니면 기존 고령연금제도의 수급권과 급부조건을 축소시키고자 하는 정부안에 대항하는 것이었다.

우리가 지금까지 확인한 위기에 관한 설명들은 외부환경의 변화가 복지국가에 주는 위협에 직접적으로 초점을 맞추고 있다. 위기론의 마지막 논점은 복지국가에 대한 위협에 직접적으로 초점을 맞추기보다는 오히려 최근 수십 년간 선진국의 급격한 출산율 저하로부터 야기되는 일련의 부정적인 사회 · 경제적 효과를 찾아보는 데 있다. 출산율의 급격한 저하가 복지국가에 주는 의미를 찾는 것은 그리 어려운 일이 아니다. 특히, 다음 세기까지 집중적으로 이어질 인구고령화에 주는 충격을 고려할 때 더욱 그러하다. 그러나 이러한 의미는 복지국가가 가져다 준 급격한 인구구조의 변화, 경제침체, 대규모의 인구이동, 국제사회 주역들의 지정학적 지위의 상대적 변화 등에 비하면 크게 중요한 것이 못 된다. 현재 제시되고 있는 규모를 간단히 지적하면, 현재 추세가 다음 세기까지 그대로 이어질 경우, 독일과 일본의 인구와 경제규모는 오늘날의 1/4 수준에 지나지 않게 될 것이다(McDonald, 2000). 오스트리아, 이탈리아, 스페인 같은 나라의 경우는 더욱 극단적으로 나타날 것으로 예상된다. 낮은 출산율이 복지국가에 주는 시사점이 관련문헌에서 가끔 등장하고 있기는 하지만, 오늘날 논의에서 새롭게 드러나고 있는 흐름은 복지국가 프로그램이 출산율 저하 정도를 얼마나 막을 수 있으며, 지금까지 일어난 흐름을 역전시킬 수 있는가 하는 점이다. 그래서 본서의 주제는 복지국가의 위기에 두기보다는, 오히려 복지국가가 얼마나 보다 광범위한 사회적 위기현상을 반전시킬 수 있는가 하는 데 두고 있다.

이 책은 부제를 '위기론의 허구와 실제'로 하였는데, 그 목적은 이 둘을 구분짓는 데 두고 있다. 우리는 이미 1970년대와 1980년대 초의 정치 · 경제적 위기는 지나치게 과장된 것으로 판명났음을 지적한 바 있다. 그러나 당시의 논평자들은 미래 복지국가 전개과정을 탐구하고 그와 같은 유력한 설명들을 믿으면서, '복지국가 위기론'에 내재되어 있는 일종의 비관론을 거의 넘어서지 못하고 있었다. 그러한 정황은 오늘날도 마찬가지이다. 만약 국가의 정책결정권자들이 사회적 지출면에서 아무런 대안 없이 오로지 '바닥으로 질주'해 가고 있으며, 동시에 고령자에 대한 지출을 늘릴 수밖에 없는 거대한 압력이 존재한다고 믿는다면, 오늘날의 복지국가는 난관에 봉착한 것으로 보일 것이다. 가능한 시나리오들은 많이 있을 수 있지만 어느 것도 그럴싸한 것은 없다. 고령자를 제외한 모든 이들을 대상으로 하는 '잔여적 복지국가'가 있을 수 있다. 그러나 이러한 잔여적 복지국가는 심각한 '세대 간 불공평성' 문제를 불러일으킬 것이다. 이 문제에 대해서는 이미 몇몇 나라에서 논의되기 시작하였다(Thomson, 1994; Walker, 1996; Esping-Andersen and Sarasa, 2002 참고할 것. 그리고 연금지출에 관한 세대 간의 갈등해소가 가능한 방법에 대해서는 Myles, 2002를 참고할 것). 다른 하나의 시나리오는 정부가 고령자로 하여금 심각한 복지 삭감의 고통을 다 같이 분담시키는 안인데, 이러한 안은 전술한 바와 같이 대규모 정치적 소요에 대한 빌미를 제공해 주는 것으로 나타나고 있다.

이러한 대안들이 있지만 보다 가능성이 높은 안은 정부가 가능한 한 일을 많이 하지 않는 것인데, 몇몇 논자들에 의하면 이러한 안은 1990년대와 21세기 초 주요 서유럽대륙 복지국가들 중 여러 국가에서 특징적으로 나타난 시나리오이다(Scharpf, 2000 참고). 그러한 시나리오는 한두 번 국회 회기 정도의 짧은 기간에는 정치적 혼란을 극소화한다는 점에서 괜찮겠지만, '바닥으로의 질주' 현상 주장을 믿는다면 그것은 경제적 재앙을 불러올 것이다. 왜냐하면, 이러한 설명은 단순히 개혁할 수 없는 나라들은 경쟁도 할 수 없다는 사실을 의미하기 때문이다. 그렇게 되면 우리가 선택할 수 있는 것은 낮은 수준의 사회복지, 정치적 불안정, 경제적 쇠퇴들 중에 하나가 될 것이다.

그러면 문제는 복지국가의 미래를 '빈약하고, 저급하며, 비인간적이고, 불충분한 것'으로 정의하는 설명들을 믿어야 할지 아닐지 하는 것이다. 복지국가의 몰락에 관한 전술한 설명들이 지나치게 과장된 것처럼 이러한 설명들 또한 그러한 것 같다. 그 주장들의 구성과 논점을 보면, 1990년대의 위기예측들은 분명 그 이전의 주장들과 많은 공통점을 가지고 있는 듯하다. 그러한 예측들이 '허구'일 수 있다는 사실은 적어도 다음과 같은 세 가지 특성에 의해 뒷받침되고 있다. 첫째로 예측이라는 것은 어떤 면에서 보면 실제보다 과장되기도 한다. 위기예측은 하나의 요소가 너무나 중요해서 모든 다른 상반된 경향들을 압도해 버릴 것이라고 강력하게 주장한다. 세계시장에서 경쟁해야 하기 때문에 사회적 지출에 대한 민주적 요구를 무시할 수 있다거나, 인구고령화가 긴축재정과 공공지출 사이의 균형을 완전히 바꿔 버릴 수 있다는 것이다. 선험적으로 볼 때, 그러한 주장은 민주적인 선진자본주의 사회의 정책결정과정의 복잡성을 암묵적으로 무시하고 있기 때문에 좋은 사회과학적 주장이 아닐 뿐 아니라 현실적으로 가능해 보이지도 않는다.

둘째로 그러한 예측들은 모든 나라들에 차별 없이 적용되는 경향이 있다는 사실이다. 말하자면, 예상되는 위기들이 각 나라의 경제적 · 사회적 · 정치적 상황의 차이와 종전의 사회정책 전개과정의 차이에도 불구하고 모든 나라들에게 유사한 영향을 줄 것으로 보고 있다는 것이다. 그러나 이 점 또한 거의 그럴 수 있는 성질이 아니다. 세계화 이론을 신봉하는 논자들은 대폭적인 복지국가 후퇴현상은 통합의 정도가 더욱 커가는 세계경제에서 어느 정도 보편적인 성향을 띠는 것으로 보고 있지만, 사실상 어떤 나라는 다른 나라들에 비해 세계경제에 훨씬 많이 노출되어 있기도 하며, 또 어떤 나라들은 다른 나라들에 비해 훨씬 더 작은 복지국가에서 출발할 수도 있는 것이다. 어떤 나라는 이미 바닥에 이르고 있기 때문에 '바닥으로 질주'할 필요가 없는 나라들도 있을 수 있으며, 또 다른 나라는 처음부터 그러한 경쟁을 시작할 요인을 똑같이 가지고 있지 않을 수도 있다. 인구고령화와 그로 인한 부담의 경우에도 확실히 유사한 논리가 적용될 수 있을 것이다. 제6장에서 밝혀지겠지만, OECD의 주요 선진국들은 매우 다른 인구구조를 가지고 있으며, 급부조건면에서도 매우 다른 연금제도들을 가지고 있다. 이들 중 몇몇 나라들은 고령지출면에서 사실상 위기적 상황에 놓여 있기도 하나, 이 나라들이 당면한 문제의 차원은 전혀 유사해 보이지 않는다.



마지막으로, 복지국가의 존립가능성에 관한 이 모든 위기설은 공통적으로 지극히 불충분한 경험적 자료를 가지고 그들의 주장을 보편화시키고 있다. 여기서 논점은 위협적이라고 인정된 요인들이 실제로 위협적인가 아닌가 하는 것이 아니라, 실제로 그러하다는 점이다. 1970년대 대부분의 서구 국가들에서 공공지출은 급격하게 증가하고 있었으며, 1980년대 대부분의 이들 나라에서는 실업은 증가하고 경제성장은 침체하는 딜레마에 빠져 있었다. 또한 1980년대 이래 세계적으로 자본이동이 급격하게 증가하고 있었으며, 서구 사회의 인구통계적 구조도 급격하게 변하고 있었던 것 또한 의심할 바 없는 사실이다. 그러나 문제는 이 모든 설명들이 사회적 추세만 보고 그것이 복지국가에 주는 의미를 충분한 증거도 없이 추정해 내고 있다는 점이다. 사회정책의 전개가 가져온 부정적 결과들이 모든 나라, 모든 사례에 실제로 적용된다는 증거를 충분히 제시하지도 않고 있으며, 대부분의 경우 실증을 위해 제공되는 자료도 그 성질상 체계적인 것이라기보다는 부분적인 것에 지나지 않는다. 말하자면, 설명을 위해 한두 나라의 사례를 사용하여 모든 나라에 적용되는 것처럼 주장한다. 따라서 그러한 설명은 1980년대 사회민주주의적 조합주의 국가들의 상대적인 경제적 성공사례에서 나타나는 실제상황을 검토하는 데 당연히 취약할 수밖에 없는 것이다. 그러한 경제적 성공사례를 보면 사회적 진보와 경제적 성과가 반드시 상충된다는 설명을 따르기가 더욱 어려워질 수밖에 없다.

결국 위기의 허구성과 실제성을 구분짓는 것은 주장을 증명하기 위해 사용된 증거의 질적 수준과 관련된다. 그러한 증거가 막 나타나기 시작하고 있다. 세계화 위기론자들이 예상하는 '바닥으로의 질주'현상도, 고령화 위기론자들이 예상하는 폭발적인 지출증가현상도 전혀 위기설이 가정하는 만큼의 규모로 일어나지 않고 있다. 국가들이 상당한 정책적 자율성에 바탕을 두고 다양성을 보이고 있다는 사실과 많은 나라들이 필요한 개혁을 이루어 내는 실질적인 능력을 가지고 있다는 사실들이, 20세기 전환기에 복지국가 상태에 관한 자료를 통해 발견된 중요한 사실들이다(Kuhnle, 2000; Bruno, Palier, and Sykes, 2001; Leibfried, 2001). 이와 유사하게 최근의 어떠한 연구도 사회적 지출, 총공공지출, 총정부수입이 세계무역이나 세계적인 자본이동에 의해 결정적으로 영향을 받고 있다는 생각을 충분히 지지하지 못하고 있다(Garrett, 1998; Juber and Stephens, 2001; Iversen, 2001; Swank, 2002).

증거를 평가하기 위해서는 실제 '측정'의 문제가 중요한 문제로 등장한다. 위기설의 주장을 평가하기 위해서는, 그러한 주장들이 개별적인 사례들에서 얼마나 유효한가를 밝히는 데 사용할 수 있는 일정한 형태의 측정 척도를 필요로 한다. 오늘날 복지국가와 복지국가 후퇴의 본질적 성격을 측정하기 위한 가장 적절한 방법을 두고 사회정책론자들 사이에서 상당한 논란이 있어 왔다(Green-Pedersen, 2003). 사실상 복지국가 개혁에 관한 모든 양적인 연구나 대부분의 질적 연구에서는 측정 척도로 '사회적 지출'을 사용한다. 그 이유는 명백하다. 위기설은 때로는 다른 관점에서 갖는 의미를 설명하기도 하지만, 주로 그것이 주는 의미를 일관되게 지출의 관점에서 설명한다. 1970년대 민주주의 국가의 과부하론이나 현대국가의 재정위기론의 실증자료들은 공공경제가 통제범위를 벗어난 것을 보여 주는 급격한 지출팽창에 관한 것이었다. 속을 들여다보면, 1980년대 위기진단은 단순히 사회적 지출이 지나치게 많아서 경제적 성과가 좋지 않다는 것이었다. 최근의 위기예측에서 지출은 확실한 양상을 드러내고 있다. '바닥으로의 질주'현상은 전반적으로 지출과 조세의 삭감이 악순환된다는 것을 전제로 하고 있다. 인구고령화는 지출팽창의 강력한 동인을 제공할 것으로 예상되기 때문에 각국 정부들의 중요한 관심사가 되고 있다. 사회적 지출이 국가의 복지노력이나 약속을 측정하는 가장 적절한 척도이든 아니든, 사회적 지출은 여기서 논의하는 위기설의 강력한 주장을 가장 잘 측정할 수 있는 척도임은 의심할 여지가 없다.



지출추세에 관한 비교를 통해 허구임이 드러난 위기설은, 위기를 야기하는 요인들이 위기론자들의 애초 주장만큼 강력한 것이 아니라는 사실을 받아들이면, 어쩌면 인정할 수도 있을 것이다. 세계경제에 노출된다고 해서 반드시 지출삭감이 이루어지는 것은 아닌데, 그것은 그러한 현상이 실업률을 보다 높여서 새로운 사회정책적 요구를 만들어 낼 수 있기 때문이다. 이러한 사실은 세계화는 공공지출의 전개과정을 규정짓는 여러 요인들 중의 하나이며, 국가가 항상 복지에 관한 상당한 책임을 지기 때문에 '바닥으로의 질주'현상은 나타날 수 없다는 사실을 의미한다. 마찬가지로 인구고령화도 그것이 연금개혁을 이루어 내는 데 기여할 수만 있다면, 고령자에 대한 보다 높은 지출을 불러오지 않을 수도 있다. 이러한 사실은 몇몇 경우에만 나타나는 것이기는 하지만, 이것은 위기의 근원이 인구고령화 자체에 있는 것이 아니라 오히려 개별 국가의 개혁능력에 있다는 사실을 말해 준다.

우리는 위기예측의 사실 여부가 위기로 인해 실제로 지출요구가 일어나는가의 여부에 달려 있다는 사실을 확실히 믿으면서도, 사회적 지출의 척도를 과거 연구에서 사용한 것보다 더 독창적으로 사용하려고 노력해 왔다. 그러한 노력은 1996년 이래의 'OECD 사회적 지출 데이터베이스' (OECD Social Expenditure Database)자료를 이용할 수 있어 가능한데, SOCX라고도 하는 이 데이터베이스는 1980~1998년 사이의 모든 OECD 회원국들의 사회적 지출을 프로그램별로 세분해 놓은 자료를 제공해 준다. 이 데이터베이스는 지난 20여 년간 복지국가의 변화와 개혁의 정도, 구조, 그리고 그 궤적을 측정할 수 있는 다양한 새로운 척도들을 고안할 수 있게 해 준다. 나아가 세계화와 인구고령화를 포함한 외부요인들이 오늘날 복지국가의 전개과정에 미치는 충격을 평가하는 새로운 방법도 만들어 낼 수 있게 해 준다. 우리는 이미 측정 척도가 위기의 허구와 사실을 구분짓는 데 필수조건이라는 사실을 주장하였었다. 여기서 한 걸음 더 나아가 우리는 새로운 형태의 척도를 개발해 내는 것이야말로 앞으로 사회정책의 전개과정을 보다 정교하게 설명할 수 있는 가능성을 열어 줄 것이라고 주장한다.

복지국가

## 제2절 접근방법

이 분석에서 사용한 접근방법은 아마도 비교가설검증(comparative hypothesis testing)이라고 불러야 가장 적절하겠다. 우리가 관심을 갖고 있는 위기설에서는 미래에 전개될 것으로 예상되는 사회적 지출의 발전경로에 관해 상당히 정교하고 분명한 예측을 하고 있다. 세계화에 관한 서로 다른 이론들은 모든 선진복지국가들이 '바닥으로의 질주'현상을 경험하게 될 것이며, 또한 사회적 지출을 하향수렴시키는 강력한 압력을 받고, 나아가 복지국가들이 세계경제에의 노출 정도에 비례하여 지출삭감

압력을 받게 될 것이라는 사실 등을 다양하게 주장하고 있다. 변화하는 인구구조의 영향에 초점을 맞추는 논자들은 서구 사회 전반에 걸쳐 일반적으로 지출증대 압력을 받게 될 것이라는 사실과 그러한 압력은 각국의 인구통계적 형태의 차이에 따라 서로 다르게 나타날 것이라고 가정한다. 논점의 성격이 어떠하든 주어진 주장의 타당성을 평가하는 분별 있는 유일한 절차는 그러한 주장에서 예측하고 있는 사실이 각국의 실제경험에 맞아들어 가는지를 검증하는 일이다.

실제로 우리는 무엇보다도 이러한 가설검증이 이론적 주장을 명확히 하는 일반적인 조건이라고 생각한다. 왜 우리는 현재 문제가 되고 있는 사례들에 대해서 이미 잘 알려져 있거나 곧 알려질 사실에 의해서 금방 허구임이 밝혀질 수도 있는 의견을 제시하기를 원하는지 궁금할 것이다. 현실적으로 사회과학은 검증이 거의 없거나 전혀 없는 상태에서 제시된 주장들로 넘쳐나고 있다. 어째서 이러한 상황이 나타나고 있는지를 설명할 수 있는 이유로는 적어도 세 가지를 들 수 있는데, 이들은 서로 매우 밀접하게 관련되어 있다. 첫째, 사회과학에서는 이론을 검증하는 것보다 이론을 만들어 내는 행위가 훨씬 높은 지적인 지위를 누리고 있다는 점이다. 사물을 바라보는 새로운 이론을 만들어 내는 것은 일반적으로 기존 이론의 적절성 여부를 논의하는 것보다 더 지식에 공헌하는 바가 큰 것으로 간주되고 있다. 둘째, 이론을 만들어 내는 사람과 그것을 검증하는 사람을 분명히 구분하려는 경우가 종종 있으며, 추측행위에 지나지 않기도 하는 이론생성행위가 보다 정당성이 인정되는 학문적 활동으로 자주 간주된다. 마지막으로, 사회과학은 측정이나 가설검증에는 적절한 주의를 기울이지 않는 경향이 있다. 너무나 자주 극히 제한적인 증거를 가지고 특정 사안을 증명하는 충분한 증거로 간주한다. 단지 몇몇 나라들에서 정치적인 압력을 받아 일정한 사회 프로그램이 줄어드는 것을 보고 모든 나라의 '바닥으로의 질주' 현상을 증명하는 증거로 간주하기도 한다. 마찬가지로, 단지 몇몇 나라에서 연금지출이 급하게 늘어나는 것을 보고 모든 나라에서 고령화와 관련된 압력이 늘어나고 있는 증거로 간주하곤 한다.

이 책은 이론생성과 이론검증이 지적으로 동일한 활동이며, 둘 다 사회과학의 이해를 도모하는 데 필수적이고 시간과 노력을 투자할 가치가 똑같이 있다는 전제에서 출발한다. 전후 사회적 지출의 전개과정을 설명하기 위한 많은 이론이 있으며, 그것도 반드시 위기이론뿐만 아니라 경제 · 사회 · 정치적 원인 등 거의 대부분의 측면을 다루는 이론들이 많다 (Castles, 1998 참고). 이러한 점을 고려해 볼 때, 그러한 이론들이 혼란스럽게 버려지지 않고 보다 분명하게 자리매김할 수 있는 검증활동이 우선적으로 필요하다고 주장할 수 있다. 앞으로 알게 되겠지만, 세계경제와 인구통계적 구조변화의 영향에 대한 가장 단순한 설명들이 폭넓게 받아들여지고 있는 상황에서, 실제 측정을 통해 그 설명들의 허구성을 밝혀 내는 것은 우리가 미래의 사회정책 전개에 관해 불투명한 견해를 갖게 하는 지적인 취약성을 분명하게 드러내는 데 크게 기여할 것이다.

문제는 측정과 가설검증에 초점을 맞추는 접근방법이 더 많은 것을 해낼 수 있는가 하는 데 있다. 말하자면, 그러한 접근방법이 앞으로 복지국가의 전개과정을 보다 설득력 있게 설명할 수 있는가 하는 것이 문제이다. 우리는 그러한 접근방법은 다음의 두 가지 방법으로 그와 같은 일을 해낼 수 있다고 주장한다. 첫째는 본질적으로 사실에 대한 '기술' (descriptive)을 통해서이다. 우리가 복지국가에 대한 최근 위기이론의 주장을 탐구하는 방법은 복지지출 척도를 개발하여 최근의 사회정책적 지출의 유형을 지금까지 문헌에서 개발된 것보다 자세하게 살펴보는 것이다. OECD의 세분화된 사회적 지출 데이터베이스 및 기타 OECD의 다른 자료들을 이용해서, 우리는 한편으로는 과거 사회적 지출을 양적으로 취급할 때 주로 초점을 맞추어 왔던 총사회적 지출에 어떠한 일이 일어났는지를 살펴볼 뿐만 아니라, 또 한편으로는 복지국가에서 지출우선순위가 얼마나 변해 왔는지, 그리고 사회적 지출이 사회구성원들의 요구형태의 변화에 얼마나 적응해 왔는지에 대해서도 살펴볼 수 있다. 이러한 척도들은 복지국가가 세계화와 인구고령화 같은 외적 요인들의 변화에 어떻게 반응하는지를 평가할 수 있도록 도와 줄 뿐만 아니라 복지국가 지출의 추세나 경향성도 확인할 수 있도록 도와 준다. 이러한 사실들은 그러한 척도가 없으면 쉽게 확인할 수 없는 것들이다.

비교가설검증을 통해서 우리가 추진할 수 있는 또 하나의 방법은 사실에 대한 '설명'(explanatory)이다. 위기예측과 해당 나라의 실제 경험을 연결짓는 과정은 위기위협의 존재를 보여 주는 요인과 지출 추세의 관련성을 단순히 확인하는 데 그치는 것이 아니라, 사회적 지출의 원인 해명을 위한 설득력 있는 모형에서 이러한 요인들이 갖는 영향력을 확인하는 과정을 포함한다. 만약 지출의 전개가 다양한 원인에 의해 일어나는 현상이라면, 모든 현상들을 분명하게 설명해 주지 못한다고 그 가설들을 간단히 버릴 수는 없다. 또한 지출의 전개가 논의중인 가설과 광범위하게 맞아들어 간다는 증거를 한 번 찾았다 해서 그 가설을 그대로 받아들여서도 안 될 것이다. 하나의 가설을 일정한 증거에 의해 받아들일 것인가 아닌가에 대한 우리의 결정은 문제가 되고 있는 현상을 합리적으로 설명하는 모형에서 가설이 결과에 얼마나 의미 있는 영향을 주느냐에 달려 있는 것이다. 이렇게 볼 때, 세계화와 인구통계적 구조가 사회적 지출에 미치는 잠재적 영향력에 관한 가설을 검증하기 위해서는, 조사기간의 지출변화에 대한 국가 간의 차이를 합리적이고 포괄적으로 설명할 수 있는 모형을 만들어 내야 한다. 마찬가지로 특정 사회정책 조치들이 출산율의 변화 추세에 영향을 미치는지 여부를 확인하기 위해서는, 동시대 사회에서 출산율의 선택에 영향을 주는 요인들을 보다 충분하게 설명할 수 있어야 한다. 이러한 논의에 나타나는 요인들이 모이고 나면, 바로 그 곳에 이론이 들어설 여지가 생기게 된다. 그러나 그 이론으로 곧바로 일어나고 있는 사실을 전적으로 새롭게 설명할 수 있는 것은 아니다. 오히려 많은 가설 중에 어떠한 것이 국가 간의 차이를 가장 유력하게 설명할 수 있는지를 결정하기 위해 보다 자주 같은 가설검증방법을 사용하여야 한다. 주요한 사회적 과정의 결정요인을 찾는 데 초점을 맞춘 정교한 척도와 가설검증에 바탕을 두고 보다 세심하게 관찰함으로써 우리는 앞으로의 사회정책 전개과정과 관련된 실질적인 지식을 갖게 된다.

사회적 지출의 결정요인에 관한 최근의 많은 연구들이 분석과정에서 적절한 표본구성을 채택하지 못하는 것을 볼 수 있는데. 이를 보면 비교검증이 가장 중요하다고 생각하는 사람들조차 사회과학에서 정확한 측정에 대한 요구를 제대로 수용하지 않고 있음을 알 수 있다. 대부분의 이들 연구에서 선호되는 연구방법은 집적시계열분석(pooled time series analysis)—각 연도의 국가별 사례를 별개의 것으로 간주하여 사례수를 늘려 잡는 분석방법—이며,[5] 선호되는 시기는 1960년대 중반에서 1990년대 중반에 이르는 30여 년 사이 시기이다. 이러한 방법이 갖는 기술적인 장점은 특정 시점에서의 각국의 사례들에 초점을 맞추는 단순한 횡단면분석(corss-

5) '집적시계열분석'(pooled time series analysis)은 회귀분석과 시계열분석을 결합시킨 통계분석방법으로서, 공간적으로 상이한 단위들 간의 변이와 시간에 걸쳐 나타내는 변이를 포괄하여 설명할 수 있는 모형이다. 이 모형은 일반회귀분석이 다룰 수 없는 시간 차원을 얼마든지 포함시킬 수 있으며, 일반시계열분석이 다룰 수 없는 공간적 변이를 포함시킬 수 있다는 특성을 갖고 있다. 또한 이 모형은 공간과 시간의 결합 시도를 통해 관찰시행을 증가시킴으로써, 일반 시계열연구가 요하는 만큼의 시간적 관찰점을 필요로 하지도 않는다는 특성을 갖고 있다(전영평, 1992: 114 참고. 이 밖에도 이 분석법을 활용한 국내연구로는 배인명, 2000 등이 있다).

sectional design)에 비해 사례수를 확실히 더 많이 만들 수 있다는 점이다. 그리하여 이 방법은 다른 방법에 비해 분석과정에서 보다 많은 설명변수를 사용할 수 있게 된다. 이 방법이 갖는 실질적인 매력은 단순히 서로 다른 나라들 사이에서만이 아니라 분석중인 현상에 차이가 나는 시점들 사이의 차이도 드러나게 해 준다는 점이다.



집적시계열분석방법은 이러한 장점에도 불구하고 분석대상 사례들은 서로 독립적이어야 한다는 주요 가정을 위배하기 때문에, 방법론 면에서 비판받아 왔다(Stimson, 1985; Beck and Katz, 1995). 이 기법이 하는 일이란 분석대상 사례수는 늘리지 않고, 오히려 해당 사례의 관측치(observations)만을 늘리는 일에 지나지 않는다는 비판을 받을 수 있다(Kittel, 1999). 보다 실제적인 문제는 집적시계열분석방법이 사회적 지출에 관한 연구에 사용되는 국가들의 범위를 제한하는 경향이 있다는 점이다. 왜냐하면, 우리는 분석하고자 하는 모든 나라들의 완전한 시계열자료를 완성시키는데 필요한 모든 자료를 가지고 있지 못하며, 이 경우 자료가 불완전한 나라들은 분석에서 제외시켜야 하기 때문이다. 이는 아주 중요한 문제이다. 비교분석을 위해서는 조사대상 사례수를 극대화할 필요가 있는데, 이 방법에 의하면 어떠한 규모로든 적절하지 않게 사례를 배제시킴으로써, 몇몇 사례만을 근거로 결과를 찾아 내는 경우와 본질적으로 유사한 왜곡된 결과를 가져올 수 있기 때문이다. 만약 우리가 만들어 내는 이론의 목적이 선진복지국가 지출의 발전경로를 알아 내는 것이라면, 우리는 부당하게 사례를 제거시키지 않으면서 최대한 많은 국가들의 경험을 살펴볼 필요가 있다. 이때 우리는 빠뜨린 사례가 우리가 입증하고자 하는 바와 맞지 않기 때문에 제외시킨 것이 아니라는 것을 보여 주어야 한다.

남유럽 여러 나라들은 1960년대와 1970년대 사회정책 팽창경로에 관한 자료가 누락되어 있었기 때문에, 분류원칙에 의해 사회적 지출의 결정요인에 관한 시계열분석에서 제외되었다. 뉴질랜드와 스위스는 1980년대 이전에는 다른 OECD 국가들과 완전히 일치하는 방식으로 공공지출을 측정하지 않았기 때문에 마찬가지로 분석에서 제외되었다. 분명하지 않은 몇몇 이유로, 아일랜드 사례 또한 종종 분석에서 제외되었다. 그러나 세계경제와 인구통계적 구조의 변화가 사회적 지출의 전개과정에 미치는 영향을 분석하기 위해서는 이렇게 해서는 안 된다. 남유럽은 1980년 이래 인구고령화(〈표 6.1〉 참고)와 고령현금급여의 팽창 정도(〈표 6.2〉 참고)가 매우 높게 나타나고 있으며, 그 지역에서 출산율도 가장 두드러지게 감소하고 있는데(〈표 7.1〉 참고) 그것은 우연의 일치가 아니다. 뉴질랜드는 인구고령화나 복지국가 축소 논의와 관련된 좋은 사례를 제공하고 있는데, 이 나라는 1980년대 초에는 다른 OECD 나라들과 어울리지 않을 정도로 고령자에 대한 급부율이 높았으며, 그 이후에는 사회적 보호국가를 형태면에서 재구조화하고 규모도 축소하고자 치열한 노력을 하고 있다 (Castles, Gerriten, and Vowles, 1996 참고). 스위스는 OECD 국가 중에서 1980년 이후 가장 급격한 사회적 지출의 팽창을 경험한 국가이다(〈표 2.1〉 참고). 아일랜드는 OECD 국가 중에서 세계경제에 가장 많이 노출된 세 나라 중 하나이며, 논쟁의 여지는 있지만 최근 수십 년 사이에는 그 중에서도 가장 노출이 심한 나라이다(〈표 5.1〉 참고). 다시 말하면, 최근의 시계열분석에서는 선험적으로 볼 때 우리가 알고자 하는 위기설과 관련해서 이론적으로나 실증적으로 관련성이 가장 큰 나라들이 제외되고 있다.

따라서 우리는 집적시계열분석이 방법론적 측면과 실제적 측면에서 문제가 있다는 사실을 고려하여, 훨씬 단순한 횡단면분석방법을 택하고자 한다. 1980년 이래 복지국가에 일어난 상황들을 주목하면서, 가능한 한 많은 선진복지국가들의 경험을 살펴보고자 한다. 다행히도 'OECD 사회적 지출 데이터베이스'는 1980~1998년 사이의 사회적 지출 추세에 관한 세분화된 자료를 제공해 준다. 만약 우리가 2000년까지의 20년을 온전하게 분석할 수 있었다면, 그리하여 세기 변화기의 복지국가 성격을 구명해 낼 수 있었다면 당연히 그렇게 하였을 것이다. 그러나 불행하게도 OECD는 2004년 지금까지도 그러한 자료의 출판을 약속하지 않고 있다.[6] 그럼에도 그 '사회적 지출 데이터베이스'가 1980~1998년 사이 전 시기의 24개 주요국의 정보를 포함하고 있다는 것은 다행스러운 일이다. 비록 우리가 아이슬란드와 룩셈부르크는 나라 규모가 작다고, 그리고 터키는 선진복지국가 대열에 넣기가 부적절하다고 판단되어 분석에서 제외하고 있지만, 그럼에도 여전히 우리는 아일랜드, 뉴질랜드, 스위스와 남유럽 모든 나라들을 포함하여 21개국의 분석대상 국가를 가지고 있다. 지난 1960년대까지 거슬러 올라가지 않고 오히려 최근 내지 적절한 과거 시기까지의 경험으로부터 추세를 추정해 내더라도 앞으로 복지국가 전개과정에 대한 정확한 지침을 얻을 수 있다고 우리는 주장하고자 한다. 또한 우리는 사실상 선진복지국가 범주에 들어가는 광범위한 사례를 가지고 가설검증을 통해 결과를 얻어 내고 있기 때문에, 우리의 분석결과 밝혀진 추세는 단순히 몇몇 사례로 얻어 낸 결과에 비해 보다 확고한 기초를 가지고 있다고 주장한다.



## 제3절 장별 내용

제2장 이후의 각 장들에서 다룰 내용을 개괄적으로 살펴보면서 제1

6) 최근 것으로는 2008년 11월 발표된 'SOCX 2008'이 있으며, 거기에는 1980~2005년 사이의 자료가 실려 있다. OECD.Stat를 통해 자료를 확인할 수 있다.

장 논의를 마무리 하고자 한다. 전체적으로는 사실의 기술(description)에서 시작하여 설명(explanation)을 추가하는 방식으로 진행해 나가고자 한다. 전반부에서는 1980년대 이래의 복지국가 변화의 정도와 그 성격을 살펴보고, 후반부에서는 그러한 변화를 설명할 수 있는 모형들을 살펴보고자 한다. 제7장만 제외하고는, 이 기간 OECD 지역의 사회적 지출에 어떤 변화가 일어나고 있는지를 해명하는 데 초점을 두고자 한다. 제7장에서는 부분적으로 변화를 준다. 장기적으로 출산율의 감소가 기존의 많은 나라의 사회구조를 상당히 위협할 것으로 보이기 때문에, OECD 국가들의 출산율 감소를 가져온 요인들을 검토해서, 출산율 감소에 제동을 걸 수 있는 요인의 하나로서 특히 사회정책의 역할에 초점을 맞추고자 한다.

사회적 지출의 추세에 초점을 맞추고 있는 대부분의 장들에서 미리 알아 두어야 할 사항은 지출문제 자체가 복지국가문제의 요체는 아니라는 점이다. 사회적 지출은 정부와 국민들이 직면하는 문제들을 해결하기 위해 정부가 그 배분을 결정한다. 설령 지출이 그대로이거나 약간 증가하고 있다고 하더라도(이러한 사실이 이 책의 각 장들에서 논의하고 있는 내용이기도 하지만), 그 사실 자체가 반드시 복지국가가 우리 사회의 약자나 도움을 필요로 하는 사람들을 보호하는 일을 더 잘 수행하고 있다는 사실을 의미하는 것은 아니다. 그것은 사회적 문제들이 늘어나느냐 줄어드느냐에 달렸다. 이어지는 몇몇 장들에서 사회적 요구에 대한 지출의 비율과 관련된 내용을 다룰 생각이지만, 그것이 이어질 논의에서 특히 강조하는 사항이나 논거가 되는 것은 아니다. 이미 지적한 바 있듯이, 우리는 논의의 초점을 지출문제에 두려고 한다. 그것은 현 상태의 복지국가 몰락을 예상하고 있는 각종 문헌들에서 지출문제가 가장 중요한 논점이 되고 있기 때문이다.

제2장은 지난 20여 년간 사회적 지출의 전개과정이 복지국가가 '바닥으로 질주'하고 있음을 보여 주고 있는가에 대한 질문으로부터 시작하고자 한다. 적어도 이 경우, 복지국가 위기와 관련된 설명이 복지지출의 감소와 복지수준의 악화를 분명히 예상하고 있기 때문에, 우리는 지난 20여 년간의 총사회적 지출의 변화 추세를 밝힘과 더불어 세계경제가 오늘날 복지국가에 주는 충격에 관한 중요한 가설을 엄격하게 실증하는 방식을 택하고자 한다. 제2장에서 우리는 GDP 대비 총사회적 지출과 공공지출의 비율, 총공공지출 대비 사회적 지출의 비율, 그리고 사회적 요구 대비 사회적 지출비율로 표시되는 '복지국가 급부율', 나아가 경상지출이 아닌 실질지출규모 등을 포함한 일련의 지출척도들을 검토하고자 한다. 이 분석에 등장한 OECD 21개 국가들의 경험을 확인한 후, 어떠한 기준을 따르더라도 '바닥으로의 질주'현상은 없으며, 나아가 이전의 복지국가 확장기와 비교해 볼 때 지출증가폭이 줄어드는 실제적인 징후들이 있기는 하지만 일관되게 복지가 후퇴하고 있다거나 복지수준이 줄어드는 징후는 없다는 결론에 도달하고 있다.

최근 수십 년간 총지출면에서 상대적으로 거의 변화가 없다는 결론은 최근 복지국가가 상당한 정도로 변하고 있다는 사실과 무언가 잘 맞지 않는 면이 있다. 이러한 이유로 우리는 제3장에서 복지국가의 최근 변화가 단순한 규모면에서보다는 '사회적 공급의 구조'면에서 일어나고 있는 변화가 아닌지를 살펴보고자 한다. 사회적 지출에 대한 하향압력은 정부의 개입과 지출에 대한 다른 형태의 새로운 요구에 의해 상쇄될 수도 있기 때문에, 총지출을 가지고 최근의 복지국가에 무엇이 일어나고 있는지를 제대로 측정하기는 어려울 수 있다. 제3장에서는 'OECD 사회적 지출 데이터베이스'에서 제공하는 세분화된 사회적 지출 데이터를 활용함으로써 일련의 새로운 척도를 만들어, 결국 복지국가의 구조변화 정도, 기존 복지 프로그램의 축소 정도, 나아가 복지국가 지출우선순위 변화 정도 등을 측정할 수 있음을 보이고자 한다. 이들 각각의 척도를 가지고 여기서 다루는 기간 복지국가 모습에 실질적인 변화를 경험하고 있는 몇몇 국가들을 가려 내는 것은 물론 가능하겠지만, 전반적으로 찾아 낼 수 있는 가장 중요한 결론은 아무리 보아도 복지국가에 중대한 변화는 크게 없다는 점이다. 거의 20여 년 이상, 복지국가 위기의 논의는 유력한 사회문제 논쟁에서 빈번하게 제시되는 중심 논제가 되고, 그러한 복지국가 개혁에 관한 논의가 외견상 중요한 관심사가 되어 왔지만, 적어도 지출유형면에서 보면, 많은 서구 정부들과 그들의 복지국가 구조, 복지국가 우선순위 등은 지난 1980년대 초기와 크게 달라진 것이 없다.

최근 수십 년간 일어난 변화는 몇몇 주장들과는 달리 양적인 관점에서는 미미하다는 사실이 인정되어 왔다. 제4장에서는 그러한 변화가 성격면에서도 복지국가를 상당한 정도로 유사하게 하여, 특히 유럽의 복지국가를 수렴시키고 있는지 여부를 확인해 보고자 한다. 이러한 견해는 주요 학자들 사이에서 암묵적으로 주장되어 오고 있는 것으로서, 그들은 최근 수십 년간의 경험에 바탕을 두고 다른 서구 복지국가들의 경우와 상당히 차별적인 '유럽식 사회복지모형'이 출현하고 있음을 보여 주고 있다. 이러한 주장의 하나의 형태가 '바닥으로의 질주'현상의 지역적 특수형태를 보이고 있는 유럽연합의 경우에서 나타나고 있다. 이에 의하면, 유럽연합 내의 여러 나라들 사이에는 재화 및 용역, 그리고 자본의 자유로운 이동을 방해하는 장애물이 급격하게 제거되는 일종의 세계화 과정이 전개됨으로써 궁극적으로 사회적 지출면에서 각 국가들 사이에 하향평준화 추세를 만들어 내고 있다.

제4장에서는 유럽, 더 넓게는 OECD 내의 여러 나라들을 서로 다른 집단으로 나누어 그들 사이의 응집과 수렴의 정도를 평가해 봄으로써 이

가설을 실증해 보고자 한다. 분석결과를 보면 평균적인 지출수준에는 어떠한 감소도 보이지 않으면서 총지출유형은 더욱 확연하게 유사성을 띠는 것으로 나타나고 있다. 그러나 지출이 시민들의 요구를 반영하여 조정되는 정도를 고려하면 상황은 더욱 복잡해진다. 우리는 또한 복지국가의 가장 큰 두 가지 프로그램인 공공보건과 고령연금에 대한 지출을 살펴보고, 보건지출유형은 상당 수준 수렴현상을 보이고 있는 반면, 유럽의 연금지출유형은 오히려 서로 다르게 나타나고 있다는 점을 보인다. 사회적 공급의 구조문제로 눈을 돌려 보면, 분석대상 시기의 초반에 비해 후반의 경우에는 전반적으로 OECD 국가뿐만 아니라 유럽 국가들의 경우에서도 그들의 지출우선순위에 더 이상 유사성을 보이지 않음을 알 수 있다. '유럽식 사회복지모형'의 증거를 평가하면서, 우리는 북유럽 국가들 사이에 총지출면에서 상당히 뚜렷한 유형이 등장하고 있으며, 또한 스칸디나비아, 서유럽, 남유럽, 그리고 영어사용 국가들 사이에 역사 · 언어 · 문화의 공통성에 기반을 둔 '국가군(群)'의 중요한 유형이 이어지고 있는 점에 주의를 기울인다.

지출변화의 정도가 크지 않고 고르게 수렴하지 않다는 사실을 보면 세계화가 보다 극적인 위기를 가져올 것이라는 주장은 받아들이기 어려우며, 오히려 세계화가 최근 지출의 전개과정에 영향을 준 많은 요인들 중의 하나라는 주장이 보다 적절한 것으로 보인다. 이러한 논점을 다루기 위해서는, 이 책에서 다듬은 사회적 지출의 다양한 측정 척도들로 국가 간 변동상태를 설명할 모형을 개발할 필요가 있다. 이러한 내용은 제5장 '지출성과는 어떻게 설명할 것인가'에서 다루고자 한다. 이 장에서는 세계경제에 노출된 두 측면, 즉 무역과 해외투자의 흐름에 대해 살펴본다. 이론적으로 최근 복지국가 전개과정에 영향을 준 것으로 받아들여지고 있는 다른 요인들을 통제한 상태에서, 구체적으로 이 두 요인이 지출

유형에 영향을 주었는지 아닌지를 검토한다. 다른 요인들로는 프로그램 성숙도(즉, 프로그램은 충분이 성숙되었을 때보다 초기에 보다 빠르게 늘어난다는 사실), 경제성장, 탈산업화, 실업, 그리고 조합주의, 제도적 거부지점,[7] 정당의 장단기 영향력 등과 같은 다양한 정치적 요인들을 들 수 있다. 정당의 역할은 특별한 의미를 갖는다. 그것은 지출증가문제가 여전히 전통적인 파벌정치에 영향을 받는지, 아니면 '복지국가의 새 정치'에 영향을 받는지에 관한 적극적인 학문적 논쟁에 정당이 결정적인 영향을 주고 있기 때문이다. 새로운 정치적 역학관계에서는 지출축소 유인에 대항하여 현존하는 지출 프로그램을 지지하는 주된 힘은 해당 프로그램 수혜자들로 이루어진 유권자들이다.

제5장에서는 지출증가를 결정하는 요인들의 영향력에 관한 강력한 증거를 찾아 낸다. 아주 현저한 요인들로 프로그램 성숙도와 경제성장과 같이 음의 영향을 주는 것들이 있으며, 나아가 그보다 크기는 다소 작지만 탈산업화와 전후 좌파 정부의 장기적인 이념적 전통과 같이 양의 영향을 주는 것들을 들 수 있다. 이러한 사실들을 알고 나면, 최근 수십 년 사이에 복지국가의 새로운 정치적 역학관계가 나타났다고 하는 주장을 크게 의심하게 된다. 단순한 이변량분석에 의하면 경제의 세계화와 총지출수준의 변화 사이에는 역의 상관관계가 있는 것으로 나타나지만, 보다

7) '거부지점'(veto points)이란 정책결정과정에서 제안된 안에 거부하거나 억제할 수 있는 지점을 의미하는 것으로서, 구체적으로는 제도적으로 주어진 필요한 과정 가운데서 거부되는 지점(의회의 의사결정구조 내지 대통령의 거부권 행사)과 시민단체 기타 이익집단들의 요구에 의해 거부되는 상황 등이 포괄된다(Andreas Bågenholm, 2002: 12; Michael Kcß, 2007: 5 등을 참고). 이러한 거부지점이 다양할수록 의사결정과정은 분권화 내지 분산된다.

국내에서는 '비토지점'이라고 부르는 경우도 있으나, 본서에서는 veto의 국어적 의미를 살려 위와 같이 부르기로 한다. 보다 구체적인 내용은 Michael Koß(2007); 홍경준 · 송호근(2005): 5~34 등을 참고할 수 있음.

광범위한 충분한 다변량모형에 의하면 그러한 관계는 전적으로 의미가 없어지고 만다. 이 후자 모형은 프로그램 성숙도와 세계무역에 대한 초기의 경제개방도 사이의 상관성을 보여 준다. 세계화가 중요한 영향을 미친다는 사실이 여러 곳에서 증명되고 있는 것은 해외직접투자의 증대와 기존 프로그램 지출의 삭감 사이에 명백한 관련성이 존재한다는 사실밖에 없다. 그러나 이 증거마저 통계적으로 확고하지 못하다. 이렇게 볼 때, 세계화의 위협이란 것은 '종이호랑이'에 지나지 않다는 사실을 알 수 있다. 세계화는 총지출에도 영향을 주지 못하고 프로그램의 우선순위에도 영향을 주지 못한다. 제6장의 모형을 통해 드러나고 있듯이, 세계화가 복지국가 축소에 주는 영향은 연금급부율의 국가 간 차별성을 고려하면 금방 없어져 버리고 만다.

제5장까지는 주로 세계화가 복지국가의 지속적인 존립에 위협을 줄 것이라는 주장에 대해 다루었다. 제6장과 제7장에서는 인구통계적 변화가 복지국가의 재정적 존립가능성과 현대사회의 보다 광범위한 경제 · 사회 · 정치구조에 위협이 될 것이라는 주장으로 초점을 바꾸고자 한다. 제6장 '인구고령화는 국고를 고갈시키고 있는가?'에서는 점점 늘어나는 고령인구가 사회적 지출에 어떠한 영향을 주는가 하는 문제를 다룬다. 인구통계적 상황의 변화가 가져올 것으로 예상되는 위기적 국면은 그것이 특히 연금, 고령자에 대한 각종 서비스, 그리고 공공보건 등과 같은 프로그램들에 심각한 영향을 주면서 총지출을 상당 수준 증가시킬 것이라는 주장이다. 고령화와 관련해서는 프로그램 급부율이 주어진 상태에서 고령인구수나 범위가 늘어나면 그에 상응하게 지출수준도 증가할 것이라는 주장이 있는데, 이러한 주장은 다양한 경제적 가정에 따라 일반화될 수도 있고 그렇지 않을 수도 있다. 여기서 우리의 분석은 이러한 주장의 시계열적 의미를 밝히는 데 뜻을 두고 있지 않다. 오히려 우리는 64세 이상

인구비율의 국가 간 차이가 1980~1998년 사이 각국의 사회적 지출의 전개과정에 얼마나 큰 차이를 만들어 내고 있는지를 평가하는 데 뜻을 두고 있다.

(고령화 위기설에 대한) 대답은 전술한 세계화의 경우와 마찬가지로 사실은 거의 그렇지 않다는 것이다. 단지 기존 프로그램의 축소를 식별할 수 있는 정도의 영향을 주기는 할 것이다. 그러나 그 정도는 매우 제한적인 것에 지나지 않는다. 우리는 분석을 통해 이처럼 직관과 다르게 나타나는 사실을 해명하고자 한다. 이러한 설명을 위해 우리는 고령자 프로그램에 대한 지출변화의 주된 원천이 인구의 연령구조 그 자체의 변화에 있는 것이 아니라 오히려 그러한 프로그램 급부율의 국가별 차이에 있다는 점을 보인다. 이러한 결론이 갖는 중요한 하나의 시사점은 이른바 '고령화 위기'는 일반적으로 적용되는 현상이 아니라 특정 국가에만 적용되는 현상이라는 사실이다. 또 다른 시사점은 인구'고령화'라는 어쩔 수 없는 사실에 의해 자신들의 정책이 제한받고 있다는 정책결정자들의 주장은, 그들에게 지출을 삭감시킬 의지가 없다는 사실을 숨기거나 또는 그럴 수 있는 능력도 없다는 사실을 은폐하기 위한 것에 지나지 않는다는 점이다.

제7장 '출산율 저하위기는 실제로 일어나고 있는가?'에서는 대부분의 서구 선진국가들, 동유럽 다른 나라들, 구소련, 북동아시아 나라들에서 출산율이 기존 인구를 대체하는 수준도 밑돌 정도로 줄어들고 있다는 또 다른 인구통계적 측면을 검토하고 있다. 실제 위기일 수도 있는 이러한 위기는 인구고령화 추세에 비해 훨씬 급격하게 극적으로 다가오고 있는데, 이러한 사실은 수세기 동안 인구통계학자들이 확신을 갖고 예견해 왔던 일이다. 많은 나라에서 출산율이 급격하게 떨어지고 있다는 사실인식은 지난 수십 년에 걸쳐 단지 학문적으로만 관심의 주제가 되어 왔다.

다시 한 번 우리는 우리가 관심을 갖는 성과의 결정요인을 확인하기 위해 비교가설 검증방법을 사용하고자 하는데, 여기서는 지출수준의 변화가 아니라 출산율의 결정요인을 찾아보고자 한다. 이렇게 초점을 바꾸는 데 반대하는 경우가 있는데, 그것은 출산율 저하가 본질적으로 상당히 흥미 있는 주제이기는 하지만 그것이 미래 복지국가 향방에 대한 적절한 질문이 되지 않는다는 점 때문이다. 그러나 이러한 의견은 우리의 견해와는 다르다. 이 장에서 우리는 OECD 국가 출산율의 주요한 결정요인은 국가가 얼마나 가족친화적인 공공정책을 채택하느냐 하는 점이라는 중요한 사실을 찾아 낸다. 이러한 사실을 통해 우리는 위기관련 문헌에서 일반적으로 주장되고 있는 것과는 달리 일정한 형태의 사회정책 대안들은 서구 사회에 지속적인 활력을 불어 넣는 데 결정적인 역할을 수행한다는 사실을 알 수 있다. 복지국가에 대한 요구가 변화하면 복지국가의 임무도 달라진다. 이 장의 주장이 맞는다면, 앞으로 수십 년간 사회정책분야에서 국가가 수행해야 할 중요한 역할은 출산율 저하를 가져오는 요인들이 통제범위를 벗어나지 않도록 하는 것이다.

이 책의 마지막 장에서는 지난날의 경험이 미래 복지국가 발전과정에 어떤 의미를 가지는가를 찾아보고자 한다. 마지막 장의 '안정적 복지국가는 달성가능한가?'에서는 미래 전개과정에 대한 전망을 제시하고 있는데, 여기서는 우리가 논의를 시작한 이래 위기설에 바탕을 둔 설명에서 암묵적으로 제시하고 있는 것과 매우 다른 견해를 시사하고 있다. 최근 자료에 의하면 변화가 거의 없기 때문에, 가까운 미래에 기존 지출유형이 대폭적으로 변화한다는 것은 매우 놀랄 만한 일이라는 점에 대해서도 다룰 것이다. 프로그램 성숙도와 경제성장이 총지출팽창을 규정짓는 주요한 요인이라 한다면, 변화가 크지 않을 것이라는 것을 알 수 있다. 왜냐하면, 이들 요인 중 프로그램 성숙도는 지출유형이 한층 더 수렴될 것을 암시하며, 경제성장은 지난 20년간 나타난 양상에 바탕을 두고 보면 지출축소만큼이나 지출팽창을 자극하는 요인일 수도 있기 때문이다. 우리 모형에 의할 때, GDP 대비 지출비율이 일반적으로 감소하려면 초기 전후 시기처럼 OECD 국가들의 경제성장이 상당한 수준으로 지속적으로 나타나야 한다. 그러나 현재로서는 거의 그럴 가능성이 없어 보인다.

다소간 완만한 지출팽창이 이루어질 것이라는 전망이 보다 유력해 보인다. 그러나 노동시장에 중대한 개혁이 없거나 경제성장률이 상당한 정도로 높아지지 않는다면, 시계열적으로 볼 때, 인구고령화는 평균적인 지출수준을 약간 상승시키는 효과를 나타낼 것은 분명하다. 출산율 저하를 막기 위한 시도 또한 가족문제에 대한 정책적 개입을 보다 강조하는 방향으로 나아가게 할 것이다. 이러한 것들은 일반적인 추세이겠지만, 결론적인 논의에서 보다 중요하고 복잡한 사실은 서로 다른 형태와 서로 다른 국가군(群)의 복지국가는 서로 다른 문제에 봉착하며, 그리하여 가까운 미래에 서로 다른 도전에 직면할 것이라는 사실이다. 최근 수십 년 사이에 복지국가에 일반적인 위기가 존재하지 않았던 것처럼 다가오는 수십 년 사이에도 일반적인 위기는 없을 것이다. 다양한 형태의 복지국가는 다양한 딜레마에 처하게 될 것이다. 앞으로 정책결정자들에게 가장 힘든 과제는, 쉽게 바뀔 것 같지 않은 지출변수들 속에서 어떻게 딜레마를 헤쳐 나갈 것인가가 될 것이다.

복지국가 연구에서 활발하게 주목을 받고 있는 논의 가운데 복지국가의 '옛 정치'와 '새 정치' 간의 논란이 자리잡고 있다.[8] 일반적으로 '옛 정치'는 복지국가 팽창기의 이유를 설명하기 위해 등장한 것이었다면, 최근의 '새 정치'는 복지국가 황금기 이후 전개되고 있는 복지국가의 후퇴와 관련된 문제를 해결하기 위해 제시된 것으로 이해되고 있다.

먼저 복지국가의 '옛 정치'는 복지국가가 정책과 이념의 대결장이라는 문제의식에서 출발하여, 복지국가 성쇠를 설명함에 있어 계급적 영향력, 나아가 그를 반영한 좌파 정부 또는 진보정당의 영향력(당파효과)을 강조하는 견해이다. 말하자면, 이 견해에 의하면 좌파 정부 또는 진보정당의 힘이 강한 나라나 그러한 시기에 사회서비스의 제공이 더욱 활발하게 이루어지고 가족지원도 더 강화되었다고 주장한다. 이 견해는 처음에 복지국가의 팽창이유를 설명하기 위해 제시된 견해이지만, 복지국가 팽창기뿐만 아니라 후퇴기의 문제 역시 계급 간 힘의 차이에 따라 서로 다르게 전개된다고 본다.

한편, 복지국가의 '새 정치'는 복지국가 성쇠가 계급적 영향력에 의해서 결정되기보다는 관련된 집단의 이해와 밀접하게 연관되어 있다고 보는 입장을 일컫는다. 이 견해의 지지자들은 세계화에 직면하여 복지국가

8) 관련된 국내문헌으로는 조영훈(2004); 강명세(2007); 박시종(2006) 등을 참고. 국내문헌에서는 'old politics'와 'new politics'를 흔히 '낡은 정치'와 '새로운 정치'로 번역표기하는 것을 볼 수 있으나, 이하 내용에서 밝혀지듯이 여기서 말하는 'old'와 'new'가 '낡고 새로움'의 의미가 아니라 지난 시기의 정통적인 정치적 역학관계와 달라진 정치적 역학관계를 의미하는 것으로 쓰이고 있기 때문에, 본서에서는 '옛 정치'와 '새 정치'로 표시하기로 하였다.

의 전통적 지지기반으로 평가되던 노동이나 정당의 역할이 약해졌는데도 불구하고 현실적으로 복지국가가 후퇴하지 않거나 나라마다 서로 다른 반응을 보이고 있는 현상이 나타나는 것은 노동계급만이 아니라 연금수혜층을 포함하여 관련 이해집단이 복지국가의 지지기반을 형성하기 때문인 것으로 설명하고 있다. 따라서 이들은 오늘날 복지국가를 분석하기 위해서는 조직노동 대신에 개별 프로그램을 지지하는 좀더 다양한 이해관계자들로 분석의 초점을 옮겨야 한다고 주장한다. 뿐만 아니라 이 견해 지지자들은 정치가들의 책임회피 동기 또한 소위 '새 정치'의 주요한 특징을 이루는 것으로 보고 있다. 말하자면, 이들은 정치가들 입장에서 정치권력이 분권화되어 있는 경우는 다양한 거부지점(veto point)[9]으로 인해 복지국가 후퇴정책을 수용하기 어려우며, 반면 집권화되어 있는 경우는 정책실행의 책임과 그로 인한 비난의 위험이 크기 때문에 비난의 회피를 추구함으로써 본격적으로 복지국가 후퇴정책의 실행을 수용하기가 어렵다는 점을 '새 정치' 의 또 하나의 특징으로 지적하고 있다.

9) '거부지점' 의 개념에 대해서는 각주 7)을 참고.

Chapter 2

# 복지국가는 '바닥으로 질주'하고 있는가?

제1절 미리 고려할 점

제2절 총지출의 유형

제3절 복지의 특징과 수준

제4절 실질지출의 유형

제5절 결론

# 복지국가는 '바닥으로 질주'하고 있는가?

제1절 미리 고려할 점

제2절 총지출의 유형

제3절 복지의 특징과 수준

제4절 실질지출의 유형

제5절 결론

## 제1절 미리 고려할 점



사회적 공급이 '바닥으로 질주'할 것이라는 주장은 세계적 경쟁이 강화되면서 범세계적으로 규제기준이 붕괴될 것이라는 보다 일반적인 논의의 다른 한 표현에 지나지 않는다. 이런 주장은 자국의 관할권을 벗어나고자 하는 기업들을 어떻게 다룰 것인가를 논의한, 20세기 초에 있었던 미국 기업법에 관한 토론에서 분명하게 그 모습을 드러내고 있다(Rieger and Leibfried, 2003 참고). 오늘날의 논쟁에서 보면, 세계적 경쟁이 유발한 복지삭감 위협에 관한 논의는, 주로 임금, 노동보호법, 환경기준들을 다룬 논쟁에서는 비교적 사소한 주제에 불과하다(Drezner, 2000 참고). 그러나 그 논리는 똑같다. 사회적 공급, 더 나은 임금과 근로조건, 환경보호수단 등의 비용이 기업의 부담으로 귀착되는 한 그러한 비용들은 기업의 생산비용을 높일 것이며, 기업이 보다 유리한 입지를 찾아 이동할 수 있는 한 그러한 비용을 부담하려 하지 않을 것이다. 국가들이 세계무역에 의존하는 정도가 커지고 기업들이 비용이 낮은 다른 나라들로 옮겨 가는 것을 막을 수 없다면, 정부로서는 자본의 조세삭감 요구와 보다 유연한 노동시장에 대한 요구, 보건이나 안전, 그리고 환경문제 등에 대한 각종 규제완화 요구들을 들어 줄 수밖에 없을 것이다.

이 장의 주된 목적은 이러한 주장들의 논리를 따지고자 하는 것이 아니라, '바닥으로의 질주'현상 가설이 최근 사회적 지출의 변화경로를 얼마나 잘 설명하는지를 보여 줄 수 있는 증빙자료를 비교검토하는 데 있다. 그러나 왜 세계적 경쟁이 이러한 주장들이 시사하는 극단적인 결과를 가져다 주지 않을 수도 있는지에 대한 몇 가지 이유를 간단하게 살펴보는 것은 여전히 의미 있는 일이 될 것이다. 첫째, 이 주장들에는 세계경제의 변화가 야기한 위협 정도를 과장하고 있다고 믿을 만한 이유들이 있다. 흔히 이 이론들은 입지선택에서 소비 측면의 고려사항을 소홀히 하는 경향이 있으며(말하자면, 시장에의 접근가능성은 생산비용 극소화만큼이나 중요하다), 자본도피가 가져올 결과를 지나치게 과장하는 경향이 있다(1990년대 중반까지 OECD 국가의 법인세수는 총조세수입의 10%가 채 안 되는 수준이었다: Ganghof, 2000 참고). 둘째, 세계화의 결과는 그러한 주장들이 예상한 바와 상당히 다를 수 있다고 생각할 만한 이유들이 있다. 실제로 상반되는 주장들을 보면, 세계경제로의 노출이 정부개입을 촉발하여 규제기준을 유지하거나 심지어 더 강화함으로써 세계경제의 취약성이 가져다줄 악영향을 완화시킬 수 있음을 시사하고 있다(Cameron, 1978; Ruggie, 1982; Katzenstein, 1985; Rodrik, 1997 참고).

세계화에 대한 주장들은 또 다른 측면에서도 비현실적일 수 있다. 사회적 지출이 예상만큼 줄어들지 않을 수 있는 셋째 이유는, 최근의 세계경제의 변화 정도가 위기에 관한 문헌들이 종종 상정하고 있는 만큼 크지 않을 수 있다는 데 있다. 제5장의 〈표 5.1〉을 보면, 1990년대 수입과 수출의 합이 GDP에서 차지하는 평균수준은 1980년대보다 단지 5% 정도 높은 수준에 지나지 않음을 알 수 있다. 같은 기간 해외직접투자의 평균수준이 2배 이상 늘어났으나, 이 수치는 출발점이 매우 낮은 데 기인한 것임을 유념할 필요가 있다. 나아가 〈표 5.1〉을 보면 1980년대와 1990년대 OECD 제국의 해외투자 흐름은 평균적으로 GDP 대비 3%에도 미치지 않고 있는 것을 볼 수 있는데, 이 수치를 보고 국가들 사이에 자본이동이 압도적으로 많이 나타나고 있다고 보기는 힘들 것이다. 마지막으로, 이러한 주장들은 사회적 지출변화의 동태적인 모습을 전적으로 잘못 판단한 것으로 보인다. '바닥으로의 질주'현상에 대한 분석이 의미하는 바는 각국이 민첩하게 그들의 사회적 지출수준을 하향조정할 수 있다는 것이지만, 정책변화를 다루는 문헌에서 주로 주장하는 것은 사회정책 개혁의 변화경로는 제도가 갖는 '보수체증'과 '경로의존'적 성질에서 유래하는 관성과 불가역성에 의해 강하게 영향을 받는다는 사실이다(Pierson, 2000). 하인리히(Karl Hinrichs)의 멋진 비유를 빌리면, 사회보장제도는 '움직이는 코끼리'와 같다(Hinrichs, 2001a). 그들이 젊을 때는 빨리 나아가지만, 그들이 나이가 들면 일반적으로 상당히 느리게 나아간다. 나이에 상관없이 코끼리를 되돌리려면 큰 힘과 적지 않은 유인이 필요하다.

이 장에서 우리는 지난 20년간의 과정에서 그러한 방향전환이 발생한 증거들을 찾아보고자 한다. 우리는 다양한 방법으로 측정된 사회적 지출의 변화경로를 검토함으로써 이러한 현상이 얼마나 발생하였는지를 평가해 보고자 한다. 몇몇 예외가 있을 수 있지만, 사회적 지출에 나타나지 않은 사회적 공급을 가지고 '바닥으로의 질주'현상을 논하는 것은 전혀 사리에 맞지 않다는 사실을 전제로 한다. 왜냐하면, 대부분의 선진복지국가에서는 사회적 공급의 많은 부분이 다양한 형태의 조세로부터 조달되는 각종 소득보전 프로그램과 사회적 서비스 형태를 띠기 때문이다. 기업은 이러한 조세를 곧바로 부담으로 여기고, 세계시장에서 경쟁에 실패하는 것을 이 조세 탓으로 돌리고 있다. 정부가 이러한 주장에 공감하면, 이용할 수 있는 전략은 편익과 서비스를 줄이거나 차입을 늘리는 두 가지밖에 없다. 그러나 과도한 차입에서 생기는 채무이자 부담이 시장경제의 생존에 해롭다는 인식이 팽배해 있으므로, '책임 있는' 정부가 취할 수 있는 유일한 선택은 사회적 지출을 삭감하는 일뿐이다. 그 이론이 옳다면, 정말로 '대안'이 없다. 조세로 복지국가의 사회적 공급을 담당하는 나라들에서는 지출축소 없는 '바닥으로의 질주'현상은 개념상 일어날 수 없다.

그러나 복지수준의 부정적 변화는 공적 공급의 정도에 의해 충분히 파악되지 않는 상황도 있다. 이러한 차이는 몇몇 나라에서만 나타나며, 이 장에서 보여 주는 지출변화의 상대적인 차이들에 크게 영향을 주는 것 같지는 않다. 이렇게 차이가 날 수 있는 하나의 원인은 (민간의) 의무적 공급수준의 변화에 있다. 몇몇 나라들에서 국가의 복지노력에 대한 많은 부분이 공적 예산에 포함되지 않은, 고용주의 의무적 공급에 의해 조달되어 왔다. 이러한 사실을 보면, 공적 지출수준이 변화되지 않으면서도 고용주의 의무적 공급의 삭감을 통해 복지수준이 줄어들 가능성이 있음을 알 수 있다. 그러나 이러한 점에서 특히 두드러진 양상을 보이고 있는 호주와 스위스에서는, 평가기간 (민간의) 의무적 지출과 공적인 사회적 지출이 전체적으로 총량면에서 증가해 왔기 때문에, (민간의) 의무적 프로그램이 줄어들더라도 전반적인 복지수준은 사실상 늘어날 수도 있다.

그러한 차이가 날 수 있는 또 하나의 원인은 복지수혜자에 불리한 영향을 주는 조세귀착 정도의 변화에 있다(Adema, 1999). 주어진 조사기간 동안 캐나다, 일본, 뉴질랜드 등에서 부분적으로 소득세를 소비세로 대체함으로써 원칙적으로 그러한 효과가 나타났을 수 있다. 복지수혜자에게 수혜율을 늘리지 않아 어떠한 지출감소도 없는 상태에서도 조세부담수준을 높임으로써 복지수준을 감소시킬 수 있으며, 반면 수혜율을 높여 지출수준을 높이면서도 복지수준을 전혀 개선시키지 못할 수도 있다. 그러나 소비세를 12.5% 부과하고 총지출편익을 GDP 대비 15% 제공하더라도(이 정도 수치면 관련국들 중 어느 나라에 적용하더라도 지금으로서는 최고 수치들인데), 그 차이의 최고값은 GDP 대비 2%를 넘지 못할 것이다. 그러한 수치는 다음에 보여 줄 사회적 지출의 국가 간 상대적 차이에 크게 영향을 주었을 만한 수준은 못 된다. 영어사용 국가들에서 근로빈곤계층의 빈곤을 완화하는 수단으로 세액공제제도를 점점 더 많이 사용함으로써 지출과 조세귀착이 매우 다르게 나타나고 있는데, 이러한 변화는 '바닥으로의 질주' 현상 가설에 대한 우리의 검증절차에 편의(偏倚)를 발생시키지는 않는다는 사실을 유념할 필요가 있다. 그와 같은 세액공제를 사회적 지출로 보는 것은 오늘날 국민계정 통계에서 일반적으로 받아들여진다. 그러나 모든 국가가 이러한 규칙을 조세지출 범주에 일관되게 적용하는 것은 아니다. 이렇게 세액공제를 지출범주에서 누락시키면 해당 기간에 일어났던 실질지출 증가는 과장되기보다는 과소평가될 것이다.





## 제2절 총지출의 유형

이 장에서 우리가 살펴보고자 하는 첫 번째 척도는 GDP 대비 백분율로 나타낸 공공부문 총사회적 지출과 총공공지출의 변화 정도이다. 우리는 앞에서 복지지출의 변화경로가 '바닥으로의 질주' 현상이 사실인가 허구인가를 결정짓는 주요한 요인이라는 사실을 주장하였다. GDP 대비 총사회적 지출 또한 정부가 시민들을 위해서 수행하는 '복지노력'의 척도로 아주 폭넓게 사용되며, 이 척도의 변화는 한 국가의 복지에 대한 지속적인 노력을 나타내는 유용한 지표구실을 한다. 총공공지출에 초점을 맞춤으로써, 사회적 지출 추세에 대한 논의의 맥락을 이해할 수 있게 된다. 또한 사회적 지출의 변화경로가 다른 공공지출 영역에도 그대로 나타나는지 여부를 확인하게 해 주며, 나아가 사회정책적 지출이 모든 시기의 전반적인 공공부문 지출에서 다소간 특징적인 모습을 드러내는지 여부를 확인하게 해 준다. 또한 보다 넓은 역사적 관점에서 논의하기 위해 우리는 1980~1998년 사이 시기의 분석을 위한 자료뿐만 아니라 1960~1980년 사이의 20년간의 자료도 함께 제시함으로써 시간의 경과에 따른 국가 간의 지출변화 경로를 비교 · 대조해 보고자 한다.

〈표 2.1〉은 1960년, 1980년, 1998년 공공부문 총사회적 지출의 GDP 대비 비율에 관한 자료와 1960~1980년과 1980~1998년 시기의 지출변화에 관한 자료를 보여 주고 있다. 이 자료들은 OECD Social Expenditure Database(OECD, 2001a)에서 가져온 것이다. 이 원래 자료는 1980년 이래 모든 OECD 장기 회원국들의 사회적 지출을 구성하는 13가지 요소에 관한 체계적인 정보를 보여 주고 있다. 총지출은 이러한 제 구성요소의 단순한 총합을 나타내는 것이지만, 이러한 형태의 세분화된 자료를 가지고 있기 때문에 우리는 그러한 지출자료를 이용해서 주어진 국가의 복지공급구조를 보다 정확하게 기술할 수 있는 척도를 만들어 낼 수 있다. 이러한 척도들에 대해서는 제3장에서 보다 정교하게 다룰 것이다.

〈표 2.1〉을 앞으로 보여 줄 많은 자료들의 표준적인 틀로 삼고자 한다. 자료들은 21개의 OECD 국가들에 관한 것인데, 구체적으로는 역사, 지리, 언어 그리고 문화 등의 여러 측면에서 유사성과 공통성을 확인할 수 있도록 4개의 '국가군(群)'으로 나누어 검토한다.[1] 네 국가군은 〈표 2.1〉과 앞으로 제시할 다른 표들에서 제시하는 순서대로 보면, 영어사용 국가, 스칸디나비아 국가, 서유럽대륙 국가, 남유럽 국가들로 구성된다. 스위스와 일본은 이들 국가군의 개념에 포함시키기가 어려워, 이들 국가에 대한 자료는 별도로 제시하였다. 이러한 국가군의 분류는 비교공공정책에 관한 나의 초기 연구에서의 분류와 유사하지만(Castles, 1998 참고), Obinger and Wagschal(2001)의 클러스터분석(cluster analysis)의 결과를 토대로

[1] 제4장의 보론「제 국가군의 분류」내용을 참고할 것.

약간 수정하여 이탈리아를 서유럽대륙 국가로 분류하지 않고 남유럽 국가군의 한 국가로 분류하였다. 〈표 2.1〉과 이후에 나오는 모든 표들에서 우리는 각 국가군의 평균값과 21개 전체 국가의 평균값을 보여 주고 있다. 이들 값으로 국가군 사이의 차별성 정도를 평가할 수 있다. 모든 국가의 측정치들의 유사성은 변이계수를 통해 알 수 있는데, 변이계수는 지출수준의 모든 측정치들을 대상으로 구한 것이며, 시간의 경과에 따른 변화값을 대상으로 구한 것은 아니다. 변이계수값이 낮아졌다는 것은 국가들 사이의 전반적인 변화폭이 줄어들었음을 의미하며, 이 값들이 꾸준히 줄어들고 있다는 것은 시간의 경과에 따라 지출유형이 더욱 유사해지고 있음을 의미한다.

Chapter 2

먼저 총지출수준의 관점에서 국가군의 유형을 보면, 복지선도국과 복지낙후국들의 변동상태를 알 수 있다. 〈표 2.1〉을 보면 1960년에는 서유럽대륙 국가가 가장 복지노력을 많이 한 국가군이며, 중간 분포를 보이는 영어사용 국가와 스칸디나비아 국가 사이에는 차이점을 거의 찾아볼 수 없고, 이탈리아를 제외한 남유럽 국가군은 가장 저조한 성과를 보이고 있다. 그러나 1980년에는 지출 측면에서의 위와 같은 세 단계의 분명한 관계가 무너지고 두 단계의 국가군으로 나누어짐을 볼 수 있다. 스칸디나비아 제국과 서유럽대륙 국가군은 사회정책적 목적에 GDP 대비 약 25% 수준의 지출을 하고 있으며, 영어사용 국가군과 남유럽 국가군은 약 15% 수준을 보이고 있다. 우리가 여기서 관심을 갖고 있는 마지막 시기에는 국가군들의 단계가 다시 종전처럼 세 단계로 나누어지는데, 국가군별 순위에서는 초기 전후 시기와는 다소 다른 양상을 띠고 있다. 1998년에 보면, 스칸디나비아 국가들이 GDP의 30%에 육박하는 평균지출수준을 보여 완전히 선도적 복지국가들로 나섰다. 서유럽대륙 국가들이 그 뒤를 바짝 쫓는 상태에서, 남유럽 국가들은 후미의 영어사용 국가군보다

표 2.1 OECD 21개국 GDP 대비 공공부문 총사회적 지출 비중과 그 변화

| 국가 | 1960 | 1980 | 1998 | 1960~1980[a] | 1980~1998 |
|---|---|---|---|---|---|
| 호주 | 7.4 | 11.3 | 17.8 | 3.9 | 6.5 |
| 캐나다 | 9.1 | 13.3 | 18.0 | 4.2 | 4.8 |
| 아일랜드 | 8.7 | 18.9 | 15.8 | 10.2 | −3.1 |
| 뉴질랜드 | 10.4 | 19.2 | 21.0 | 8.8 | 1.8 |
| 영국 | 10.2 | 18.2 | 21.4 | 8.0 | 3.2 |
| 미국 | 7.3 | 13.1 | 14.6 | 5.8 | 1.5 |
| *영어사용 국가군 평균* | *8.9* | *15.7* | *18.1* | *6.8* | *2.4* |
| 덴마크 | 10.6 | 29.1 | 29.8 | 18.5 | 0.8 |
| 핀란드 | 8.8 | 18.5 | 26.5 | 9.7 | 8.0 |
| 노르웨이 | 7.8 | 18.6 | 27.0 | 10.8 | 8.4 |
| 스웨덴 | 10.8 | 29.0 | 31.0 | 18.2 | 2.0 |
| *스칸디나비아 국가군 평균* | *9.5* | *23.8* | *28.6* | *14.3* | *4.8* |
| 오스트리아 | 15.9 | 23.8 | 26.8 | 7.9 | 3.0 |
| 벨기에 | 13.8 | 24.2 | 24.5 | 10.4 | 0.4 |
| 프랑스 | 13.4 | 22.7 | 28.8 | 9.3 | 6.1 |
| 독일 | 18.1 | 20.3 | 27.3 | 2.2 | 7.0 |
| 네덜란드 | 11.7 | 27.3 | 23.9 | 15.6 | −3.4 |
| *서유럽대륙 국가군 평균* | *14.6* | *23.7* | *26.3* | *9.1* | *2.6* |
| 그리스 | 7.1 | 11.5 | 22.7 | 4.4 | 11.3 |
| 이탈리아 | 13.1 | 18.4 | 25.1 | 5.3 | 6.7 |
| 포르투갈 | – | 11.6 | 18.2 | – | 6.6 |
| 스페인 | 3.2 | 15.8 | 19.7 | 12.6 | 3.9 |
| *남유럽 국가군 평균* | *7.8* | *14.3* | *21.4* | *7.4* | *7.1* |
| 스위스 | 4.9 | 15.2 | 28.3 | 10.3 | 13.1 |
| 일본 | 4.1 | 10.1 | 14.7 | 6.0 | 4.6 |
| *전체 평균* | *10.1* | *18.7* | *22.7* | *9.0* | *4.0* |
| *변이계수* | *38.9* | *31.2* | *22.3* | | |

주 및 자료:
1) 1960년 자료는 OECD(1994), "New Orientations for Social Policy," *Social Policy Studies*, No. 12, Paris.

2) 덴마크, 벨기에, 스페인의 1960년 수치는 사회보장이전과 건강지출을 합친 것임 (Castles, 1998).
3) 1980년 이후의 자료는 OECD(2001a), *Social Expenditure Database, 1980~1998*, Paris.
4) 1980년 호주의 산업재해지출과 덴마크, 그리스, 이탈리아의 기타 사고지출 자료는 누락된 것임.
5) 1980년 오스트리아, 프랑스, 아일랜드의 실업현금급여는 OECD(1985), *Social Expenditure 1960~1990, Problems of Growth and Control*, Paris로부터 추정한 것임.
6) 1998년 영국의 총지출은 고령현금급여와 관련된 정의의 변화를 고려하여 GDP 대비 3.3% 줄인 수치임.
a. 위의 각 연도의 자료 출처가 서로 다르기 때문에 1960~1980년 사이의 변화분 수치는 추정치에 지나지 않음. 모든 계산된 수치는 반올림으로 인한 오차를 내포하고 있음.



약간 앞서고 있었다. 개별 국가별 복지국가 순위의 변화는 국가군별 순위의 변화 못지않게 극적이다. 1960년에 OECD의 끝에서 두 번째이던 스위스가 1998년에는 위에서 네 번째가 되었고, 1980년에 OECD의 평균을 약간 넘어섰던 아일랜드는 1998년에는 끝에서 세 번째가 되었다. 〈표 2.1〉을 통해 국가마다 지출유형이 서로 다르고, 역사 · 문화 · 언어적 유사성을 공유한 국가군이 비교적 강하게 묶여 있는 것을 볼 때, 복지국가들이 어디에 있든 동일한 정도의 강력한 외부 압력을 받고 모두가 그러한 압력에 반응을 보인다고 주장하는 위기문헌의 가설이 쉽게 적용되는 것 같지는 않다.

다음으로 지출팽창유형으로 눈을 돌려 보자. 먼저 서로 다른 기간들 사이의 실질적인 차이를 대조해 보는 것으로 시작하자. 1960~1980년 시기는 사회적 지출이 지속적이고 강하게 팽창되었던 시기였다. 〈표 2.1〉에 나타난 모든 OECD 회원국들은 GDP 대비 지출수준의 급격한 증가를 경험하였는데, 특히 덴마크는 18.5%, 스웨덴은 18.2%로서 지출증가세를 선도하고 있는 것을 볼 수 있다. OECD 국가 전체적으로 볼 때, 지출수준은 GDP 대비 9% 증가하였는데, 이러한 사실은 단 20년 사이에 OECD 복지국가들의 경우 평균적으로 그 규모가 실질적으로 두 배가 되었다는 것을 나타낸다. 1980~1998년 시기를 이전 시기와 비교해 보면, 지출팽창의 정도가 일정하지 않고 그 차별성의 폭은 오히려 크게 줄었다. 앞의 시기에는 GDP 대비 10% 이상 지출이 증가한 나라가 여덟이었으며, 뒤의 시기에는 스위스와 그리스[2] 단 두 나라가 있었는데, 이 두 나라 모두 지출규모 면에서 뒤쪽에 처져 있다가 치고 올라온 경우다. 앞의 시기에 가장 적은 지출증가를 보인 독일의 지출증가폭은 GDP 대비 2.2%였고, 뒤 시기에서는 7개국이나 2.2% 미만의 지출팽창을 보였다. 결국, 두 번째 기간의 평균지출팽창률은 이전 시기의 GDP 대비 9% 포인트에서 4% 포인트로 절반 이상 감소하였다. 세계화의 결과든 또는 다른 요인들이 복합적으로 작용해서 생긴 것이든, 복지국가 팽창속도가 1980년대 이후 급격히 느려지고 있다는 데는 의심의 여지가 없다.

그러나 위기문헌에서 가정하고 있는 정도의 규모로 줄어든 것은 하나도 없다. 〈표 2.1〉의 3개 조합의 수치들은 이러한 사실을 아주 명백하게 보여 주고 있다. '바닥으로의 질주' 현상은 사회적 지출이 전면적으로 줄어드는 현상을 의미한다. 그러나 〈표 2.1〉의 마지막 열이 보여 주는 바와 같이 사실상 아일랜드와 네덜란드 두 나라만이 해당 기간 총사회적 지출의 전반적인 축소를 경험하고 있다. 관련된 두 번째 수치는 1980년과 1998년 사이에 지출이 GDP 대비 평균 4% 증가하고 있다는 사실이다. 이러한 사실을 지출의 백분율 증가 개념으로 보면, OECD 국가는 GDP 대비 18.7%에서 22.7%로 평균 20% 전후 수준으로 복지노력이 증가하였음을 알 수 있다. 이 시기는 주요 위기론의 설명에 의할 때 지출수준이 급격하게 하락하였어야 하는 바로 그 시기이다. 이러한 사실이 두드러지게 나타나

2) 원서 p. 27에는 스위스와 포르투갈로 되어 있으나, 〈표 2.1〉에 따라 스위스와 그리스로 바로잡은 것임.

는 것은 세 번째 수치이다. 〈표 2.1〉의 마지막 행을 보면 변이계수가 지속적으로 하향추세를 나타내고 있는데, 이러한 사실은 근 40여 년간 사회적 지출수준의 유사성이 늘어나고 있음을 말해 준다. '바닥으로의 질주' 현상 논의는 초기 전후 시기에 지출수준이 일반적으로 상향이동하던 것이 최근에 와서 하향수렴과정으로 그 추세가 급격하게 바뀌는 현상을 시사한다. 〈표 2.1〉이 나타내는 것을 보면 전후 전 시기에 걸쳐 유사성이 증가하면서 지출수준은 늘어나고 있는 것을 볼 수 있다.



이제 사회적 지출에 상응하는 공공지출 전반의 발전유형을 살펴보자. 〈표 2.2〉에서는 OECD *Economic Outlook*(각 연도)을 근거로 〈표 2.1〉과 같은 기간의 GDP 대비 일반정부 총지출 비중에 관한 자료를 보여 주고 있다. 사실 〈표 2.2〉는 대부분 〈표 2.1〉과 같은 내용을 알려 준다. 총지출 규모는 사회적 지출보다 훨씬 더 큰은 물론이다. 총지출의 평균값은 사회적 지출의 평균값보다 거의 세 배가 더 많게 출발하여, 마지막 시기에는 대략 두 배 수준에서 머무르고 있다. 1998년에는 OECD 총지출의 평균값이 GDP 대비 43%였는데, 가장 높은 스웨덴은 55.5%, 가장 낮은 미국은 30.5%이었다. 규모면에서는 차이가 나기는 하지만, 1980년 남유럽 국가들이 영어사용 국가들의 공공지출수준에 훨씬 못 미친다는 하나의 예외적인 현상을 제외하면, 전반적으로 국가군이 보이는 유형은 유사하게 나타나고 있는 것으로 볼 수 있다. 1998년 사회적 지출면에서 나타난 국가군의 순서는 총지출면에서도 거의 유사하게 나타나고 있다. 또한 총사회적 지출의 경우와 같이, 두 기간의 팽창경로는 매우 현격한 대조를 보이고 있다. 1960년대와 1970년대 GDP 대비 15%의 평균총지출 팽창은 같은 기간 총사회적 지출 팽창의 평균값보다 약 60%나 더 높은 값이다. 그러나 1980~1998년 시기 OECD의 전반적인 총지출수준은 눈에 띠게 안정되었는데, 〈표 2.2〉의 수치를 보면 1980년 대비 1998년 단지 0.7% 포인트 늘어나

표 2.2 OECD 21개국 GDP 대비 일반정부 총지출 비중과 그 변화

| 국가 | 1960 | 1980 | 1998 | 1960~1980 | 1980~1998 |
|---|---|---|---|---|---|
| 호주 | 21.6 | 31.4 | 33.2 | 9.8 | 1.8 |
| 캐나다 | 28.6 | 38.8 | 40.2 | 10.2 | 1.4 |
| 아일랜드 | 28.0 | 49.3 | 32.2 | 21.3 | −17.1 |
| 뉴질랜드[a] | − | − | 39.5 | − | − |
| 영국 | 32.2 | 43.0 | 37.7 | 10.8 | −5.3 |
| 미국 | 27.2 | 31.4 | 30.5 | 4.2 | −0.9 |
| *영어사용 국가군 평균* | *27.5* | *38.8* | *34.8* | *11.3* | *−4.0* |
| 덴마크 | 24.8 | 56.2 | 54.0 | 31.4 | −2.2 |
| 핀란드 | 26.6 | 38.1 | 48.1 | 11.5 | 10.0 |
| 노르웨이 | 29.9 | 43.3 | 46.3 | 13.4 | 3.0 |
| 스웨덴 | 31.0 | 60.1 | 55.5 | 29.1 | −4.6 |
| *스칸디나비아 국가군 평균* | *28.1* | *49.4* | *51.0* | *21.3* | *1.6* |
| 오스트리아 | 35.7 | 48.1 | 50.3 | 12.4 | 2.2 |
| 벨기에 | 34.6 | 58.3 | 48.0 | 23.7 | −10.3 |
| 프랑스 | 34.6 | 46.1 | 49.9 | 11.5 | 3.8 |
| 독일 | 32.4 | 47.9 | 46.0 | 15.5 | −1.9 |
| 네덜란드 | 33.7 | 55.8 | 43.4 | 22.1 | −12.4 |
| *서유럽대륙 국가군 평균* | *34.2* | *51.1* | *47.5* | *16.9* | *−3.6* |
| 그리스[b] | 17.4 | 30.4 | 42.7 | 13.0 | 12.3 |
| 이탈리아 | 30.1 | 41.9 | 47.6 | 11.8 | 5.7 |
| 포르투갈 | 17.0 | 23.8 | 39.8 | 6.8 | 16.0 |
| 스페인 | − | 32.2 | 40.6 | − | 8.4 |
| *남유럽 국가군 평균* | *21.5* | *30.1* | *42.7* | *10.5* | *12.6* |
| 스위스[a] | − | − | − | − | − |
| 일본 | 17.5 | 32.0 | 34.8 | 14.5 | 2.8 |
| *전체 평균* | *27.9* | *42.6* | *43.0* | *15.2* | *0.7* |
| *변이계수* | *21.8* | *25.0* | *16.6* | | |

주 및 자료:
1) 1960년 자료: OECD(1991), *Historical Statistics, 1960~1989*, Paris.
2) 1980년 자료: OECD(1997), *Economic Outlook*, Vol. 61, Paris.

3) 1998년 지출자료: OECD(2001), *Economic Outlook*, Vol. 71, Paris.
a. 뉴질랜드와 스위스의 자료는 입수불가. 모든 계산된 수치는 반올림으로 인한 오차를 내포하고 있음.
b. 1960년 그리스의 수치는 총지출이 아니라 일반정부 경상지출이며, 이로 인해 1960~1980년 시기 총지출 변화분 수치는 추정치임.

---



는 데 머무르고 있는 것을 알 수 있다.

바로 이러한 사실이 총지출과 총사회적 지출 추세 사이에 실질적으로 큰 대조를 보이는 점이다. 21개국 중에서 단지 2개국만이 1980~1998년 사이에 사회적 지출이 줄어들었다. 그러나 우리가 총지출에 관한 자료를 가지고 있는 19개국 중에서 8개국이 같은 기간 전반적인 공공지출의 감소를 보이고 있다. 또한 자료가 없는 국가의 지출변화 경로에 대해서 추측하는 것도 가능하다. 〈표 2.1〉과 많은 연구들(Kriesi, 1999; Lane, 1999; Armingeon, 2001 등 참고)을 통해 알 수 있듯이, 이 시기 스위스의 사회적 지출이 매우 팽창하고 있는데, 이러한 사실로 미루어 1980~1998년 사이 스위스의 총지출수준도 현저하게 증가하였을 것으로 추측하는 것은 타당성이 있어 보인다. 마찬가지로, 〈표 2.1〉을 보면 뉴질랜드의 사회적 지출이 상대적으로 적게 늘어나고 있으며, 어떤 보고를 보더라도 같은 시기에 이 나라 공공부문이 크게 줄어들고 있는데(Kelsey, 1993; Boston and Uhr, 1996; Stephens, 1999 등 참고), 이러한 사실을 종합해서 판단해 보면, 1980년 이후 시기 뉴질랜드의 총지출규모는 전반적으로 줄어든 것으로 추측할 수 있다. 이 두 나라의 지출 추세가 이처럼 서로 다르게 나타나고 있는 사실을 고려해 볼 때, OECD의 거의 절반에 해당하는 나라들에서 어느 정도 지출감소가 있었던 것으로 결론지을 수 있을 것이다. 뿐만 아니라 지출수준의 변화경로도 상당히 큰 차별성을 보이고 있었다. 벨기에, 아일랜드 그리고 네덜란드는 모두 GDP 대비 10%를 넘는 지출감소를 경험하였다. 반면에 핀란드 · 그리스 그리고 포르투갈의 공공부문은 유사한 수준으로 증가하였다.

총사회적 지출과 총공공지출 추세 사이의 불일치는 대단히 흥미롭다. 사회적 지출에 포함되지 않으면서 총지출에는 포함되는 항목들로는 일반적인 공공서비스, 공공질서와 안전, 방위, 교육, 주택 및 지역사회 서비스, 경제문제, 여가활동과 문화, 채무이자 지불을 포함한 기타 범주들을 들 수 있다(United Nations, 1999 참고). 〈표 2.1〉과 〈표 2.2〉를 같이 살펴보면, 지난 20년간 사회적 지출에 포함되지 않은 공공지출은 총사회적 지출에 비해 더 많이 줄어들었으며, 나아가 더 큰 축소압력을 받은 것을 알 수 있다. 이러한 감소가 총지출면에서 '바닥으로의 질주'현상이라 할 수 있을 만큼 충분한 크기인지 아닌지는 또 다른 문제이다. 세계화 추세가 공공부문 지출에 미친 영향을 전망하는 논자들은 가장 큰 총지출 감소를 경험한 벨기에, 아일랜드, 네덜란드 세 나라가 동시에 거의 모든 점에서 1980~1998년 시기에 가장 세계경제에 노출된 정도가 큰 국가일 수 있다는 사실을 아주 의미 있게 보고 있는데(〈표 5.1〉과 제5장 참고), 이러한 견해는 확실히 있을 수 있는 일로 보인다. 그러나 이 시기 전반적으로 공공지출이 늘어난 나라는 줄어든 나라보다 많으며, 동 시기 평균지출 추세는 비록 미미하기는 하지만 늘어나고 있었던 것도 사실이다. 비록 총지출이 총사회적 지출에 비해 보다 큰 하향압력을 받았을지라도, 그리고 개별 국가의 총지출 변동폭이 꽤 컸다 하더라도, 이러한 사실이 '바닥으로의 질주' 현상을 보여 주는 증거가 되지는 못한다.

그러나 세계경제의 변화가 우리가 연구해 온 보다 광범위한 공공지출 추세와 깊은 관련을 갖고 있을 가능성은 그렇게 쉽게 버릴 수 없다. 세계화 관련문헌에서는 비사회적 지출 그 자체에 대해서는 한 마디도 하지 않고 않다. 그러나 이 분야의 많은 논자들은 〈표 2.1〉과 OECD에서 사용하는 척도에 비해 보다 광범위한 사회적 지출 척도를 채택할 필요가 있다는 사실에 상당한 주의를 기울이고 있다. 아마도 이러한 대상에는 주택과 지역사회 서비스, 교육 그리고 경제문제에 관한 지출들이 있을 수 있으며, 그 중에서 교육과 경제문제는 대부분의 OECD 국가에서 조사기간중 감소하였다(IMF, *Financial Statistics*, 각 연도). 나아가 채무이자 지불은 어떤 기준으로도 복지국가의 일이 아니지만, 이 분야 논자들은 그러한 이자지불을 발생시키는 공공채무수준이 높은 것을 지나치게 복지국가를 추구한 결과로 종종 간주한다. 비사회적 지출로 분류되는 많은 항목들이 보다 광범위하게 인정되는 사회적 보호국가 내지는 그러한 국가가 팽창한 결과 나타나는 것으로 간주될 수 있다. 이런 점을 고려해 보면, 섣부른 결론을 내리는 것은 피하고, 총사회적 지출뿐만 아니라 총공공지출도 제5장에서 다루는 지출변동의 근원을 밝히고자 하는 보다 포괄적인 모형에 포함시키는 것이 타당해 보인다.





## 제3절 복지의 특징과 수준

총지출유형에 관한 자료는 '바닥으로의 질주' 현상 가설과는 분명 모순되지만, 최근 지출의 변화경로를 다시 살펴보면, 위기론에 내재된 불안감의 본질에 관한 실마리는 확실히 찾을 수 있다. 이 절에서는 이와 같은 문제와 관련된 두 가지 질문을 던지고자 한다. 첫째로 복지에 관한 공공지출이 최근 수십 년 사이에 공공예산에서 다소간 특징적인 변화를 보였는가 하는 점이다. 특징이 비교적 크게 나타나면, 그 자체가 위협감을 더욱 키우는 이유가 될 수 있다. 둘째로 우리는 이 시기 총지출의 증가가 실제로 복지수준의 감소를 은폐하고 있지는 않는지 묻고자 한다. 서구 국가 정부들이 이미 사회적 보호에 주요한 정책우선순위를 두지 않으며, 그 결과 공적 공급의 수준이 떨어진다면 복지국가의 미래가 위협을 받을 것이라는 생각은 오히려 쉽게 이해될 수 있을 것이다.

Göran Therborn(1983)의 주장에 따르면, 복지국가로 규정되기 위해서는 복지목적을 위한 국가의 지출이 다른 목적의 지출을 능가해야 하며, Gøsta Esping-Andersen(1990)은 이러한 기준에 의해 1970년대까지는 세계적으로 복지국가라고 부를 만한 국가가 거의 없었다고 보고하고 있다. '바닥으로의 질주'현상 가설이 시사하는 재미있는 점은, 복지국가 팽창의 '황금기'에 지출팽창의 결과 복지국가 자격을 얻은 국가수가 증가하였는데 최근 몇십 년간에는 그 추세가 반전된 것 같다는 사실이다. 우리 자료에서 사회적 지출이 크게 증가한 것으로 나타난 1960~1980년 사이의 '황금기'에, 건강 · 연금 · 질병 · 실업 그리고 기타 복지서비스에 대한 지출들이 점차 지난날 국가가 우선순위를 두었던 일반적 공공서비스 · 국방 · 공공질서 그리고 지역사회 서비스 등에 대한 지출들과 서로 경쟁을 하기에 이르렀다. 그러나 만약 1980년대와 1990년대가 '바닥으로의 질주'현상 가설이 시사하는 바와 같이 진정 사회적 프로그램들이 집중적으로 감축된 시기였다면, 현대국가의 주된 관심사항인 복지의 위상은 분명히 상당 부분 손상을 입었을 것이다.

그러나 사실상 우리가 이미 알고 있듯이 넓은 의미에서 볼 때, 복지국가의 현저한 증가추세는 전혀 바뀌지 않았다. 〈표 2.1〉과 〈표 2.2〉에 의하면, 1980년 이후 시기 사회적 지출의 평균팽창률은 총지출의 평균팽창률을 능가하였다는 것을 알 수 있다. 그러나 이러한 사실은 평균적으로 OECD 국가들의 복지국가적 특징이 지속적으로 늘어나고 있었다는 것을 의미한다고 볼 수는 있으나, 개별 국가들이 이 시기의 지출변화에 어떠한 영향을 받았는지에 대해서는 우리는 알지 못한다. 말하자면, 몇몇 나라들에서 사회적 지출이 줄어들었거나 또는 단지 조금 늘어나서 비사회적 지출 대비 사회적 지출 비중이 줄어든 경우가 나타난다 해도, 지금까지 우리 분석에서 나온 실증결과와 양립할 수 있는 것이다. 그러한 사실이 '바닥으로의 질주'현상까지는 아닐지라도, 왜 몇몇 나라의 복지정책 지도자들과 복지수혜자들이 그들 스스로 압력을 느끼고 있는지는 잘 설명할 수 있을 것이다. 총지출 대비 총사회적 지출 비율을 보여 주는 〈표 2.3〉은 국가지출에서 사회적 지출과 비사회적 지출 간 우선순위의 균형 여부를 확인할 수 있는 수단을 제공해 준다. 이 표는 서로 다른 나라, 서로 다른 국가군, 그리고 서로 다른 시점에서 복지국가의 상대적 특징을 비교할 수 있게 해 준다.

Chapter 2

〈표 2.3〉에서 우선 주목해야 할 점은 숫자들이 상당히 수렴하고 있다는 점이다. 종전에는 개별 국가들이나 국가군들이 복지지출 우선순위 결정에서 상당한 정도의 차별성을 보이고 있었다. 1960년에 독일은 총지출 대비 55.5% 이상을 복지지출에 썼지만, 일본, 노르웨이 그리고 미국 등은 불과 25% 정도만 썼다. 비록 이들 개별 국가의 차이만큼은 아니지만, 국가군들의 차이 또한 상당하였다. 무엇보다도 이 형태들이 총지출을 특징짓는 형태들과는 사뭇 달랐다. 〈표 2.1〉에서는 이탈리아를 제외하면 남유럽 국가들이 1960년대 사회적 지출 낙후국이었는데, 〈표 2.3〉에서는 비록 자료는 불완전하지만, 이들 나라가 복지국가에 주는 우선순위는 같은 시기 사회적 지출의 선도국이었던 유럽대륙 국가들의 그것과 유사하게 나타나고 있음을 볼 수 있다. 1960년과 1980년에는 복지에 대한 우선순위를 최하위에 두었던 국가들이 주로 영어사용 국가들이었다. 연구기간이 끝날 무렵, 개별 국가 간의 차이는 뚜렷이 감소하였다. 독일과 일본은 1960년 복지의 크기면에서 완전히 극과 극이었지만, 그 차이는 32.5% 포인트에서 1998년 17.2% 포인트로 줄었다. 국가군 사이의 격차도 줄었고, 국가

군의 순서도 바뀌었다. 스칸디나비아 국가들의 복지지출은 지난 40여 년간 엄청 크게 증가해 왔는데, 이처럼 높은 지출수준은 이 나라들이 복지 성격의 지출에 높은 우선순위를 두었기에 가능하였던 일이다. 1960년에 가장 높은 국가군인 서유럽대륙 국가군과 가장 낮은 국가군인 영어사용 국가군의 격차는 11.6% 포인트였다. 1998년에는 가장 높은 국가군인 스칸디나비아 국가군과 가장 낮은 국가군인 남유럽 국가군 사이의 격차는 단지 6.1% 포인트에 지나지 않았다. 통계값도 같은 사실을 보여 주고 있는데, 구체적으로 시간이 경과함에 따라 변이계수가 크게 줄어들고 있는 것을 볼 수 있다.

다음으로 지적할 중요한 사항은 이러한 수렴과정은 테르본(Therborn)의 기준에 따르는 경우, 보다 많은 국가들이 복지국가 범주로 들어가면서 발생한 것이라는 사실이다. 1960년 독일은 보다 많은 자원을 다른 목적보다 복지를 위해 할당하였던 유일한 국가이었다. 1980년에는 덴마크가 독일을 밀어내고 OECD 제일의 복지국가가 되었다. 그러나 이 기준에 의할 경우, 1998년에는 〈표 2.3〉에 나타난 20개국 중에서 14개국이 복지국가가 되었으며, 자료가 누락된 스위스도 자료를 구할 수만 있다면 틀림없이 복지국가 범주에 들어갈 것이다. 마지막으로 더욱 중요한 것은 복지국가를 향한 이와 같은 대량이동현상이 1960~1980년 사이의 황금시기에 일어난 것이 아니라 1980년 이후 이른바 위기로 점철된 시기에 일어났다는 사실이다. 1980년에 복지규모의 평균수준은 43.5%였고, 1998년에는 52.4%였다. 어찌 보면 OECD는 다른 모든 목적보다 복지에 더 많이 지출하는 국가들로 주로 구성되어 있어서, OECD 지역은 그 자체로 하나의 거대한 복지국가가 되었다. 그러나 OECD 국가들 중 가장 인구가 많은 미국과 일본 두 나라가 아직도 이 기준에서 복지국가의 범주에 속하지 못하고 있는데, 이러한 사실은 아직은 더 가야 할 길이 남아 있다는 것을 말

표 2.3 OECD 21개국 일반정부 총지출 대비 공공부문 총사회적 지출 비중

| 국가 | 1960 | 1980 | 1998 |
|---|---|---|---|
| 호주 | 34.3 | 36.1 | 53.6 |
| 캐나다 | 31.8 | 34.2 | 44.9 |
| 아일랜드 | 31.1 | 38.4 | 49.0 |
| 뉴질랜드 | – | – | 53.1 |
| 영국 | 31.7 | 42.3 | 56.7 |
| 미국 | 27.1 | 41.8 | 47.8 |
| *영어사용 국가군 평균* | *31.1* | *38.6* | *50.8* |
| 덴마크 | 42.7 | 51.7 | 55.2 |
| 핀란드 | 33.1 | 48.6 | 55.2 |
| 노르웨이 | 26.1 | 42.8 | 58.3 |
| 스웨덴 | 34.8 | 48.3 | 55.8 |
| *스칸디나비아 국가군 평균* | *34.2* | *47.8* | *56.1* |
| 오스트리아 | 44.5 | 49.4 | 53.3 |
| 벨기에 | 39.9 | 41.5 | 51.1 |
| 프랑스 | 38.7 | 49.2 | 57.8 |
| 독일 | 55.9 | 42.3 | 59.3 |
| 네덜란드 | 34.7 | 48.9 | 55.1 |
| *서유럽대륙 국가군 평균* | *42.7* | *46.3* | *55.3* |
| 그리스 | 40.8 | 37.8 | 53.2 |
| 이탈리아 | 43.5 | 44.0 | 52.7 |
| 포르투갈 | – | 48.9 | 45.8 |
| 스페인 | – | 49.0 | 48.5 |
| *남유럽 국가군 평균* | *42.1* | *44.9* | *50.0* |
| 스위스 | – | – | – |
| 일본 | 23.4 | 31.6 | 42.1 |
| *전체 평균* | *36.1* | *43.5* | *52.4* |
| *변이계수* | *22.2* | *13.5* | *9.0* |

주 및 자료:
1) 〈표 2.1〉의 사회적 지출 자료를 일반정부 총지출 대비 비중으로 나타낸 것임.
2) 총지출에 관한 자료의 출처는 〈표 2.2〉에 제시한 것과 같음.
3) 모든 계산된 수치는 반올림으로 인한 오차를 내포하고 있음.

해 주는 것으로 볼 수 있다.

이 분석은 중요한 의미가 있다. 지난 20여 년간 대부분의 OECD 국가들은 사회정책을 그들의 최우선으로 삼아 왔지만, 그렇다고 해서 〈표 2.3〉에 나타난 변화의 모습이 더 이상 그러한 방향으로 나아갈 수 있는 힘이 다 소진되었다는 사실을 의미하는 것은 아니다. 앞에서 살펴보았듯이, 1980년대와 1990년대에 복지에 대한 실질지출이 늘어났지만, 그에 못지않게 중요한 사실은 비사회적 지출은 줄어들었다는 점이다. 이미 분명히 언급한 바와 같이, 지출분류기준이 완벽하지는 않더라도 그 분류방법을 일단 받아들이면, 전반적인 지출증가가 제한되었던 기간에도 정책입안자들이 복지부문에 우선권을 부여해 온 것으로 보인다. 이것은 '바닥으로의 질주'현상을 주장하는 논자들이 굳이 우리에게 알리고 싶어 하는 바는 아니지만, 왜 이러한 상충관계가 발생하는가를 명확히 알아 내는 것은 오늘날 복지국가의 변화과정을 이해하는 데 필수적이다.

만약 복지수요가 지난날 꾸준히 증가해 왔다면, 복지국가의 미래가 어둡다는 일반적인 두려움이나 다른 목적에 비해 복지에 우선권을 더 강화해야 한다는 설명이 동시에 가능할 수 있다. 이러한 설명이 본질적으로 피어슨(Paul Pierson)의 *The New Politics of the Welfare State*(Pierson, 2001)에서 제시하는 설명의 기본이다. 논점은 지출의 축소가 오늘날 정부로서는 아주 어려운 과제라는 점이다. 왜냐하면, 정부는 탈산업화로부터 인구고령화에 이르는 많은 문제들을 해결해 나가야 하며, 그리고 마약중독자들의 사회복귀 서비스로부터 여성들에게 노동참가와 출산을 동시에 가능하게 하는 서비스에 이르는 보다 광범위한 새로운 서비스까지 제공할 것을 요구받고 있기 때문이다. 이러한 상황을 고려하면, 왜 논자들이 복지국가에 가중되는 압력과 위기의 관점에서 현상을 해석하고자 하는가를 이해하기란 어렵지 않다. 만약 정부가 보다 높은 과세와 지출에 경제적 ·

**표 2.4 OECD 21개국 복지국가 급부율**

| 국가 | 1980 | 1998 | 변화분 |
|---|---|---|---|
| 호주 | 0.73 | 0.89 | 0.16 |
| 캐나다 | 0.78 | 0.88 | 0.09 |
| 아일랜드 | 0.93 | 0.83 | −0.11 |
| 뉴질랜드 | 1.61 | 1.10 | −0.51 |
| 영국 | 0.88 | 0.98 | 0.10 |
| 미국 | 0.71 | 0.85 | 0.13 |
| *영어사용 국가군 평균* | *0.94* | *0.92* | *−0.02* |
| 덴마크 | 1.36 | 1.46 | 0.10 |
| 핀란드 | 1.11 | 1.02 | −0.09 |
| 노르웨이 | 1.12 | 1.43 | 0.31 |
| 스웨덴 | 1.57 | 1.20 | −0.37 |
| *스칸디나비아 국가군 평균* | *1.29* | *1.28* | *−0.01* |
| 오스트리아 | 1.35 | 1.36 | 0.01 |
| 벨기에 | 1.07 | 0.87 | −0.20 |
| 프랑스 | 1.04 | 1.04 | 0.00 |
| 독일 | 1.08 | 1.05 | −0.03 |
| 네덜란드 | 1.54 | 1.34 | −0.20 |
| *서유럽대륙 국가군 평균* | *1.21* | *1.13* | *−0.08* |
| 그리스 | 0.72 | 0.81 | 0.08 |
| 이탈리아 | 0.89 | 0.86 | −0.03 |
| 포르투갈 | 0.61 | 0.92 | 0.31 |
| 스페인 | 0.70 | 0.56 | −0.14 |
| *남유럽 국가군 평균* | *0.73* | *0.79* | *0.06* |
| 스위스 | 1.09 | 1.52 | 0.43 |
| 일본 | 0.91 | 0.72 | −0.19 |
| *전체 평균* | *1.04* | *1.03* | *−0.01* |
| *변이계수* | *29.0* | *25.5* | |

주 및 자료:
1) 복지국가 급부율은 〈표 2.1〉의 사회적 지출을 65세 이상 인구 백분율과 실업인구 백분율을 합친 수치로 나눈 것임.
2) 고령인구와 실업률 자료는 OECD(2001b), *Labour Force Statistics 1980~2000*, Paris로부터 가져온 것임.
3) 모든 계산된 수치는 반올림으로 인한 오차를 내포하고 있음.

Chapter 2

정치적 한계가 있으며, 동시에 복지서비스에 대한 요구가 늘어나고 있다는 점을 생각한다면, 다른 지출을 축소하든지 기존의 복지서비스 공급수준을 줄이든지 하는 선택 외에 다른 선택은 없다.

우리는 앞에서 비사회적 지출의 비중이 상당히 줄어들었음을 본 바 있다. 이어서 우리는 복지서비스 공급수준에 어떤 일이 일어났는지를 살펴보고자 한다. '바닥으로의 질주' 현상 논의는 기본적으로 미래 복지지출의 변화과정에 관한 가설이지만, 복지수준에 미치는 효과에 관해서도 유사한 논의가 종종 발견된다. 사실상 많은 좌파 논객들에게는 그것이 중요한 관심사이다. 그들의 우려는 세계적 경쟁의 시기에 기업의 경쟁력을 키워 주기 위해 자본이 정부를 압박하여 복지수준을 삭감시킬 것이라는 점이다. 이러한 논의들은 아주 친숙한 것이다. 고용주들이 사회보장기여금을 지나치게 많이 지불해야 하고, 질병편익의 급부조건이 좋아져 집단결근현상이 유발되며, 그리고 실업보험급여가 너무 높아서 근로의욕을 저해하면, 기업의 경쟁력은 떨어진다. 결국 새로운 자본을 유치하거나 기존의 자본활동을 지속시키기 위해서 국가가 취할 수 있는 유일한 방법으로  보호수준을 낮추는 소셜 덤핑이 제시될 수 있다. 사실상 이러한 논의는 복지요구가 늘어나고 복지의존인구가 늘어나서 '바닥으로의 질주' 현상을 거스르는 일이 일어나는 상황에서, 세계화가 지출팽창을 결정짓는 유일한 요소가 아니라는 사실을 인정한다. 이러한 상황에서 세계화의 충격은 총복지지출수준을 줄이는 것이 아니라, 오히려 개별적인 복지급부수준을 줄이는 것이다.

〈표 2.4〉는 오늘날 복지국가가 늘어나는 복지요구에 얼마나 잘 대응해 왔는지를 평가할 수 있는 단순한 측정 척도를 보여 준다. 관련문헌들에서 일반적으로 늘어나고 있다고 지적되는 복지요구의 두 범주는 인구고령화와 실업률 증가로 인한 것이다. 많은 논자들은 복지국가를 순수하

게 화폐적 측면에서 측정하는 사람들에게 실업률의 증가가 일종의 환상과 착각을 불러일으킬 수 있다는 점을 강조하였다. 왜냐하면, 실업에 대한 지출증가는 단순히 복지국가가 실업을 통제할 능력이 없다는 사실을 나타내는 척도로 간주되기 때문이다(Esping-Andersen, 1990; Mishra, 1990; Clayton and Pontusson, 1998 등 참고). 우리가 〈표 2.4〉에서 제시하고 있는 수치는 〈표 2.1〉의 총사회적 지출을 복지의존인구, 즉 65세 이상 인구의 백분율과 실업인구의 백분율을 합친 것으로 나눈 것이다. 위와 같은 계산결과 나타난 비율은 개략적인 복지급부 척도를 나타내는데, 이론적으로는 복지의존인구 1%당 GDP 대비 복지지출의 백분율을 나타낸다.

이 측정치에는 두 가지 명백하게 부족한 부분이 있다. 첫째, 이 수치는 각 나라의 평균치를 보여 준다는 사실이다. 사실상 특정 국가에서 복지편익을 필요로 하는 서로 다른 부문의 사람들에 주는 편익은 매우 차이가 난다. 특정 국가들, 특히 남유럽 국가들의 경우(Ferrera, 1996 참고), 노동시장에서 내부노동자와 외부노동자 사이의 차별성은 사회보장 급부면에서 곧바로 차이가 나고 있는바, 핵심 노동자들에게 주어지는 연금혜택은 주변 노동자와 실업자들에게 주어지는 것에 비해 훨씬 더 급부조건이 우수하다. 둘째, 이 측정치가 시사하는 바는 모든 지출은 단지 두 범주의 복지수혜자들에게만 주어진다는 것이다. 이상적으로는 이와 같은 두 가지 복지요구 이외에도, 가족구조 변화에 따라 새롭게 발생한 복지요구도 반영할 수 있어야 한다(Orloff, 1993; Daly, 1997; Esping-Andersen, 1999). 편부모가정 아동들의 백분율도 이 비율 계산시 고려되어야 한다. 그러나 이 연구 해당 시기에 그러한 척도계산에 필요한 정보는 전혀 존재하지 않는다. 입수가능한 자료로는 1986~1996년 시기 21개 OECD 국가 중 18개국의 자료가 있다(Beaujot and Liu, 2002 참고). 이들 자료를 바탕으로 계산해 보면, 편부모가정 아이들의 인구백분율은 10년간 평균 1.8%에서 2~4%로 늘어났다. 이들 국가 중 5개국, 즉 독일 · 뉴질랜드 · 스웨덴 · 영국 그리고 미국 등에서만 편부모가정 아이의 인구백분율이 복지의존인구를 1% 이상 증가시켰다. 이들 나라에서 복지급부수준의 추세는 〈표 2.4〉 마지막 열에 나타난 수치보다 비록 크지는 않더라도 음의 방향으로 그 수치를 더 크게 할 가능성을 갖고 있었다.

〈표 2.4〉를 〈표 2.1〉과 함께 살펴보면, 복지의존수준을 고려할 때 복지국가의 상대적 성과에 대한 우리의 이해에 실로 큰 차이가 남을 알 수 있다. 이러한 사실은 1980년의 뉴질랜드와 스위스, 1998년의 그리스와 이탈리아의 경우를 보면 알 수 있다. 초기 지출수준면에서 뉴질랜드는 평균에 가깝고 스위스는 완전히 낙후국이었으나, 복지급부율로 보면 1980년대 초반 뉴질랜드는 OECD에서 가장 급부율이 좋은 국가이고 스위스는 평균에 가까운 나라로 나타나고 있다. 이러한 상황이 나타나게 된 것은 이 시기 이 나라들이 다른 대부분의 OECD 국가들에 비해 복지의존수준이 훨씬 낮았기 때문이다. 그러나 그리스와 이탈리아의 경우는 완전히 상황이 다르게 나타나고 있다. 1998년에 그리스와 이탈리아는 지출수준면에서는 OECD 평균에 가깝게 나타나고 있었으나, 복지급부율면에서 보면 OECD 평균을 훨씬 밑도는 수준을 나타내고 있었다. 그것은 두 국가의 복지의존수준이 상대적으로 높았기 때문이다. 스페인의 경우 복지의존수준이 높은 상태에서 계속 늘어나고 있었기 때문에 결과가 아주 심각하게 나타나고 있었는바, 구체적으로 실업률이 지나치게 높아서 다른 어떤 OECD 국가들 경우보다 복지급부율수준이 현저히 낮게 나타나고 있다.

복지급부율 기준으로 보면, 복지성과에는 세 단계의 층이 있는 것 같다. 1980년과 1998년 모두 변이계수가 상대적으로 높은 수준에서 현저하게 줄어들지 않고 있는 것을 보면, 단계별 층이 꽤 뚜렷하게 나타나고 있음을 알 수 있다. 두 시기에 복지급부율이 평균보다 상당히 높게 나타난 몇몇 나라들이 있다. 1980년에 매우 높게 나타나고 있는 나라들로는 뉴질랜드 · 스웨덴 · 네덜란드 · 덴마크 그리고 오스트리아 등이 있다. 1998년에는 이들 엘리트 국가들에서 뉴질랜드와 스웨덴이 빠지고 스위스와 노르웨이가 그 자리를 대신하였다. 양 시기 모두 두 번째 중간단계의 국가들이 있는데, 이들 나라는 거의 대부분이 스칸디나비아 국가들과 서유럽 대륙 국가들이며, 뉴질랜드는 1998년에 이 무리에 합류한다. 다른 한 쪽 끝에는 복지급부율이 OECD 평균수준을 밑도는 나라들이 있는데, 남유럽과 영어사용 국가와 일본이 이에 해당되며, 이 시기 말에 벨기에도 이들 국가군에 합류한다. 이 나라들의 복지급부율이 상대적으로 낮게 나타나는 데는 여러 가지 이유가 있다. 포르투갈을 제외한 남유럽 국가들과 벨기에는 지출수준에서는 중간단계에 속하고 있으나 복지의존수준이 높게 나타나고 있다. 이와는 대조적으로 뉴질랜드와 영국을 제외한 영어사용 국가들은 일본과 함께 지출수준이 매우 낮게 나타나고 있는데, 복지의존수준은 아주 완만한 수준을 보이고 있다. 이렇게 보면 이 나라들은 정책적으로 복지급부율수준을 낮게 책정하고 있는 나라들이라 할 수 있겠다.

그러나 가장 중요한 결론은 전반적으로 이 시기 OECD 복지급부율에 어떠한 일이 일어났는지와 관련되는 내용이어야 한다. OECD 국가의 평균복지의존인구는 1980년 전체 인구 대비 17.8%에서 1998년에는 대략 25% 이상 늘어난 22.8% 수준이 되었다. 〈표 2.4〉를 보면, 바로 이와 같이 복지의존수준이 상당히 증가하였는데도 OECD의 평균복지급부율은 사실상 변화가 일어나지 않고 있음을 알 수 있다. 〈표 2.4〉에 나타나는 거의 절반 정도 되는 국가들에서 분명히 복지수준이 줄어들고 있는데, 재미있는 사실은 복지급부율이 사실상 가장 크게 줄어든 뉴질랜드 · 스웨덴 · 네덜란드 같은 나라들은 1980년대 복지급부율이 가장 높게 나타난 나라들이었다. 벨기에 · 아일랜드 · 일본 · 스페인 등 네 나라만이 복지급부율이 크게 줄어들면서 복지공급수준이 OECD 평균수준에 훨씬 못 미친 나라들이다. 이러한 사실만 가지고는 세계경제에 노출이 심해지면 일반적으로 복지수준이 줄어드는 경향이 있다고 주장하기에는 충분하지 않다. 그러나 사회적 지출이 평균적으로 4% 포인트 늘어났는데도 불구하고 복지공급수준이 본질적으로 변하지 않고 있다는 사실을 보면, 이제 이러한 척도로 측정한 OECD 국가들의 복지급부수준이 한계에 다다른 것이 아닌가 하는 논란의 여지는 있을 수 있다.



## 제4절 실질지출의 유형

우리는 지난 20여 년간 사회적 지출에 어떠한 일이 일어났는지에 대한 논의를 마무리짓기 전에 마지막으로 실질지출의 추세를 검토하고자 한다. 다시 말하면, 국가들이 GDP 대비 비중으로 볼 때 얼마나 지출하고 있는가를 다루지 않고, 인플레이션의 영향을 고려한 실질화폐 기준으로 얼마나 지출하고 있는가를 다루고자 한다. GDP 대비 평균지출은 앞에서 확인한 바와 같이 지속적으로 늘어 왔으므로 평균실질복지지출은 전 시기에 걸쳐 GDP 성장률만큼 늘어났을 수밖에 없으며, 그래서 실질지출유형은 '바닥으로의 질주'현상 가설이 주장하는 하향 추세를 도저히 보일 수 없다. 이런 점을 고려해 보면, 실질지출에 관한 논의는 의외로 간단해질 수 있다. 그럼에도 우리의 진정한 관심은 실질지출수준에 있다. 그 수준은 개략적인 모습만을 보여 주지만, 복지공급수준의 변화에 관해 궁극적으로 무언가 중요한 것을 알려 준다. 극빈, 즉 빈곤분야 연구의 선구자인 라운트리(Rowntree)가 말하는 '근본적 빈곤'을 퇴치하기 위해 얼마나 많은 지출이 필요한지를 정확하게 알아 내는 것은 매우 어렵지만, 실질지출의 상당한 증가는 이러한 의미의 빈곤수준을 줄일 수 있다고 주장하는 것은 타당하다. 마찬가지로 복지공급의 적정 수준을 측정하는 정교한 척도를 찾는 것은 어렵지만, 복지국가가 더 많은 실질지출을 할수록 그러한 수준은 더 많이 달성될 수 있는 것은 분명해 보인다.



GDP 대비 사회적 지출 비중과 실질사회적 지출의 차이는, 후자는 복지부문과 비복지부문의 우선순위에 의해서만 영향을 받는 것이 아니라 경제발전수준과 경제성장률 등에 의해서도 영향을 받는다는 사실이다. 복지노력이 일정하다면, 〈표 2.5〉에 나타나는 한 나라의 1인당 실질지출은 그 나라가 얼마나 부유한가에 따라 달라진다. 〈표 2.1〉에서 나타나듯이 1980년 포르투갈과 미국은 GDP 대비 비중면에서 복지목적에 유사한 정도로 지출하고 있었으나, 〈표 2.5〉의 1985 미국달러 기준 1인당 실질지출액에서 보면 거대부국 미국은 포르투갈을 4배가량 앞서고 있는 것을 알 수 있다. 경제성장면에서도 같은 논리가 적용되는바, 경제성장수준이 높으면 실질사회적 지출수준도 높게 나타난다. 〈표 2.1〉을 보면 1980년과 1998년 사이에 아일랜드의 GDP 대비 사회적 지출 비율은 실제로 3.1% 줄어들었음을 알 수 있다. 그러나 거의 20여 년간 매년 평균 4.3%의 경제성장률을 보인 결과 아일랜드의 복지부문에 대한 지출은 1인당 1,000달러 이상 증가하였다. 그리스는 이와 대조적인 모습을 보여 준다. 그리스도 OECD 국가 중에서 또 하나의 가난한 국가로서 1인당 실질사회적 지출이 약 1,000달러 정도 늘어났는데, 해당 기간 매년 평균경제성장률이 1.6%에 지나지 않았기 때문에 위와 같은 실질지출의 증가를 위해서는 전체 지출 중에서 복지부문 지출의 상대적 비중이 매우 크지 않을 수 없었다.

실질지출을 측정함으로써 나타나는 하나의 효과는 앞의 표들에서 나타난 남유럽 국가군과 영어사용 국가군들 사이의 상대적 중요성이 달라진다는 사실이다. 〈표 2.1〉에 의하면, 1998년에 남유럽 국가들이 영어사용 국가들보다 사회적 목적에 더 많은 자원을 쓰고 있었는데, 〈표 2.3〉을 보면 1980년에 이미 남유럽 국가들이 영어사용 국가들보다 복지국가적 모습이 더 두드러지고 있었다. 그러나 〈표 2.4〉를 보면 뉴질랜드를 제외하고 두 지역 국가들은 복지급부율면에서 전반적으로 현저하게 유사하게 나타나고 있다. 그러나 〈표 2.5〉를 통해, 이와 같은 복지급부율을 실질사회적 지출수준으로 나타내 보면, 영어사용 국가들이 이탈리아를 제외하면 남유럽 국가들보다 훨씬 더 높게 나타나고 있는 것을 볼 수 있는데, 그것은 영어사용 국가들이 남유럽 국가들의 경우보다 훨씬 더 부유하기 때문이다. 나아가 스칸디나비아 국가들과 서유럽대륙 국가들 사이의 차이가 더 커지는 것을 볼 수 있는데, 이 또한 평균적으로 스칸디나비아 국가들이 서유럽대륙 국가들보다 더 부유하기 때문이다. 스칸디나비아 국가들이 복지면에서 우위에 있다는 주장은 흔히 이들 나라의 GDP 대비 복지지출 비율에 근거를 두지만, 실질지출을 근거로 보면 1998년 같은 경우 이 주장은 더욱 설득력이 있다.

1980년에서 1998년 시기의 변화분을 다루고 있는 〈표 2.5〉가 보여 주는 바는 실질지출이 극적인 규모로 늘어나고 있다는 점이다. 복지국가가 지속적으로 위기적 상황에 놓여 있고 정적들로부터 끊임없는 공격을 받고 있던 이 시기에 OECD 국가들의 1인당 실질사회적 지출은 70%, 연평균으로 약 4%나 늘어났다.[1] 복지낙후국인 남유럽 국가군과 영어사용 국가들은 각각 107%와 71% 증가하였으며, 복지선도국인 스칸디나비아와 서유럽대륙 국가들의 경우는 각각 66%와 50%[2] 늘어났다. 국가가 절대빈곤

1) 원서 p. 42에는 각각 83%와 4.5%로 표기되어 있으나, 상기 본문에는 〈표 2.5〉에 근거하여 계산된 수치를 표기한 것임.
2) 원서 p. 42에는 43%로 표기되어 있으나, 상기 본문에는 〈표 2.5〉에 근거하여 계산된 수치를 표기한 것임.

을 성공적으로 다루는 데 실질지출이 기여한다면, 1인당 실질지출이 연간 2,000달러가 되지 않은 국가가 1980년에는 10개국이나 되었는데 1998년에는 단지 2개국으로 줄어든 것을 볼 때, 국가가 절대빈곤문제를 성공적으로 다루었음을 알 수 있다. 복지국가가 실질지출을 높임으로써 성공적으로 보호편익의 적정 수준을 높일 수 있다고 보면, 1980년 OECD 국가 중 실질지출이 가장 높았던 스웨덴의 1인당 3,612달러 수준을 1998년에는 10개국이나 달성하고 있다는 것을 볼 때, 복지국가가 성공적으로 보호편익수준을 높이고 있는 것으로 볼 수 있다.

Chapter 2

이들 수치는 특정 국가에서 실질지출이 얼마나 이루어지고 있는가는 말해 주지만, 그들 나라에서 복지의존인구를 위한 지출이 얼마나 늘어나는가는 말해 주지 않는다. 몇몇 논자들은 위기에도 불구하고 서구 복지국가가 건재하다는 명제에 대해 반대 의견을 제시하면서, 1980년대와 1990년대 초 빈민 1인당 실질사회적 지출의 증가가 GDP 증가를 따라잡지 못하였다고 주장하고 있는 것을 볼 수 있는데, 이 차이는 중요한 문제라 하겠다(Clayton and Pontusson, 1998). 이 장에서 보여 주는 마지막 표인 〈표 2.6〉에서는 〈표 2.4〉에서 계산된 복지의존인구를 사용해서 만든 1인당 실질지출에 관한 자료를 제시하면서, 이 시기 진정한 복지공급수준에 실제로 어떤 일이 일어났는지를 보다 정확하게 보여 준다. 우리는 이미 이 기간 복지의존인구가 평균적으로 대략 25% 늘어났음을 밝힌 바 있다. 이러한 사실을 받아들이면 〈표 2.5〉의 실질지출 팽창으로부터 받는 느낌은 어느 정도 수정할 수밖에 없다. 같은 기간 1인당 실질GDP가 41% 증가하였는 데 비해, 복지의존인구 팽창을 고려해 보면 수혜자 1인당 실질지출은 36.8% 증가에 머무르고 있다. 이 차이로 인해 〈표 2.4〉에 나타나듯이 평균 복지급부율이 약간 감소하게 된 것이다.

〈표 2.6〉은 〈표 2.4〉와 같이 복지공급수준의 서열면에서 한 가지 매우

표 2.5 OECD 21개국 1인당 실질사회적 지출(1985년 미국달러 기준 금액)

| 국가 | 1980 | 1998 | 변화분 |
|---|---|---|---|
| 호주 | 1,417 | 3,108 | 1,690 |
| 캐나다 | 1,874 | 3,331 | 1,457 |
| 아일랜드 | 1,154 | 2,251 | 1,097 |
| 뉴질랜드 | 1,984 | 2,686 | 701 |
| 영국 | 1,849 | 3,179 | 1,330 |
| 미국 | 2,008 | 3,066 | 1,057 |
| *영어사용 국가군 평균* | *1,714* | *2,936* | *1,222* |
| 덴마크 | 3,296 | 4,806 | 1,510 |
| 핀란드 | 2,009 | 3,875 | 1,866 |
| 노르웨이 | 2,252 | 5,098 | 2,846 |
| 스웨덴 | 3,612 | 4,787 | 1,175 |
| *스칸디나비아 국가군 평균* | *2,792* | *4,641* | *1,849* |
| 오스트리아 | 2,452 | 3,799 | 1,347 |
| 벨기에 | 2,686 | 3,633 | 947 |
| 프랑스 | 2,485 | 4,290 | 1,805 |
| 독일 | 2,417 | 4,303 | 1,886 |
| 네덜란드 | 3,076 | 3,612 | 536 |
| *서유럽대륙 국가군 평균* | *2,623* | *3,927* | *1,304* |
| 그리스 | 677 | 1,693 | 1,015 |
| 이탈리아 | 1,901 | 3,428 | 1,526 |
| 포르투갈 | 579 | 1,642 | 1,062 |
| 스페인 | 1,166 | 2,208 | 1,042 |
| *남유럽 국가군 평균* | *1,081* | *2,243* | *1,162* |
| 스위스 | 2,169 | 4,559 | 2,389 |
| 일본 | 1,019 | 2,319 | 1,300 |
| *전체 평균* | *2,004* | *3,413* | *1,409* |
| *변이계수* | *40.4* | *29.9* | |

주 및 자료:
1) 1인당 실질사회적 지출은 〈표 2.1〉의 사회적 지출에 1인당 실질GDP를 곱한 값을 100으로 나누어 구한 것임.

2) 1인당 실질GDP 자료는 1985년 미국달러 기준 자료로서, Summers and Heston(1991), pp. 327~368에서 가져온 것이며, OECD(2001), *Historical Statistics 1970~1999*, Paris 자료를 이용하여 1998년까지 보충한 것임.
3) 모든 계산된 수치는 반올림으로 인한 오차를 내포하고 있음.

---



분명한 점을 보여 주는데, 그것은 이 장의 다른 표들에서 보이는 것보다 특별한 것이다. 수혜자 1인당 실질지출의 변이계수는 매우 높은 수준에서 출발하여 계속 높은 수준을 유지하고 있다. 그 이유 중에서 뚜렷한 것은 남유럽 국가들이 지속적으로 1인당 GDP 수준이 낮았다는 데 있다. 이들 나라는 〈표 2.1〉에서 나타나는 바와 같이 복지노력면에서 다른 나라를 따라잡으려고 노력한 나라들이었지만, 실질지출면에서는 다른 OECD 국가들에 비해 경제발전 정도가 상대적으로 낮았기 때문에 한참 뒤떨어진 나라들이었다. 아일랜드의 경우는 이 시기에 경제성장이 극적으로 일어났기 때문에, 〈표 2.1〉에서 나타나듯이 복지노력은 현저하게 줄어들었음에도 불구하고, 〈표 2.6〉을 보면 수혜자 1인당 실질지출의 변화는 OECD 평균수준을 능가하는 진전을 보이고 있었다. 복지의존인구수준을 고려하였을 때 복지공급수준에 나타나는 서열은 지속되고 있는데, 이러한 현상은 총지출유형면에서 분명하게 나타나는 수렴경향과는 강한 대조를 보인다. 복지노력수준은 시간이 감에 따라 매우 유사해지고 있었지만 복지수준은 그렇지 못하였다.

〈표 2.6〉도 복지의존인구의 팽창이 실질복지공급수준에 현저한 영향을 준 나라들이 실제로 있다는 사실을 분명하게 보여 준다. 뉴질랜드와 스웨덴은 OECD 중에서 수혜자 1인당 지출이 실제로 감소한 단 두 나라로서 아주 특이한 나라이다. 그러나 그들 두 나라는 이 분석 초기에는 실질지출이 예외적으로 높은 수준을 보였던 나라이다. 그리고 벨기에 같은 나라는 실질지출이 조금 늘어나기는 하였지만, 1998년에는 OECD 평균값

표 2.6 OECD 21개국 복지의존인구 1인당 실질사회적 지출(1985년 미국달러 기준 금액)

| 국가 | 1980 | 1998 | 변화분 |
|---|---|---|---|
| 호주 | 9,144 | 15,538 | 6,394 |
| 캐나다 | 11,089 | 16,169 | 5,080 |
| 아일랜드 | 6,378 | 11,787 | 5,409 |
| 뉴질랜드 | 16,675 | 14,061 | -2,614 |
| 영국 | 8,934 | 14,517 | 5,583 |
| 미국 | 10,914 | 17,823 | 6,908 |
| *영어사용권 국가군 평균* | *10,522* | *14,982* | *4,460* |
| 덴마크 | 15,474 | 23,560 | 8,086 |
| 핀란드 | 12,027 | 14,845 | 2,818 |
| 노르웨이 | 13,649 | 27,116 | 13,467 |
| 스웨덴 | 19,526 | 18,483 | -1,043 |
| *스칸디나비아 국가군 평균* | *15,169* | *21,001* | *5,832* |
| 오스트리아 | 14,172 | 19,283 | 5,111 |
| 벨기에 | 11,938 | 12,883 | 944 |
| 프랑스 | 12,182 | 15,431 | 3,249 |
| 독일 | 12,927 | 16,616 | 3,688 |
| 네덜란드 | 17,379 | 20,293 | 2,914 |
| *서유럽대륙 국가군 평균* | *13,720* | *16,901* | *3,181* |
| 그리스 | 4,261 | 6,002 | 1,741 |
| 이탈리아 | 9,231 | 11,779 | 2,548 |
| 포르투갈 | 3,018 | 8,291 | 5,273 |
| 스페인 | 5,137 | 6,290 | 1,153 |
| *남유럽 국가군 평균* | *5,412* | *8,090* | *2,678* |
| 스위스 | 15,608 | 24,510 | 8,902 |
| 일본 | 9,183 | 11,426 | 2,243 |
| *전체 평균* | *11,374* | *15,557* | *4,183* |
| *변이계수* | *38.7* | *35.7* | |

주 및 자료:

1) 복지의존인구 1인당 실질사회적 지출 수치는 〈표 2.4〉의 복지국가 급부율에 〈표 2.5〉의 자료에서 구한 1985년 미국달러 기준 1인당 실질GDP를 곱해서 구한 것임.
2) 모든 계산된 수치는 반올림으로 인한 오차를 내포하고 있음.

보다 훨씬 뒤처지는 특별한 모습을 보였다. 흥미롭게도 GDP 대비 지출비율면에서 벨기에나 스웨덴에 비해 훨씬 더 줄어들었던 네덜란드의 경우는 경제성장이 훨씬 빨랐기 때문에 실질GDP에서 같은 운명을 겪지는 않았다. 그러나 몇몇 나라들에서 복지수준이 줄어들었지만, 수혜자 1인당 실질지출을 보면 상당히 늘어난 나라들도 있는데, 노르웨이 · 스위스 · 덴마크 같은 나라는 절대값 면에서 가장 현저한 증가를 보이고 있으며, 포르투갈 · 아일랜드 같은 나라는 비율면에서 현저한 증가를 보이고 있다. 1980년에는 수혜자 1인당 지출이 연간 1만 달러 미만인 나라가 8개국이 있었으나, 1998년에는 단 3개국이었다. 1980년에 5개국이 수혜자 1인당 1만 5,000달러 이상을 지출하였고, 1998년에는 11개국이었다. 이 기간에 전반적으로 수혜자 1인당 실질지출이 줄어들었다든가 또는 실질지출수준이 GDP 성장보다 뒤처지는 뚜렷한 경향이 나타났었다는 어떠한 주장도 전적으로 맞지 않다.





## 제5절 결론

이 장의 주목적은 국가 간 횡단면 분석을 통해서 '바닥으로의 질주' 현상 가설의 유효성 여부를 입증하는 것이었다. 그러한 가설이 이 시기 단지 몇몇 나라들에서 줄어든 추세가 있었다는 사실을 넘어서는 어떠한 의미를 갖기 위해서는, 지출이 줄어들었다는 일반적인 경향성을 보일 수 있어야 하며, 그렇지 않으면 적어도 복지공급수준이 상당히 일반적으로 줄어들었다는 사실을 보일 수 있어야 한다. 광범위한 지출지표들을 두루 살펴보았지만, 그러한 경향이 곧 나타날 것이라는 증거는 없고, 다만 '바닥으로의 질주' 현상은 사실상의 위기가 아니라 허구적 위기에 지나지 않는다는 결론을 내릴 수 있을 따름이다. 많은 국가들에서 지출감소가 일어났지만, 우리의 분석은 OECD의 평균사회적 지출수준은 GDP 대비 비중으로 보든, 복지급부율 측면에서 보든, 또는 실질지출의 관점에서 보든 어떤 경우에도 1980~1998년 사이에 오히려 늘었거나 아니면 기존 수준을 그대로 유지하고 있었음을 확실히 보여 주고 있다. 실제로 이 기간 사회적 지출의 GDP 대비 비중이 증가하고, 비사회적 지출이 감소하였다는 점에서 볼 때, 사실상 복지 목적의 지출은 시간이 지남에 따라 더욱 두드러지기 시작하였다.

위와 같은 현상에도 불구하고 한편으로 지출팽창률이 일반적으로 감소하고 있었다는 사실은 그 자체가 복지국가의 미래에 대한 우려가 늘어나는 현상을 부분적으로는 설명할 수 있을 것이다. 그것은 어떠한 목적의 지표들이라도 그 지출이나 공급수준이 대략 현존하는 수준에서 유지되기를 원하기 때문에 더욱 그러하다. 복지국가의 '황금기'에는, 높은 경제성장이 정부로 하여금 실질민간소비수준을 줄이거나 다른 공공사업들을 보류하지 않은 채, 사회적 지출의 범위를 증가시킬 수 있도록 하였다. 그러나 1980년대와 1990년대의 새로운 복지요구는 민간소비를 줄이거나 다른 공공지출 프로그램을 줄여야만 충족될 수 있었다. 복지국가는 여러 국면에서 어떤 경우에는 더욱 현저하게 나타나기도 하였으며, 또 어떤 경우에는 보다 취약하게 나타나기도 하였다. 이러한 사실은 분명 보다 풍요로웠던 시기에 비해 최근에는 자기 영역을 넓히기 위한 싸움이 더욱 치열해졌음을 의미한다. 몇몇 복지노력에서는 실패하였는데, 이러한 사실은 관심 있는 사람들에게 왜 오늘날 '사회적 진보'를 향한 추진력이 이토록 떨어지고 있는지를 설명하지 않을 수 없게 한다.

이것이 허구적 위기론이 만들어지는 하나의 이유이다. 그러한 설명들은 몇몇 나라에서 일어나는 부분적인 복지후퇴현상을 가지고 사람들로 하여금 복지후퇴현상이 보다 일반적이며 비난받을 일도 아니라는 식으로 일반화하고 있다. 정치지도자들이 '그들의 통제범위를 벗어나는' 여러 가지 힘과 맞서게 되면, 그들은 더 이상 실패를 변명할 필요가 없어진다. 그러나 실패에 대해 변명할 필요가 없다는 따위는 이야기의 극히 작은 부분에 지나지 않는다. 허구적 위기(myths)는 복지국가에 대한 새로운 공격을 위한 근거를 제공해 준다(Drezner, 2000). 세계화나 경제성장의 정체 또는 오늘날 제기되는 어떠한 위기의 원인이라도 조세나 지출의 삭감을 추진하는 사람들에게 정당성의 빌미를 제공해 준다. 일단 위기론자들이 '대안이 없다'는 사실이나 국가는 맞서오는 경제적인 제 힘에 대항할 능력이 없다는 사실을 들어 정책결정자들을 확신시키기만 하면, 그들은 이미 절반 이상은 이긴 것이나 다름없다. '바닥으로의 질주'현상이 그들이 취할 정책대안들 중에 하나가 되고 나면, 확실히 그 정책을 취할 수밖에 없다. 대립하는 양측이 다 같이 책임을 방기하여 서로의 목표를 추구하는 데 도움이 되고, 또한 어느 쪽도 어째서 몇몇 개별 사례를 가지고 일반적인 추세인 양 주장하는지에 대해 문제를 제기하지 않는 한, 허구적 위기론은 팽배해질 것이다. 이 장에서 확실히 알 수 있듯이, 체계적인 비교분석만이 허구적 위기 만들기를 막을 수 있는 최선의 수단이다.

Chapter 3

# 사회적 공급의 구조는 변하고 있는가?

제1절 세분화된 자료의 사용

제2절 보다 개선된 총량 자료의 구축

제3절 변화의 형태와 방향

제4절 사회적 공급의 형태와 변화경로

제5절 결론

# 사회적 공급의 구조는 변하고 있는가?

제1절 세분화된 자료의 사용

제2절 보다 개선된 총량 자료의 구축

제3절 변화의 형태와 방향

제4절 사회적 공급의 형태와 변화경로

제5절 결론

## 제1절 세분화된 자료의 사용



앞 장들에서 주장의 논거로 사용된 총지출 척도들은 한 국가의 복지 노력 정도를 한 마디로 나타낸 평균적 척도들이었으며, 그런 만큼 기껏해야 일반적인 추세에 대한 광범위한 지표들에 지나지 않는다. 앞 장에서 살펴본 위기가설들이 광범위하고 포괄적 성격을 띠고 있기 때문에, 그러한 위기가설들을 검증하는 데는 총량적 척도들이 사용될 수 있었다. 평균적인 지출수준이 늘어나고 있는 것을 보고 사회적 지출이 전반적으로 '바닥으로 질주'하지 않았다고 판단하는 것은 어려운 일이 아니다. 그러나 보다 정교한 가설을 증명하기 위해서는 보다 엄밀한 측정치를 필요로 한다. 이 장에서 우리는 OECD 사회적 지출 데이터베이스(SOCX)의 이용가능한 세분화된 데이터를 사용하여 전반적으로 새로운 척도들을 개발해 냄으로써, 현상적으로 총지출수준의 상대적인 크기에는 변화가 없었음에도 불구하고 사회적 공급의 구조에는 변화가 일어났을 가능성을 탐구하고자 한다. 그러한 구조변화는 복지국가가 위협을 받고 있다고 주장하는 사람들의 우려를 상당 부분 정당화시켜 줄 수 있을 것이다.

세분화된 지출 자료는 그것이 없었다면 할 수 없었을 많은 작업을 가능하게 해 준다. 첫째, 이 자료들이 있기 때문에 기존 총량 척도들의 변화가 보다 일관되고 이론적으로 보다 적절한 설명력을 갖게 된다. 다른 나라에서는 일상적으로 포함된 항목들이 보고된 지출총량지표들에는 종종 빠지는 경우가 있기 때문에 자료의 일관성을 확보하는 것이 매우 중요하다. 총량지표들이 때와 장소에 따라 동일하지 않으면 비교를 통해 우리가 얻는 결론은 결코 안전하지 못하다. 다 같은 사회적 지출항목이라도 모두가 똑같은 정도의 후생수준을 나타낸다는 보장이 없기 때문에 이론적인 타당성이 중요한 문제가 된다. 이 점은 에스핑-앤더슨(Esping-Andersen)이 지적한 매우 중요한 사실이다. 그는 공무원연금에 대한 높은 지출은 '사회적 시민권과 사회적 통합을 보장'하는 지표가 아닐 수 있으며, 또한 높은 실업급여가 '진정 완전고용을 보장'하는 사회적 징표가 아닐 수 있다는 사실을 지적하면서, 사회적 지출은 복지국가의 이론적 본질에 비추어 보면 부수적인 것에 지나지 않는다고 주장한다. 이렇게 사회적 지출을 시민복지의 적절한 척도로 받아들이지 않는 데서 출발하여, 에스핑-앤더슨은 복지수혜권의 정도와 성격에 바탕을 두고 복지레짐(welfare regime)을 정교하게 유형화하였다. 원칙적으로 세분화된 지출 자료들을 사용함으로써 총지출 척도를 의미 있는 것으로 만들 수 있는데, 이때 각각의 세분화된 지출유형에 무엇을 포함시킬 것인지의 기준은 여기서 논의하는 복지 개념과 이론적으로 밀접한 관련성을 갖고 있다.

둘째, 세분화된 자료를 가지고 시간이 흐름에 따라 복지국가의 구조가 어떻게 변하였는지에 대한 측정치를 만들 수 있다. 그러한 변화의 형태와 방향을 측정해 봄으로써, 제2장에서 현상적으로는 총지출유형이 안정적이었지만, 프로그램 차원에서 보면 보다 큰 불안정성이 은폐되어 있지는 않은지를 밝힐 수 있게 해 준다. 이러한 불안정성은 몇몇 위기이론 속에 잠재되어 있다. 세계화의 거센 압력에도 불구하고 총지출수준이 일정하게 유지된 것은 실업에 대한 지출의 증가가 경제활동인구에 대한 복지 프로그램을 구축해 낸 때문일 수 있다. 이와 유사하게 인구통계적 변화에 대응하여 정부가 청년용 프로그램에 대한 지출을 줄인다면, 총지출수준은 고령인구로 인한 위기에도 불구하고 일정하게 유지될 수 있을 것이다. 이렇게 보면 사회적 공급의 구조가 최근 수십 년간 얼마나 변해 왔는지를 제대로 이해하는 것은 이들 이론의 유효성을 포괄적으로 평가하기 위한 필수적인 요소이다.

셋째, 세분화된 자료들은 서로 다른 복지국가가 제공하는 사회적 공급의 차별성을 보여 줌으로써 복지국가의 구조를 구분할 수 있게 해 준다. 이는 경험적 사실에 바탕을 두고 복지국가를 유형화할 수 있게 해 주며, 그러한 유형들을 활용해서 논리적으로 유도된 여러 가설들을 검증할 수 있게 해 준다. 이 장에서 우리는 사회적 공급의 구조를 정교하게 유형화하여, '사회보장', '빈곤완화', '정부서비스'(state services)국가를 구분짓고자 한다. 이러한 구분은 1990년에 에스핑-앤더슨이 소개한 이래로 관련 문헌에서 표준적인 유형으로 구분되어 온 '보수주의', '자유주의', '사회민주주의'와 같은 복지레짐의 유형구분을 정확하게 반영하고 있다. '바닥으로의 질주'현상에 관한 문헌은 분명 사회적 공급구조에 극적인 변화가 있다는 사실을 시사하기 때문에, 위의 유형들을 사용해서 그 주장의 함의를 평가할 수 있다. '사회보장'은 시민들에게 다양한 권한을 제공하고, '정부서비스'는 시장역할의 대폭적인 축소를 가져온다. 에스핑-앤더슨의 관점에서는 이 두 가지 유형 모두 탈상품화에 기여한다. 그러나 '빈곤완화'는 시장기능의 결과를 보완하는 역할을 수행한다. 만약 '바닥으로의 질주'현상을 복지국가의 구조 차원에서 보면, 사회보장이나 정부서비스에 할당된 복지국가 지출몫은 줄어들고, 국가의 빈곤완화기능은 현저하게 늘어났을 것이라고 예상할 수 있다. 이를 에스핑-앤더슨의 관점에서 보면, 우리는 복지국가의 탈상품화 정도가 광범위하게 줄어들고 '자유주의적'인 상황으로 변화해서 보다 시장순응적 복지국가 형태를 띠게 될 것이라고 예상할 수 있다.

마지막으로 SOCX는 많은 나라의 지출유형에 대한 세분화된 자료를 연간 기준으로 제공함으로써, 그 자료가 연구활동에 곧바로 사용될 수 있는 이점이 있다. 이 자료는 에스핑-앤더슨이 그의 복지레짐을 유형화할 때 사용한 데이터베이스와 근본적으로 다르다. 비록 스웨덴사회문제연구원(SOFI)이 수집한 18개 유럽 복지국가 시민들의 권한에 관한 이러한 프로그램 중심의 데이터베이스가 1990년대까지 갱신된 자료로 보강되어 있으며, 그 연구소 연구원들의 복지국가 연구에 광범위하게 사용되어 왔지만(Korpi, 1989, 2001; Palme, 1990; Kangas, 1991; Korpi and Palme, 2003), 그 자료는 아직 공식적으로 발간되지 않았으며 보다 광범위하게 사용되지 못하고 있다. 대다수 연구자들이 에스핑-앤더슨 유형의 자료를 광범하게 수용하고 있지만, 그들은 에스핑-앤더슨의 초기 분석시점이었던 1980년대 이후 복지국가 레짐 특성의 변화 정도를 평가할 수 있는 체계적인 수단을 갖고 있지 않았다. 물론 최근에 복지국가 변화의 경로를 평가하려는 많은 연구들이 있었다(Bonoli, George, and Taylor-Gooby 2000; Green-Pedersen 2002; Ferrera and Rhodes, 2000; Kuhnle, 2000; Scharpf and Schmidt, 2ooob; Clasen, 2001; Liebfried, 2001). 그러나 이 연구들은 어쩔 수 없이 프로그램 특성에 관한 자료이기만 하면 구할 수 있는 한 어떠한 자료도 받아들였으며, 또한 관심 있는 나라의 프로그램 개혁의 경로에 관해서 약간의 의미라도 주는 것으로 보이면 어떤 자료도 받아들였다. SOCX가 제공한 세분화된 자료는 많은 나라들의 연간 자료들이기 때문에, 이 자료는 최근의 변화경로를 지금까지 보다 더 포괄적으로 검토할 수 있게 해 준다.



## 제2절 보다 개선된 총량 자료의 구축

OECD의 SOCX에 보고된 13개 항목의 사회적 지출에는 다음과 같은 사회정책분야의 공적 프로그램과 민간의 의무적 프로그램에 관한 지출이

포함되어 있다(OECD, 2001a):

- 고령현금급여
- 장애현금급여
- 산업재해
- 질병급여
- 고령 및 장애인 서비스
- 유족급여
- 가족현금급여
- 가족서비스
- 적극적 노동시장 프로그램
- 실업
- 공공보건
- 주택
- 기타 사고



이 데이터베이스는 13개 대항목 속의 세부적인 구성요소도 알려 주고 있다. 예를 들어, 고령현금급여는 고령연금, 고령공무원연금, 전역군인 고령연금, 기타 고령현금급여, 조기퇴직연금 등과 같은 다섯 가지 세부구성요소로 나누어져 있다. 가장 세부적인 수준에서 이 데이터베이스는 국가 차원의 개별적인 프로그램에 대한 지출을 알려 주는데, 예를 들면 직업별 사회보장 프로그램을 가진 나라들의 경우에는 직업별 지출에 관한 정보를 알려 준다. 교육은 복지국가의 불가결한 부분으로 널리 인식된 지출 프로그램 중에서 SOCX에 포함되어 있지 않는 유일한 프로그램이다. 앞 장의 〈표 2.3〉에서는, 표준적인 OECD 정의에 따른 사회적 지출의 비중이 이미 총공공지출의 절반 이상을 차지하고 있음을 보여 준다. 교육지출을 복지국가 지출에 포함시키면, 오늘날 사회에서 사회적 목적의 지출이 보다 큰 비중을 차지한다는 사실을 알 수 있다.

SOCX가 제공하는 세부적인 자료를 이용하면, 우리는 지금까지보다 더 일관성 있는 총지출 척도와 연구자의 이론적 관심에 보다 적합한 척도를 개발할 수 있다. 일관성의 문제는 지난날의 자료와 비교해 볼 때 특히 분명해진다. OECD가 제공하는 초기의 총사회적 지출 자료에는 세부적인 구성요소에 관해서 완전하다고 볼 만한 정보가 포함되어 있지 않았다. 어떠한 큰 범주의 지출수준에 관한 것이라도 누락된 자료가 포함되어 있으면 국가 간 비교에서 정확성을 떨어뜨리고 잘못된 해석을 낳게 할 것이며, 이러한 사실은 시계열 차원의 연구의 경우 어려움을 더욱 가중시킬 것이다. 아일랜드에 관한 일련의 지출 자료들은 가장 극단적인 사례가 될 것이다. 1980~1984년 사이의 이 나라 자료들에는 적극적 노동시장 프로그램이나 실업급여에 관한 지출 자료들은 포함되어 있지 않았다. 이러한 정보는 1985년 이후의 자료에는 포함되어 있는데, 이 두 요소에 대한 지출이 1985년의 경우 GDP 대비 5%를 넘는 수준을 보이고 있었다. 이러한 사실은 1980년대 초기 총사회적 지출에 관한 OECD 보고자료는 아일랜드의 복지노력을 상당히 과소평가하고 있음을 나타내 주며, 결국 이전 시기 대비 1985년 아일랜드 사회적 지출의 팽창률에 나타나고 있는 복지국가 팽창의 정도는 실제보다 현저하게 과장될 수 있다는 사실을 의미한다. 1991년부터의 18~21개국의 복지국가 지출 비교에서는, 물론 보다 세분화된 요소와 개별적인 프로그램 차원의 상세한 정보는 더러 빠져 있는 경우도 있지만, SOCX가 13개 지출구성요소 모두에 관한 자료를 완전하게 제공하고 있다. 그러므로 그 시기 이래의 자료비교에서는, 일관성 없이 구성된 총량자료로 인한 문제는 더 이상 없다. 물론 1985년 이

전 시기의 총지출 자료를 비교한다든가 1980년대 초와 그 이후 시기의 변화분에 관한 자료를 비교함에 있어서는, 자료 갭으로 인한 문제가 여전히 남아 있다.

이와 같은 비교연구에서 누락된 자료를 처리하는 데는 다양한 방법이 있다. 아예 그 사례를 제외시켜 버리는 방법이 일반적이다. 그러나 이 방법은 표본수가 적어서 확고한 근거를 갖고 비교를 통해 결과를 얻어내는 것이 방법론상 문제가 되는 경우에는 결코 취해서는 안 되는 방법이다(Przewarski, 1987). 자료가 없어서 바로 전시기 또는 다음 시기의 자료를 사용하는 경우가 종종 있는데, 이러한 방법은 사례를 제외시켜야 할 필요를 극복하기 위한 꽤 적절한 방법이다. 또한 때때로 우리가 시간의 경과에 따른 지출변화 추세를 충분히 알고 있어서, 누락된 자료처리문제가 총량 통계치에 어떠한 왜곡도 주지 않을 수 있는 경우도 있다. 자료비교에서 우리는 1980년 호주의 산업재해 지출과 덴마크, 그리스, 이탈리아의 기타 사고 지출에 관한 누락된 자료문제를 무시하고 있는데, 그것은 이들 중 어떤 경우도 누락된 자료로 인해 해당 항목 총지출의 GDP 대비 비중이 1% 포인트만큼도 차이가 나지 않기 때문이다. 또 우리는 가끔 자료들에 상당한 차이를 보여 주는 다른 출처들로부터의 정보도 알고 있다. 앞 장 〈표 2.1〉의 1980년 오스트리아, 프랑스, 아일랜드의 총공공사회적 지출수치는 다른 OECD 자료로부터 추정한 실업현금급여 지출을 포함하고 있다. 이로 인해 아일랜드의 경우 GDP 대비 총지출수준이 거의 2% 포인트의 차이를 보인다.

그러나 데이터의 갭이 이런 방식으로는 극복되지 못하는 경우도 있다. 적극적 노동시장 프로그램 지출이 바로 이 경우에 해당되는데, 이 프로그램에 대한 SOCX 자료는 초기부터 1990년대 초반에 이르기까지 너무 많이 빠져 있어서 국가 간 비교나 서로 다른 시점 비교의 경우 GDP 대비

1% 포인트 이상 왜곡을 가져올 수 있었다. 그러나 우리가 세분화된 자료를 가짐으로써 다른 방법을 구상할 수 있게 되었다. 사례를 살리는 대신에 지출의 구성요소는 다 갖추지 못할 수 있다. 이 방법이 우리가 〈표 3.1〉 첫 번째 세열에서, 노동시장 프로그램에 대한 지출은 배제시키고, 12 항목의 공적 사회적 지출 1980년, 1998년, 그리고 양 시기 간의 변화분을 만드는 데 사용한 방법이다. 이 방법은 정확성은 보장하지 못하지만 사회적 지출에 관한 정보는 얻을 수 있는 방법이다. 복지국가기능의 중요한 한 측면, 즉 적극적인 노동시장정책을 통해 실업률을 낮추고자 하는 노력에 관한 정보는 갖지 못하지만, 그 대신에 서로 다른 시기, 서로 다른 사회의 자료를 비교하는 데 보다 일관되고 비교가능한 총사회적 지출 척도는 얻을 수 있다.

1990년대 초 이래 OECD SOCX 자료로 인해 일관된 총량 척도를 만들어 낼 수 있게 되어 지난날의 일관성이 결여된 총량 척도의 문제가 과거지사가 되어 버릴 수 있게 된 것은 어찌 보면 사소한 분석상의 이점에 지나지 않은 것으로 볼 수도 있다. 그러나 총량자료에서 특정 항목 또는 세부항목 지출을 배제시킬 수 있는 바로 그 기법으로 인해 이전에는 불가능하였던 연구자들의 이론적 관심에 보다 충실한 총량 척도를 만들어 낼 수 있게 되었다. 〈표 3.1〉의 나머지 열들은 바로 이와 같은 관점을 설명할 수 있는 경우를 포함하고 있다. 제2장에서 지적한 바와 같이, 많은 논자들은 복지지출이 늘어나는 것은 경제적 침체로부터 피고용자들을 보호하지 못한 결과로 볼 수 있는 상황에서, 실업에 대한 지출을 복지국가 노력의 일부분으로 포함시키는 것이 이론적으로 적절한지에 대해 의문을 제기하였다. 어떤 이론적 관점 또는 척도에서 보면, 복지국가 정책결정자들의 의도를 반영하는 지출이 아니라 경기대응적 기능을 반영하는 지출을 복지지출에 포함하는 것도 문제가 될 수 있다. SOCX 자료를 사용하면, 총량지출 척도는 쉽게 12항목에서 실업급여지출을 배제한 11항목 척도로 전환될 수 있다. 원칙적으로, SOCX의 세분화된 자료를 이용하면 무수히 많은 일관성이 있는 지출총량지표를 만드는 것이 가능하다. 에스핑-앤더슨이 주장하는 보다 이론적인 복지 척도에 의하면 높은 공무원연금 지출은 분명히 불평등한 결과를 가져오기 때문에, 여기서는 〈표 3.1〉의 마지막 세열에서 공무원연금, 공무원 조기퇴직 연금, 장애공무원 연금 등을 배제시킨 수정된 11항목 척도를 만들어 보았다.

우리는 〈표 3.1〉에 나타난 특정 척도들의 가치가 그리 대단하다고 주장하지는 않는다. 다만 SOCX 자료를 이용하여 그러한 척도들을 만들 수 있다는 사실과 결국 일관된 척도가 그렇지 못한 것에 비해 선호되어야 한다는 사실을 주장할 따름이다. 일관성 있는 척도를 선호하는 이유는 이 책 나머지 내용 전체에 걸쳐 행해지는 총지출수준에 대한 모든 분석이 12항목 척도들에 근거를 두고 있기 때문인데, 이 12항목 척도는 총공공사회적 지출에 관해 우리가 구할 수 있는 가장 포괄적이고 비교가능한 척도이다. 그러나 실질적으로는 〈표 3.1〉의 세 가지 척도 중 어느 한 가지를 선택하더라도 그리 큰 차이가 있는 것은 아니다. 왜냐하면, 〈표 2.1〉과 〈표 3.1〉의 다양한 척도들의 관계에 대해 통계적 분석을 해 보면, 1980년과 1998년 모두 서열상관관계(correlations of an order)가 0.96 이상으로 지극히 높게 나타나고 있으며, 두 시점 간의 변화분에 대해서는 0.98 이상으로 더 높게 나타나고 있기 때문이다. 이러한 사실을 발견하였다는 것은 세분화된 자료를 이용해 복지노력의 새로운 척도를 개발할 수 있는 이론적 가치가 있다는 사실을 드러내 줄 뿐이다. 총지출수준에 대한 서로 다른 척도들 사이에 매우 큰 상관관계가 존재한다는 사실은 적어도 본서의 연구기간 동안에는, 실업지출을 고려하더라도 총지출의 기본적인 유형에는 변화가 없으며, 어떤 다른 요인들이 복지국가 성과에 영향을 줄 수 있

표 3.1 OECD 21개국 공공사회적 지출 척도—12항목 척도, 11항목 척도, 수정된 11항목 척도

| 국가 | 12항목 척도 | | | 11항목 척도 | | | 수정된 11항목 척도 | | |
|---|---|---|---|---|---|---|---|---|---|
| | 1980 | 1998 | 변화분 | 1980 | 1998 | 변화분 | 1980 | 1998 | 변화분 |
| 호주 | 11.3 | 17.4 | 6.1 | 10.6 | 16.3 | 5.6 | 10.6 | 14.8 | 4.1 |
| 캐나다 | 13.0 | 17.5 | 4.6 | 11.7 | 16.5 | 4.8 | 11.7 | 15.7 | 4.0 |
| 아일랜드 | 18.9 | 14.6 | −4.3 | 16.9 | 12.9 | −4.0 | 15.8 | 12.1 | −3.7 |
| 뉴질랜드 | 19.1 | 20.3 | 1.2 | 18.6 | 18.8 | 0.2 | 18.6 | 18.8 | 0.2 |
| 영국 | 17.8 | 21.1 | 3.3 | 16.7 | 20.7 | 4.0 | 13.8 | n.a. | n.a. |
| 미국 | 12.9 | 14.4 | 1.5 | 12.2 | 14.2 | 2.0 | 11.4 | 12.3 | 0.9 |
| *영어사용 국가군 평균* | 15.5 | 17.5 | 2.0 | 14.5 | 16.6 | 2.1 | 13.6 | 14.7 | 0.9 |
| 덴마크 | 28.6 | 28.2 | −0.5 | 23.8 | 24.8 | 1.0 | 22.7 | 23.7 | 0.9 |
| 핀란드 | 17.5 | 25.1 | 7.6 | 16.9 | 22.6 | 5.7 | 16.9 | 22.6 | 5.7 |
| 노르웨이 | 17.7 | 26.1 | 8.4 | 17.3 | 25.6 | 8.3 | 17.3 | 25.6 | 8.3 |
| 스웨덴 | 26.6 | 29.0 | 2.4 | 16.2 | 27.1 | 0.8 | 26.2 | 27.1 | 0.8 |
| *스칸디나비아 국가군 평균* | 22.6 | 27.1 | 4.5 | 21.0 | 25.0 | 4.0 | 20.8 | 24.7 | 3.9 |
| 오스트리아 | 23.8 | 26.4 | 2.6 | 23.3 | 25.5 | 2.1 | 20.5 | 22.5 | 2.0 |
| 벨기에 | 24.2 | 23.2 | −1.0 | 21.7 | 20.7 | −1.0 | 20.1 | 18.3 | −1.9 |
| 프랑스 | 22.6 | 27.5 | 4.9 | 21.1 | 25.7 | 4.6 | 18.7 | 22.9 | 4.2 |
| 독일 | 20.3 | 26.0 | 5.8 | 19.8 | 24.7 | 4.9 | 17.9 | 23.0 | 5.1 |
| 네덜란드 | 26.6 | 22.6 | −4.0 | 24.9 | 20.0 | −4.9 | 23.8 | 19.2 | −4.6 |
| *서유럽대륙 국가군 평균* | 23.5 | 25.1 | 1.7 | 22.2 | 23.3 | 1.1 | 20.2 | 21.1 | 0.9 |
| 그리스 | 11.5 | 22.6 | 11.1 | 11.2 | 22.1 | 10.8 | 9.3 | 20.3 | 11.1 |
| 이탈리아 | 18.4 | 24.4 | 6.0 | 17.8 | 23.7 | 5.9 | 16.8 | n.a. | n.a, |
| 포르투갈 | 11.4 | 17.5 | 6.1 | 11.1 | 16.7 | 5.6 | 10.2 | 14.0 | 3.9 |
| 스페인 | 15.7 | 19.1 | 3.4 | 13.7 | 17.5 | 3.8 | 12.7 | 16.8 | 4.1 |
| *남유럽 국가군 평균* | 14.2 | 20.9 | 6.7 | 13.4 | 20.0 | 6.6 | 12.2 | 17.0 | 6.4 |
| 스위스 | 15.0 | 27.5 | 12.5 | 15.0 | 26.5 | 11.6 | 15.0 | 26.5 | 11.6 |
| 일본 | 10.1 | 14.4 | 4.3 | 9.7 | 13.9 | 4.2 | 8.8 | 12.9 | 4.1 |
| *전체 평균* | 18.2 | 22.1 | 3.9 | 17.2 | 20.8 | 3.6 | 16.1 | 19.4 | 3.2 |
| *변이계수* | 30.5 | 21.7 | | 29.5 | 21.8 | | 30.5 | 25.2 | |

주 및 자료:
1) 12항목 척도 구성요소: 고령현금급여, 장애현금급여, 산업재해, 질병급여, 고령 서비스, 유족급여, 가족현금급여, 가족서비스, 실업급여, 보건, 주택급여, 기타 사고 지출(저소득지원 프로그램 포함).
2) 11항목 척도는 12항목에서 실업급여지출을 뺀 것임.
3) 수정된 11항목 척도는 11항목 척도에서 공무원연금 및 장애공무원 지원 프로그램에 대한 지출을 뺀 것임.
4) 모든 요소들은 GDP 대비 백분율로 측정되었음.
5) 모든 자료는 OECD(2001a), *Social expenditure Database, 1980~1998*, Paris로부터 계산된 것임.
6) 1980년 호주의 산업재해지출과 덴마크, 그리스, 이탈리아의 기타 사고 지출 자료는 누락된 것임.
7) 1980년 오스트리아, 프랑스, 아일랜드의 실업현금급여 자료는 OECD(1985), *Social Expenditure 1960~1990, Problems of Growth and Control*, Paris로부터 추정한 것임.
8) 1998년 영국의 총지출은 고령현금급여와 관련된 정의의 변화를 고려하여, GDP 대비 3.3% 줄인 수치임.
9) 모든 계산된 수치는 반올림으로 인한 오차를 내포하고 있음.



을지 몰라도, 공무원 연금수혜자의 급부조건 또한 큰 문제가 아니라는 사실을 시사한다. 단지 세분화된 자료를 이용할 수 있게 됨으로써, 우리는 이론적인 척도를 개선시킬 수 있게 되었을 뿐만 아니라, 복지노력의 국가 간 차이에 영향을 주는 실업급여라든가 공무원연금과 같은 특정 지출항목의 작용에 관한 유효성을 평가할 수 있게 된다.

지금까지 우리의 모든 견해는 보다 나은 총량 측정치들을 만들어 내는 일에 관한 것이었다. 이제 우리는 방향을 바꾸어 총지출에 관한 보다 일관성 있는 척도를 사용함으로써 앞 장의 〈표 2.1〉에서 밝혀진 것과 본질적으로 다른 유형을 밝혀 낼 수 있는지, 나아가 특히 사회적 지출의 '바닥으로의 질주'현상을 보다 쉽게 설명할 수 있는 유형을 보일 수 있는지 여부를 확인해 보고자 한다. 확인 결과 척도들의 차이에도 불구하고 큰 차이가 없으며, 일반적인 하향 추세의 증거 또한 그리 크지 않다는 것을 알 수 있다. 〈표 2.1〉에 의하면, 평균적인 총사회적 지출수준은 1980~1998년 사이에 GDP 대비 4%가 늘어났음을 알 수 있다. 〈표 3.1〉을 보면,

12항목 척도의 경우 동 기간 3.9% 늘어났으며, 11항목 척도의 경우 3.6%, 그리고 수정된 11항목 척도의 경우는 자료가 있는 19개 사례들에 있어서 3.2% 늘어난 것을 알 수 있다. 〈표 2.1〉에서 서로 다른 국가군들 사이에 강한 유사성이 나타나고 있음을 볼 수 있는데, 이러한 유형은 〈표 3.1〉의 척도들에서도 아주 유사하게 나타나고 있다. 〈표 2.1〉을 보면 확실히 아일랜드와 네덜란드 두 나라만이 GDP 대비 총지출수준이 실질적으로 줄어들고 있는데, 〈표 3.1〉에서는 12항목 척도의 경우 아일랜드, 네덜란드에 벨기에와 덴마크까지 네 나라의 경우가 줄어들고, 11항목 척도와 수정된 11항목 척도의 경우에는 아일랜드, 네덜란드에 벨기에까지 세 나라의 경우가 줄어들고 있다. 우리는 〈표 3.1〉의 척도들이 서로 다른 국가와 서로 다른 시기의 지출항목들을 동시에 포함한다는 점에서 보다 일관된 척도라는 사실을 받아들인다. 그러나 〈표 3.1〉에서 네 나라가 지출을 삭감하고 있지만, 그 중 세 나라는 OECD 평균치를 상회하고 있기 때문에, 이 사실만으로 반드시 '바닥으로의 질주' 현상이 나타나고 있다고 말하기는 어렵다. 이제 우리는 제2장의 경우와 같이 입수가능한 총지출 자료를 아무리 주의 깊게 읽어 보아도 '바닥으로의 질주' 현상 주장을 지지할 수는 없다고 결론짓고자 한다.

복지국가

## 제3절 변화의 형태와 방향

이제 사회적 공급의 구조에도 위와 같은 결론이 유도될 수 있는지 여부를 확인해 보자. 복지국가가 구조적 변화를 겪고 있는지 여부를 체계적으로 연구하기 위해서는 무엇보다도 각 나라의 변화형태와 방향을 동일한 척도를 가지고 비교 · 고찰하여야 한다. 왜냐하면, 그러한 척도들이 서로 다른 나라의 사회정책활동의 형태에 아주 민감하기 때문이다. 지출 총량 변수들은 그것이 아무리 일관성 있고 수정된 형태로 제시되더라도 구조적 변화를 보여 주기는 어렵다. 왜냐하면, 하나의 지출변화가 다른 범주 지출의 보상적 변화에 의해 그 중요성이 은폐될 수 있기 때문이다. 앞에서 우리는 본서의 연구기간 동안에는 실업지출의 증가가 국가 간 총지출의 상대적 차이를 변화시키지 않았다는 사실을 보여 주었지만, 그 내부를 들여다 보면 서로 다른 범주의 지출들 간에는 국가 간에 상대적 차이가 충분히 있을 수 있다. 이런 상황을 고려해 보면, 총량 척도는 변화의 형태와 방향에 관해 극히 제한적인 정보만을 줄 수 있을 따름이다. SOCX가 제공하는 유형의 프로그램 중심적인 지출 자료들은 분명히 이러한 문제를 다룰 수 있게 해 준다. 이제 우리는 구체적인 항목별 · 세부항목별 그리고 프로그램별 국가 간 지출상황을 비교할 수 있으며, 나아가 개별 국가들에 대해 사회정책부문별 · 프로그램별 팽창과 축소의 세부적인 특성을 밝혀 낼 수 있다. 그러나 이러한 이점을 얻으려다 보면 우리는 일반적인 차원에서 복지국가를 분석하고 비교하는 일에는 소홀해지기 쉽다. 만약 국가 간의 차별성을 체계적으로 측정하지 못하면, 우리는 그 성과를 체계적으로 평가하고 비교할 수 없다. 사실 엄격하게 말해서, 복지국가가 수행하는 일을 측정하지 못하면 복지국가에 대한 지적(知的) 토론은 완전히 불가능해진다. 이제 문제의 핵심은 SOCX의 프로그램 중심적인 자료들을 이용해서, 전반적으로 종전 총량 척도들보다 복지국가 변화의 형태나 방향을 압축적으로 파악할 수 있는 더 적절한 새로운 척도를 만들어 낼 수 있는가 하는 데 있다.

요즈음 복지국가 개혁이나 축소에 관한 논쟁들에서는 총지출수준의 변화만큼이나 복지국가의 형태와 변화방향에 관해서도 자주 주제로 다루어진다(Green-Pedersen, 2004). 그러면 우리는 사회정책적 지출항목 규모의 상대적 변화를 파악하여 복지국가 변화를 압축적으로 측정할 수 있는 척도를 만들어 낼 수 있는가? 그 척도를 보면 보건과 주택관련 지출이 줄어드는 대신에 실업급여가 늘어나고 있는지, 또는 고령연금이 늘어나서 가족에 대한 다른 지출이 줄어들고 있는 것은 아닌지 등에 대해 알아 낼 수 있는가? 이제 우리는 SOCX의 정보를 갖고 있기 때문에 그와 같은 전반적인 구조변화를 측정할 수 있는 척도는 아주 쉽게 만들어 낼 수 있다. SOCX는 사회적 지출을 13가지 범주로 나누어 그 범주별 분포상태가 나라별로 어떻게 차이가 나는지를 보여 주기 때문에, 우리는 시기별로 이 범주 간 분포상태들 사이에 어떠한 통계적 관련성(statistical association)이 있는지를 쉽게 평가할 수 있다. 관련성의 정도를 계산하기 위한 통계적 기준으로는 조정된 결정계수(Adj. $R^2$)를 사용하는 것이 적절하다. 왜냐하면, $R^2$의 근원인 Pearson's $R$은 분포의 형태를 측정하는 단순한 척도로서, "계수(coefficient)를 계산해 내는 데 사용되는 변수크기의 차이에 민감하지 못하기 때문"이다(Aldenderfer and Blashfield, 1984: 23). 이 말은 지출의 모든 항목들이 같은 비율로 오르거나 내리면 척도에는 아무런 변화도 없다는 것을 의미한다. 특정 지출항목들 사이에 상대적 변화가 나타나서 복지국가 형태가 변하는 경우에만 구조변화의 척도에 변화가 생기는 것이다.

〈표 3.2〉의 앞의 두 열에서 우리는, 앞에서 본 12항목과 11항목에 의한 총지출 척도에 바탕을 두고, 구조변화 척도의 두 가지 서로 다른 형태를 보여 주고 있다. 만약 우리가 구조변화의 보다 정확한 정도를 파악하고자 한다면, 12항목 척도가 가장 적합한 것이 될 것이다. 그러나 우리가 개혁활동의 의지에 의해 나타난 복지국가 형태변화를 알아보는 데 있다면, 11항목 척도가 더 흥미로울 수도 있다. 그것은 11항목 척도에서는 실업으로 인한 경기변화의 정도가 배제되어 있기 때문이다. 두 가지 형태

의 척도를 동시에 살펴보면, 우리는 사회정책의 변화양상이, 복지국가 정책결정자들의 단기적인 통제를 넘어 얼마나 노동시장의 변화에 기인하는 것인지를 알아 낼 수 있게 된다.

〈표 3.2〉의 숫자를 통해 많은 흥미로운 사실을 확인할 수 있다. 첫째, 구조변화 척도의 두 가지 형태는 제2장에서 확인된 중요한 사실들 중에 두 가지 사실을 확인해 준다. 두 척도는 복지국가 형태면에서 대폭적이고 전반적인 변화가 있다는 증거를 제시하지 못하는데, 그것은 마치 총지출의 대폭적인 감축이 있었다는 증거를 제시하지 못하는 것과 같다. 오히려 18년간 12항목 척도의 경우 평균 8.5% 포인트의 구조변화가 일어났으며, 11항목 척도의 경우 7.6% 포인트의 변화가 일어났다는 사실은 변화의 경로가 급진적이라기보다는 오히려 점진적이라는 사실을 시사한다. 또한 그 척도들은 구조변화의 정도가 국가 간에는 상당한 차이가 존재한다는 사실을 보여 준다. 몇몇 나라들의 경우에는 지출우선순위에 상당한 변화가 나타나고 있으며, 다른 몇몇 나라들의 경우에는 매우 작은 변화가 나타나고 있다. 여기서 서구 복지국가들이 하나의 방향으로 나아가고 있었다는 징후는 보이지 않는다. 하나의 방향으로 나아가고 있다는 징후는 구조의 경우가 총지출의 경우에 비해 훨씬 더 찾아보기 어렵다. 이는 구조변화의 척도로 볼 때, 국가군들에서 어떤 분명한 변화의 유형도 볼 수 없기 때문이다.

둘째, 이 척도는 분명히 총지출에는 숨겨진 (구조)변화 차원에 바탕을 두고 만들어진 것들이다. 〈표 3.1〉을 보면, 영국과 스웨덴이 12항목 지출변화면에서 평균치에 가깝게 나타나고 있는 것을 알 수 있는데, 〈표 3.2〉를 보면, 두 국가 모두 구조변화가 가장 높은 나라에 속하는 것을 알 수 있다. 아일랜드의 경우는 이와 대조적인 현상이 나타나고 있다. 아일랜드는 총지출이 같은 기간에 가장 급격하게 감소한 나라인데, 구조변화면에서 보면 OECD 평균치에 매우 가깝게 나타나고 있다. 영국과 스웨덴의 경우에는 총지출 척도보다 구조변화 척도가 핵심적인 개혁내용에 보다 민감하였다고 믿을 만한 여러 가지 이유들이 있다. 복지국가를 와해시키고자 하였던 대처(Thatcher)의 노력은 예산규모의 삭감보다는 지출우선순위의 변화에서 나타났다(Pierson, 1994). 스웨덴의 경우는 1990년대 초 경제위기와 대량실업이 시작되면서 복지목표 우선순위의 재조정이 강화되었으며, 그리하여 몇몇 논평자들은 '복지국가 스웨덴의 상품화로의 회귀'라고까지 평하였다(Huber and Stephens, 2001: 249). 아일랜드는 같은 기간 OECD 국가 중에서 경제성장률이 가장 높은 나라였으며, 따라서 모든 프로그램 지출의 GDP 대비 비중이 줄어들면서도 반드시 지출우선순위에는 큰 변화가 일어날 필요가 없었다는 사실을 고려하면, 위의 표에 나타난 상황을 이해할 수 있다.

구조변화 척도의 민감성 여부는 구조변화 정도가 가장 낮은 국가군의 경우를 보더라도 분명하게 나타난다. 서유럽 대륙의 경우, 국가군의 유형에 특징이 없는 것은 네덜란드의 12항목 구조변화 척도가 OECD 국가 중에서 가장 높기 때문에 나타난 현상이다. 서유럽대륙 국가들 중에서 네덜란드를 제외한 오스트리아, 벨기에, 프랑스, 독일을 보면, 총지출 변화면에서 꽤 다양한 양상을 보이고 있음에도 불구하고 구조변화 척도가 표의 사례 국가들 중에서 가장 낮은 나라로 나타나고 있다. 이러한 사실은 이 나라들이 개혁무력증 내지 유럽경화증(Eurosclerosis)에 걸린 대표적인 나라들이라는 그간의 많은 연구들의 분석과 아주 잘 맞아떨어진다(예를 들어, Esping-Andersen, 1996b; Scharpf, 2000 등을 참고).

마지막으로 〈표 3.2〉에서 12항목 척도와 11항목 척도를 대조시켜 보아도 실업급여지출을 포함시키는 것이 구조변화 정도에 큰 차이를 드러내지 못한다는 사실, 나아가서 주어진 연구기간 동안 실업이 지출에 준

영향이 다른 프로그램의 변화를 왜곡시키지 못한다는 사실에 주목할 필요가 있다. 그러나 물론 연구기간이 달라지면 이러한 결론이 바뀔 수 있다는 사실은 유념할 필요가 있다. 1990~1993년 사이 핀란드의 실업지출은 GDP 대비 겨우 1% 넘는 수준에서 대략 5% 정도로 상승하였으며, 이은 2년간도 4% 이상을 유지하였다. 이 기간 동안의 변화를 측정해 보면, 핀란드의 12항목 구조변화 척도의 순위는 평균을 훨씬 넘어섰을 것이며, 11항목 구조변화 척도의 순위는 평균에 훨씬 못 미쳤을 것이므로, 이들 사이에는 상당한 차이가 있었을 것이라는 사실은 분명하다.

Chapter 3

〈표 3.2〉에 나타나는 복지국가 구조변화 척도는 일정 기간 사회정책 지출항목의 상대적 크기에 나타나는 전반적인 변화를 나타내는 일목요연한 지표를 제시하고자 만들어진 것이다. 다른 목적을 가지고 흥미로운 대안을 마련하고자 한다면 특별한 형태의 변화들에 초점을 맞출 수 있을 것이다. 〈표 3.2〉의 두 번째 열들에서 우리는 복지국가 변화방향을 측정하는 척도를 보여 주고 있다. 이 척도는 최근에 지출축소 압력이 어느 정도로 나타나고 있는지를 평가하기 좋게 특별히 마련된 척도이며, 따라서 이 척도는 '바닥으로의 질주'현상 가설을 검증하는 데 기여할 수 있다. 이와 같은 규모감소 척도를 마련하게 된 이론적 배경은 세계화의 압력과 지출축소 사이의 관계가 초기의 세계화 관련문헌에서 정확하게 밝혀지지 않았을 수 있다는 데 있다. 최근 많은 연구들에서 시사하고 있듯이 (Scharpf and Schmidt, 2000a, b; Huber and Stephens, 2001), 만약 지출감소에 대한 세계화의 주된 압력이 적잖은 심각한 구조적 내지는 인구통계학적 제력의 작용으로 인해 높은 지출을 야기하는 요인들과 맞서고 있는 것이 사실이라면, 우리는 어떠한 복지항목들은 삭감되면서 다른 항목들은 동시에 팽창하는 상황을 예상할 수 있을 것이다.

따라서 만약 우리가 최근 수십 년간 지출축소 압력이 사회정책에 미

표 3.2 OECD 21개국 복지국가 구조변화와 복지국가 규모감소 정도 (1980~1998)

| 국가 | 구조변화 정도 | | 규모감소 정도 | |
|---|---|---|---|---|
| | 12항목 척도 | 11항목 척도 | 12항목 척도 | 11항목 척도 |
| 호주 | 6.2 | 6.3 | −5.6 | −6.0 |
| 캐나다 | 5.3 | 4.3 | −2.8 | −0.9 |
| 아일랜드 | 7.4 | 7.5 | −26.4 | −27.9 |
| 뉴질랜드 | 5.8 | 4.6 | −11.8 | −12.1 |
| 영국 | 17.6 | 16.1 | −12.7 | −9.0 |
| 미국 | 6.3 | 6.0 | −7.8 | −4.7 |
| *영어사용 국가군 평균* | 8.1 | 9.0 | −11.2 | −10.1 |
| 덴마크 | 12.8 | 10.5 | −14.8 | −11.5 |
| 핀란드 | 9.8 | 5.3 | 0.0 | 0.0 |
| 노르웨이 | 8.7 | 9.1 | −2.3 | −2.4 |
| 스웨덴 | 18.1 | 15.8 | −13.7 | −10.6 |
| *스칸디나비아 국가군 평균* | 12.3 | 10.2 | −7.7 | −6.1 |
| 오스트리아 | 3.5 | 3.4 | −5.7 | −5.8 |
| 벨기에 | 5.2 | 5.3 | −11.3 | −12.4 |
| 프랑스 | 4.5 | 4.6 | −7.8 | −8.3 |
| 독일 | 1.3 | 0.8 | −2.2 | −2.3 |
| 네덜란드 | 19.1 | 16.0 | −23.6 | −30.0 |
| *서유럽대륙 국가군 평균* | 6.7 | 6.0 | −10.1 | −11.8 |
| 그리스 | 6.3 | 6.5 | −0.2 | −0.2 |
| 이탈리아 | 9.8 | 10.0 | −6.7 | −6.9 |
| 포르투갈 | 9.3 | 9.1 | −3.7 | −3.8 |
| 스페인 | 9.8 | 7.8 | −12.1 | −10.6 |
| *남유럽 국가군 평균* | 8.8 | 8.4 | −5.7 | −5.4 |
| 스위스 | 3.6 | 3.0 | −2.6 | −2.7 |
| 일본 | 7.1 | 7.2 | −1.0 | −1.0 |
| *전체 평균* | 8.5 | 7.6 | −8.3 | −8.2 |

주 및 자료:
1) '구조변화 정도'는 GDP 대비 비중으로 측정된 1998년 사회적 지출의 각 구성요소를 1980년 사회적 지출의 해당 구성요소에 대해 회귀분석한 결과 도출된 '조정된 결정계수(Adj. $R^2$)'에 100을 곱한 후, 100에서 이 값을 차감한 값으로 측정한 것임.
2) '규모감소 정도'는 총사회적 지출을 구성하는 제 항목의 동 기간 감소 정도를 1980년 지출 대비 백분율로 구해서 합산한 것임.
3) 사회적 지출의 11항목 및 12항목 척도를 이루는 프로그램들은 〈표 2.1〉에 열거되어 있는 것과 같음.
4) 모든 자료는 OECD(2001a), *Social Expenditure Database, 1980~1998*, Paris로부터 계산된 것임.
5) 1980년 호주의 산업재해지출과 그리스와 이탈리아의 기타 사고 지출 자료는 누락된 것임.
6) 1998년 영국의 총지출은 고령현금급여와 관련된 정의의 변화를 고려하여 GDP 대비 3.3% 줄인 수치임.
7) 모든 계산된 수치는 반올림으로 인한 오차를 내포하고 있음.



친 정도에 관심이 있다면, 총지출수준이나 구조변화 정도에 관심을 가질 것이 아니라(만약 모든 항목들이 비례적으로 축소된다면 어떠한 구조변화도 일어나지 않을 것이다), 오히려 기존 프로그램들에 대한 지출의 총삭감 정도에 관심을 기울여야 한다고 말할 수 있다. 〈표 3.2〉의 마지막 열에서 보이고 있는 규모감소 두 척도는 총지출을 구성하는 12항목과 11항목 총지출의 1980~1998년 시기의 감소 정도를 1980년 각 지출 대비 백분율로 구해서 단순히 합친 것이다. 이 척도는 정책결정자가 전반적인 조세수입 내지 지출총량을 줄이기 위해 또는 사회적 지출 중 보다 우선순위가 높은 다른 항목을 늘리기 위해, 기존 복지서비스 공급수준을 의식적으로 감소시키고자 하였거나 또는 감소시키지 않을 수 없었던 정도를 나타내는 지표로 해석될 수 있다.

〈표 3.2〉의 두 번째 열들의 수치는 조심스럽게 해석해야 한다. 표를 보면 하나를 제외한 모든 수치가 음으로 나타나고 있는데, 이는 단순히 다른 프로그램들에 대한 지출이 증가하여 기존 프로그램에 대한 지출이 줄어든 사실을 나타낸다. 따라서 필요한 것은 지출감소가 기존 프로그램의 성과에 주는 심각성의 정도에 대한 기준을 정하는 것이다. 그래서 우

리는 다소 자의적일지 모르지만, 심각성 여부를 모든 프로그램 지출에서 10% 이상의 감축이 이루어졌는지에 기준을 두고자 한다. 이 기준에 의하면 12항목 지출에서 8개국이, 그리고 11항목 지출에서는 7개국이 심각하게 프로그램을 삭감하고 있다. 그 중에서 특히 아일랜드와 네덜란드의 경우에는 다른 나라들에 비해 매우 심각한 삭감 정도를 보이고 있다. 10% 기준에 의할 때 심각한 삭감을 보이고 있는 나라들은 〈표 3.1〉에서 총지출의 주요한 삭감국가들이었음을 알 수 있다. 그 기준에 의하면 뉴질랜드의 경우도 포함되는데, 이 나라는 〈표 3.1〉에서 보면 12항목 척도에 의할 때 아래로부터 다섯 번째 지출팽창의 정도를, 표에 있는 다른 척도에 의할 때 아래로부터 네 번째 지출팽창의 정도를 보여 주는 나라임을 알 수 있다. 뉴질랜드가 1980년대 중반에서 1990년대 중반에 이르기까지 신자유주의적 정책의 본보기 역할을 하였던 점을 돌이켜보면, 어느 누구도 뉴질랜드가 주요한 지출삭감 국가들 중에 포함되어 있다는 점을 그리 놀라워하지 않을 것이다(Kelsey, 1993; Huber and Stephens, 2001). 지출팽창 정도가 낮은 나라들뿐만 아니라, 두 가지 지출삭감 척도를 보면 주요한 구조변화를 경험한 국가들 또한 복지규모를 삭감한 주도적인 국가들이라는 사실을 알 수 있다. 영국의 11항목 척도의 경우는 예외적인 현상이 나타나고 있다. 이렇게 볼 때, 규모감소 척도는 최근의 사회적 지출 변화의 총량적 측면과 구조적 측면 모두를 아우르는 척도인 것처럼 보인다. 따라서 이 척도는 제5장에서 경제적 · 사회적 · 정치적 요소 중에서 어느 것이 지출성과(outcomes)를 규정짓는 데 가장 큰 영향을 미치는지를 찾아 내기 위한 모형을 만드는 과정에 사용할 여러 척도들 중의 하나로 포함될 것이다.

복지국가 규모감소의 관점에서 우리가 발견한 사실로부터, 우리는 겉으로 볼 때 총지출면에서 상대적으로 변화가 없는 가운데서도 기존 프로그램 지출에 어떤 경우에는 감소가 있기도 하고, 증가가 있기도 하며, 또는 새로운 프로그램이 늘어나기도 한다는 사실을 어느 정도 알 수 있다. 분명히 많은 국가들에서 특정 프로그램 지출에서 상당한 증가가 있으면 다른 부문의 프로그램에서 상당한 감소가 수반되고 있다. 그러나 기존 프로그램의 감소와 세계경제로의 노출 사이에 약간의 연계가 있다 하더라도 복지국가가 상당한 정도로 후퇴하고 있다는 증거는 찾을 수 없다. 사회적 지출수준이 10% 이상 줄어든 나라만큼이나 4% 이하로 줄어든 나라도 많다. 그러고 보면, 거의 20여 년 이상에 걸쳐 4% 삭감하는 것을 두고 어떤 곳으로 질주하고 있다고 보기는 어렵다. 심지어 기존 프로그램에서 평균 8% 정도의 삭감이 일어나도 전반적으로 25%의 지출삭감이 이루어지기 위해서는 50년 이상이 걸린다. 마지막으로 삭감 정도가 큰 나라들과 작은 나라들 사이에는 분명한 유형화가 이루어지고 있다는 사실을 유념할 필요가 있다. 벨기에 · 덴마크 · 네덜란드 · 스웨덴 등과 같이 큰 지출감소를 보이고 있는 많은 나라들은 1980년에 총지출규모가 큰 나라들이었으며, 핀란드 · 그리스 · 포르투갈 · 스위스 · 일본과 같은 지출감소가 비교적 작은 나라들은 1980년에 복지국가 규모가 아주 작은 나라들이었다. 이렇게 볼 때, 제2장에서 다양한 총지출 척도로 본 경우에서처럼, 여기서도 지배적인 추세는 차이해소와 수렴이라는 사실을 알 수 있다.





## 제4절 사회적 공급의 형태와 변화경로

앞 절에서 만들어 낸 척도들은 최근 복지국가 형태의 변화 정도와 사회적 지출 제 항목의 감소 정도를 평가하는 데 뜻을 두고 있었는바, 기존의 사회적 공급의 엄밀한 성격을 확인하는 데까지는 이르지 못하고 있었다. 이에 사회적 공급의 성격과 그러한 성격의 변화 정도를 측정할 수 있는 척도를 만들어 낼 수 있다면 이상적일 것이다. 이를 위해서는 복지국가가 수행하는 일의 종류를 분류하여, 복지국가 비교연구에 사용할 수 있기 위해 복지국가를 유형화할 필요가 있다. 곧 밝혀지겠지만, 복지국가 분류와 유형화의 전개과정을 다룬 문헌은 많이 있지만, 그러한 분류와 유형이 실제로 어떻게 활용되는지, 어떻게 그 정도를 측정할 것인지에 대해 다룬 문헌은 거의 없다.

복지국가 유형들 사이의 중요한 차별성에 대해서는 의견이 상당히 일치되어 있다. 가장 전형적인 것으로는 Richard Titmuss(1974: 30~31)의 유형화를 들 수 있다. 그는 사회정책을 '잔여적' 형태, '산업적 성취-수행'형태, 그리고 '제도적 재분배'형태로 나누고 있는바, 먼저 '잔여적' 형태는 개혁되지 않은 상태의 구빈법 전통을 담고 있으며, '산업적 성취능력'형태는 비스마르크식의 사회보장과 유사한 성격을 갖고 있다. 그리고 '제도적 재분배'형태는 비버리지식의 사회적 서비스국가의 전통을 따르고 있다. 이후 분석들에서도 유사한 구분들이 행해지고 있다. Rimlinger(1971)는 '가부장적' 내지 보수주의적 성격의 대륙식 사회보장체제와 '자유주의적' 성격의 미국식 공급체제로 구분하고 있다. 후자의 경우는 고령자를 제외한 어느 누구에게도 소득보장을 해 주는 것을 지나치게 꺼리는데, 그것은 소득보장이 고용을 통해 수입을 얻는 것을 방해할 것으로 보고 있기 때문이다. Furniss and Tilton(1977: 18~20)은 미국을 재산소유자의 이해를 보호하고자 하는 '적극적 국가'로 분류하여, '균등과 통합'을 촉진시키고자 하는 스웨덴의 '사회복지국가'와 대비시키고 있다. 에스핑-앤더슨은 티트머스(Titmuss)의 유형화를 새롭게 다듬어서 '자유주의적' 복지체제,

'보수주의적' 복지체제, 그리고 '사회민주주의적' 복지체제로 구분하고 있다. 이러한 구분은 보다 분명한 이론적 근거를 제시해 주면서, 오늘날 복지국가의 역사적 · 정치적 전개과정을 규정짓는 요소들과 보다 강력한 연계를 제공해 주고 있다.

에스핑-앤더슨은 특별한 사회정책체제에 특별한 형태를 부여하기 위한 분명한 경험적 기준을 제공하려는 유형화 전통을 만들어 낸 최초의 학자이기도 하다. 그러나 앞에서 지적한 바와 같이, 그가 그러한 과제를 수행할 때 사용한 데이터베이스는 일반적으로 연구자들에게 알려져 있지 않다. 그래서 우리는 SOCX 자료를 이용해서 유형화 문헌에서 발견되는 것들과 매우 유사한 일련의 특징을 찾아 내고자 하며, 앞으로 사회정책 공급의 성격을 밝혀 내고 그 변화경로를 측정하는 데 사용하고자 한다. 그러나 이런 일을 할 수 있는 분명한 전략이 존재하는 것은 아니다. 어떠한 지출 프로그램도 잔여적인 것으로도, 기여적인 것으로도, 또는 재분배적인 것으로도 고안될 수 있기 때문에, 그리고 SOCX는 어떤 프로그램이 어떤 성격을 가진 것인지를 알려 주지 않기 때문에, 우리는 어떤 범주의 공급에 잔여적(residual) 연금지출의 성격을, 또 다른 범주의 공급에 기여적(contributory) 연금지출의 성격을, 나아가 다른 어떤 범주의 공급에 재분배적(redistributive) 연금지출의 성격을 부여한다든지 하는 일을 할 수 없다.

따라서 논의를 조금이라도 진행시켜 나가려면, 우리는 모든 프로그램이나 사회적 지출항목에 서로 다른 범주의 공급 성격을 부여해야 한다. 그렇게 하기 위해서는 바람직하기로는 선험적으로 기존 문헌에서 받아들이고 있는 가정에 바탕을 두어야 한다. 여기서 분석을 위해 우리가 사용하는 가정은 다음과 같다.

1. 잠재적으로 소득대체적인 프로그램과 항목의 경우가(대부분의 경우 그러한 프로그램들은 수혜자들의 주요한 소득원으로 사용된다) 상당한 정도의 지출을 차지하는 경향이 있는데, 특히 비스마르크식의 기여적이고 보수주의적인 노선을 좇아 고안된 경우 이 지출이 총지출에서 차지하는 비중이 더욱 크게 나타난다.
2. 주로 기타 사고 대응적인 성격을 띠는 프로그램과 항목(말하자면, 필요에 따라 제공되는 소득이나 서비스)의 경우, 자유주의적 복지국가가 사회민주주의적 복지국가에 비해 이들 항목을 더욱 강조하는 경향이 있으며, 본질적으로 인구통계적인 필요(고령자나 장애자에 대한 인적 보호라든가 직업여성을 위한 육아지원 등)에 비해 전통적인 필요(빈곤이나 건강상실 등)의 범주를 강조하고 이들에 대해 보다 큰 지출을 하는 경향을 보인다.

만약 첫 번째 가정이 타당하다면, 고령연금 · 장애급여 · 산업재해 · 질병급여 · 유족급여 등에 대해 보다 많은 지출이 행해질 것인바, 이러한 지출은 사회보장국가의 징표가 될 것이다. 두 번째 가정은 최근의 변화하는 노동시장조건에 대한 복지국가의 반응을 다룬 많은 문헌에서 분명하게 나타나고 있는데(Esping-Andersen, 1990, 1999; Anttonen and Sipila, 1996; Castles, 1998; Daly, 2000 등 참고), 만약 이러한 가정이 타당하다면, 우리는 자유주의적 복지국가와 사회민주주의적 복지국가를 구별할 수 있는 수단을 갖게 된다. 두 경우 모두 보수주의적 복지국가에 비해 보다 많은 기타 사고 대응적인 지출의 비율이 높아지고 있다. 그러나 전자의 경우는 건강보호와 더불어 가족현금급여, 주택 그리고 기타 사고 등과 같은 빈곤완화 척도들에 주로 초점을 맞출 것이며, 후자는 고령자 및 가족보호 서비스에 대한 지출에 보다 많은 비중을 할애할 것이다(서로 다른 복지국가

유형화를 위한 유사한 구분에 대해서는 Palier, 2001를 참고할 것).

분명히 이러한 가정들은 말과 같이 그렇게 엄격하게 실증될 수 있는 것이 못 된다. 우리는 에스핑-앤더슨의 원래 연구에 나타나고 있는 탈상품화 지표를 제외하고는, 우리가 찾아 낸 사실을 적용시켜 볼, 실증을 통해 얻어 낸 분류법을 갖고 있지 못하다. 그럼에도 불구하고, 우리는 〈표 3.3〉의 지출 비중에 대한 측정 척도와 관련문헌에 나타나고 있는 전통적인 특성들 사이의 관련성을 검토해 볼 수는 있다. 서유럽대륙 국가들은 일반적으로 비스마르크식 제도적 구도로 특징지어지고 있음을 볼 수 있다. 〈표 3.3〉에 의하면, 1980년과 1998년 이들 서유럽대륙 국가 모두가 소득대체적인 사회적 지출 비중이 50%를 넘어서고 있다. 남유럽 국가군은 많은 논란은 있지만, '보수주의적' 국가들로 분류된다(Esping-Andersen, 1993와 Castles, 1995는 이러한 사실에 대해 긍정적 견해를, Liebfried, 1993와 Ferrera, 1996는 부정적 견해를 보이고 있으며, Guillen and Alvarez, 2001는 보다 최근에 이들과는 미묘한 차이가 있는 결론을 내리고 있다). 여기서 보이고 있는 자료에 의하면, 남유럽 국가군의 공급유형은 서유럽대륙 국가군의 경우에 비해 보다 소득대체적인 성향을 띠고 있는 것을 알 수 있다. 영어사용 국가와 스칸디나비아 국가군의 경우, 소득대체적인 지출 비중은 훨씬 더 적게 나타나고 있는데, 예외적으로 두 나라는 가장 표준적인 분류에 따를 경우 기대되는 유형으로부터 벗어나고 있다. 1980년에 미국과 핀란드는 그들 지출의 50% 이상을 소득대체적인 용도에 사용하였으며, 미국의 경우 1998년까지 이러한 현상이 지속되고 있다. 1980년 미국의 경우에만 해당 국가군의 유형과 편차를 보이고 있다. 총지출에 관한 종전 척도들의 경우와는 달리, 소득대체적인 지출 비중은 그 변이계수가 1980~1998년 사이에 사실상 약간 증가하고 있는데, 이는 시간의 경과와 더불어 나라들 사이에서 수렴하지 않고 있음을 말해 준다.

표 3.3 OECD 21개국 사회적 지출 유형별 점유율

| 국가 | 소득대체지출 비중 사회보장 | | 기타 사고 대응적 지출 비중 | | | |
|---|---|---|---|---|---|---|
| | | | 빈곤완화 및 건강보호 | | 정부서비스 | |
| | 1980 | 1998 | 1980 | 1998 | 1980 | 1998 |
| 호주 | 44.4 | 40.9 | 54.0 | 51.9 | 1.6 | 7.2 |
| 캐나다 | 32.3 | 39.4 | 66.8 | 60.6 | 0.9 | 0.0 |
| 아일랜드 | 45.0 | 36.6 | 51.7 | 59.5 | 3.3 | 3.8 |
| 뉴질랜드 | 47.6 | 45.7 | 52.0 | 53.7 | 0.3 | 0.5 |
| 영국 | 48.5 | 49.1 | 45.1 | 44.7 | 6.4 | 6.2 |
| 미국 | 57.4 | 50.7 | 38.9 | 46.9 | 3.7 | 2.4 |
| *영어사용 국가군 평균* | 45.9 | 43.7 | 51.4 | 52.9 | 2.7 | 3.3 |
| 덴마크 | 41.5 | 38.2 | 39.9 | 40.8 | 18.7 | 20.9 |
| 핀란드 | 51.5 | 49.8 | 38.4 | 37.3 | 10.2 | 13.0 |
| 노르웨이 | 46.8 | 41.6 | 43.8 | 39.8 | 9.5 | 18.5 |
| 스웨덴 | 43.0 | 43.2 | 42.4 | 36.9 | 14.6 | 19.9 |
| *스칸디나비아 국가군 평균* | 45.7 | 43.2 | 41.1 | 38.7 | 13.2 | 18.1 |
| 오스트리아 | 58.6 | 60.3 | 35.8 | 31.8 | 5.6 | 8.0 |
| 벨기에 | 59.2 | 57.5 | 39.5 | 41.1 | 1.3 | 1.4 |
| 프랑스 | 56.0 | 53.2 | 39.8 | 39.5 | 4.2 | 7.3 |
| 독일 | 56.2 | 50.9 | 40.2 | 42.9 | 3.6 | 6.2 |
| 네덜란드 | 51.4 | 52.3 | 43.6 | 39.2 | 5.1 | 8.5 |
| *서유럽대륙 국가군 평균* | 56.3 | 54.8 | 39.8 | 38.9 | 4.0 | 6.3 |
| 그리스 | 63.6 | 64.0 | 36.3 | 31.5 | 0.1 | 4.5 |
| 이탈리아 | 61.0 | 72.8 | 37.2 | 25.2 | 2.0 | 2.0 |
| 포르투갈 | 60.2 | 60.1 | 38.7 | 36.3 | 3.6 | 3.6 |
| 스페인 | 64.1 | 63.2 | 35.2 | 34.6 | 2.2 | 2.2 |
| *남유럽 국가군 평균* | 62.2 | 65.0 | 36.8 | 31.9 | 2.0 | 3.1 |
| 스위스 | 56.0 | 60.4 | 40.3 | 36.5 | 0.1 | 4.5 |
| 일본 | 46.1 | 52.7 | 51.0 | 43.2 | 2.9 | 4.1 |
| *전체 평균* | 51.9 | 51.6 | 43.5 | 41.6 | 4.4 | 6.5 |
| *변이계수* | 16.0 | 18.8 | 17.8 | 21.5 | 107.0 | 91.1 |

주 및 자료:

1) 소득대체지출 비중은 고령현금급여, 장애현금급여, 산업재해, 질병급여, 유족급여의 GDP 대비 백분율의 합계를 11항목 지출 척도로 나누고, 100을 곱한 값임.
2) 빈곤완화 및 건강보호지출 비중은 가족현금급여, 보건지출, 주택급여, 기타 사고지출의 GDP 대비 백분율의 합계를 11항목 지출 척도로 나누고, 100을 곱한 값임.
3) 정부서비스지출 비중은 고령서비스와 가족서비스 지출의 GDP 대비 백분율의 합계를 11항목 척도로 나누고, 100을 곱한 값임.
4) 모든 자료는 OECD(2001a), *Social Expenditure Database, 1980~1998*, Paris로부터 계산한 것임.
5) 1980년 호주의 산업재해지출, 그리스와 이탈리아의 기타 사고 지출 자료는 누락된 것임.
6) 1998년 영국의 소득대체지출 비중은 고령현금급여와 관련된 정의의 변화를 고려하여 줄인 수치임.
7) 모든 계산된 수치는 반올림으로 인한 오차를 내포하고 있음.



이제 기타 사고 대응적 지출 비율에 나타난 유형을 살펴보자. 이 비율로 보면, 영어사용권의 자유주의적 국가와 스칸디나비아의 사회민주주의 국가들 사이에는 현저한 차이가 존재하는 것을 볼 수 있다. 먼저 전자는 빈곤완화와 건강보호 같은 사회정책 예산에 평균 50% 이상을 지출하고 정부서비스부문에는 실로 매우 적은 비중만을 할애하고 있다. 이에 비해 후자는 빈곤완화와 건강보호 등의 항목에 오직 40% 정도만 지출하고 고령자 · 장애인 · 가족 등에 대한 정부서비스부문에 거의 20여%를 지출하고 있다. 서유럽대륙 국가들이나 남유럽 복지국가들 중에는 어느 나라들도 빈곤완화와 건강보호에 대한 사회정책예산을 40%만큼 쓰고 있는 나라는 없으며, 이들 나라의 정부서비스부문에 대한 지출비중은 영어사용 국가들의 비중과 유사하게 나타나고 있다. 사회보장지출의 경우처럼, 빈곤완화와 보건지출의 경우도 변이계수를 보면 시간의 경과에 따라 수렴하기보다는 발산(divergence)하고 있음을 알 수 있다. 정부서비스부문에 대한 지출은 국가 간의 편차가 아주 높은 상태에 있기는 하지만, 전반적으로 수렴현상을 보이고 있음을 볼 수 있다. 이 점에서 스칸디나비아 국가들은 모든 다른 OECD 국가들에 비해 매우 다른 우선순위를 보이고 있다.

전반적으로 〈표 3.3〉에 나타나고 있는 유형을 보면, 복지국가 유형은 세 가지로 분명하게 구분되는데, 이러한 구분은 관련문헌에서 이미 밝혀진 것과 매우 유사할 뿐만 아니라 서로 다른 지출항목들에 의해서 그 성격이 규정지어지고 있다. 그 유형들은 다음과 같다.

### 1. 서유럽대륙의 사회보장국가

이 나라들은 총사회적 지출 중에서 소득대체를 위한 지출의 비중이 50% 이상을 차지하고 빈곤완화와 건강보호를 위한 지출에 약 40% 정도를 지출한다. 구조적인 관점에서 보면, 만약 애초부터 총지출규모면에서 파악하지 않는다면 스위스도 이들 국가군에 포함될 수 있다(이와 관련된 논의는 제4장 결론부분을 참고할 것). 남유럽 국가들도 이들 국가군과 유사한 형태를 취하는 것으로 보인다. 단지 이들 국가는 보다 많은 비중을 소득대체 목적에 지출하고 있으며(주로 고령연금지출로 구성되어 있음), 빈곤완화와 건강보호에 다소 적은 비중을 지출하고 있을 따름이다. 이탈리아를 서유럽대륙 국가군이 아니라 남유럽 국가군에 포함시킨 것은 1998년 이탈리아가 OECD 국가 중에서 빈곤완화 프로그램에 비해 소득대체사업의 비중이 가장 크게 나타나고 있는 것을 보면 충분히 이해할 수 있다.

### 2. 영어사용권의 빈곤완화국가

이들 국가군은 기타 사고 대응적인 지출의 비중이 50% 이상 차지하고 있으며, 정부서비스부문에 대한 지출은 매우 미세한 부분을 차지하고 있을 따름이다. 이러한 유형을 뚜렷하게 보이고 있는 나라는 호주, 캐나다, 아일랜드, 뉴질랜드 등이다. 비록 1998년에 미국이나 영국 모두 빈곤완화와 건강보호에 50%에 못 미치는 수준을 지출하고 있으나, 그래도

OECD 국가들 중에서는 어느 나라보다 더 높은 수준에 해당되며, 따라서 영어사용 국가군의 복지국가 성격을 일반적으로 '잔여적' 내지 '자유주의적'인 것으로 규정지을 수 있다. 1980년에는 일본도 이들 국가군의 성격을 보이고 있었지만, 지금 와서는 분명히 더 강력한 사회보장국가군 쪽으로 옮겨 갔다(Esping-Andersen, 1997).

### 3. 스칸디나비아의 정부서비스국가

이들 국가군은 기타 사고 대응적인 지출의 비중이 소득대체적인 지출을 넘어서고 있으며, 그 중에서 정부서비스에 대한 지출은 총사회적 지출 중에서는 10~20%를, 기타 사고 대응적인 지출 중에서는 25~33%를 차지하고 있다. 핀란드의 경우는 앞의 유형 1과 여기서 말하는 유형 3의 사이에 걸쳐 있는 것으로 나타나고 있다(이러한 사실은 Esping-Andersen, 1990: 52에서 밝히고 있는 것을 뒷받침하고 있음). 이에 비해 영국은 유형 2와 유형 3의 요인이 결합되어 있는 것으로 볼 수 있다. 그러나 영국의 정부서비스 공급수준은 사회민주주의적인 북유럽 국가들에 비해 현저하게 낮은 수준에서 머물고 있음을 유념할 필요가 있다.

마지막으로 변화와 개혁의 경로에 관한 논의로 넘어가기 전에 여기서 논의하는 모든 특성들은 지출총량이 아니라 GDP 대비 백분율에 바탕을 두고 내려진 것이라는 사실을 다시 한 번 강조할 필요가 있다. 특정 사회정책 프로그램에 대한 지출이 상대적으로 낮은 비중을 차지하는 나라들이 높은 비중을 차지하는 나라들에 비해 GDP 대비 비중면에서는 훨씬 더 높은 비중을 차지할 수 있다. 이러한 사실은 사회적 공급구조에 대한 영국 모형과 스칸디나비아 모형을 전반적으로 비교하는 데 적절하게 적용된다. 주어진 연구기간 초기의 스웨덴과 호주를 대조시켜 보면, 훨씬 더 극단적인 사례를 볼 수 있다. 〈표 3.3〉을 보면, 1980년에 스웨덴은 빈곤완화와 건강보호에 대한 지출이 42.4%를 차지하고 있었는데, 호주는 54%이었다. 그러나 같은 해 SOCX 자료를 보면, 스웨덴은 가족현금급여, 주택, 기타 사고 그리고 건강보호에 대한 지출이 GDP 대비 11.8%이었는데, 이러한 사실은 〈표 3.1〉의 11항목 전체 지출로 보면, 스웨덴이 호주보다 더 높은 것으로 나타난다. 특정 국가들의 특정 프로그램에 대한 상대적 비중과 (GDP 대비) 절대규모는 상당히 다른 문제인바, 이러한 사실이 바로 우리가 사회적 공급의 규모와 구조에 대해 서로 다른 척도를 제시하는 이유인 것이다.

지출 비중면에서 복지국가를 분류할 수 있으면, 우리는 어떤 나라가 어떠한 특정 형태의 복지국가를 얼마나 좇아가는가 하는 변화상태를 측정할 수 있다. 국가 간 복지국가 개혁노력의 결과를 체계적으로 비교하기 위해서는 이러한 변화상태를 측정할 수 있는 척도들이 필요하며, 그렇게 함으로써 결국 변화과정에서 나타나는 특성을 확인할 수 있게 된다. 변화의 성격을 보여 주는 일반적인 척도를 갖지 못하면, 우리는 어떤 나라들이 개혁과정을 얼마나 진척시키고 있는지, 어떠한 방향으로 나아가고 있는지를 알 수 없다. 그러한 척도들은 비교가설 검증을 하는 데도 필요한데, 우리는 여기서 정부의 우선순위가 빈곤완화기능 쪽으로 변화해서, '바닥으로의 질주'현상 관련문헌에서 시사하는 바와 같은 방향으로 나아가고 있는지 여부를 밝히는 데 초점을 맞추고 있다. 〈표 3.4〉는 〈표 3.3〉의 지출 비율의 변화에 관한 자료를 보여 준다. 이 자료는 1980~1998년 사이의 복지국가 구조변화의 경로를 비교하고 대조해 볼 수 있게 해주며, 나아가 최근 사회정책 전개과정을 규정짓는 힘이 무엇인지에 대해 생각해 볼 수 있게 해 준다.

〈표 3.4〉의 전체 평균을 살펴보면, 사회적 공급유형들의 변화는 제2

장과 제3장에서 살펴본 다른 어떤 종류의 지출변화보다 완만하다는 것을 알 수 있다. 소득대체 목적의 사회적 지출은 단지 0.4% 포인트만 줄어들었으며, 빈곤완화지출의 비중은 1.9% 포인트 줄어들어, 정부서비스지출의 비중 2.3% 포인트 증가를 가져온 것으로 나타나고 있다. 이러한 현상을 '바닥으로의 질주'현상이라고 보기는 어렵다. 빈곤완화지출 비중이 21개 OECD 나라들 중에서 15개나 줄어든 것을 보면, 시장순응적으로 변하였다기보다는 오히려 전반적으로 그 반대의 경향을 보인 것으로 볼 수 있다. 그런데 이 시기가 OECD 국가 전체에 보건지출이 크게 증가하였던 시기인 점을 감안하면, 순수하게 빈곤완화 항목의 지출감소 비중은 사실상 여기서 나타나고 있는 것보다 훨씬 더 컸다. 세계화 때문이 아니라 오히려 더 설득력 있게는 인구통계적 추세의 변화가 나타나고 있는 것으로 볼 수 있다. 특히, 여성고용의 증가, 75세 이상 고령층 및 집중적인 보호를 필요로 하는 인구 비율의 증가추세에 부응하는 복지공급형태로의 점진적이고 상당히 일반적인 변화가 나타나고 있었다. 이러한 변화로 인해 21개 OECD 국가들 중에서 18개국에서 최근 정부서비스지출 비중이 증가하고 있다. 비록 평균치는 크게 변하지 않았지만 국가군의 유형에는 뚜렷한 차별성이 나타나고 있다. 여기서 서로 다른 복지국가체제의 차별성에 대해 개략적으로 검토하고자 한다. 남유럽 복지국가들은 다소간 사회보장지출에 치우치고 있으며, 서유럽대륙 국가군의 경우는 스칸디나비아나 영어사용권의 경우에 비해 소득대체 목적의 지출 비중이 더 적게 줄어들고 있다. 동시에 영어사용권은 유일하게 빈곤완화와 건강보호의 비율이 늘어난 국가군이며, 스칸디나비아 국가들은 정부서비스지출 비중이 평균적으로 가장 크게 증가하고 있다.

비록 전반적인 추세는 완만하기는 하지만 많은 나라들에서 보다 강력한 실질적인 변화를 겪기도 하였다. 특히, 6개 나라들의 경우가 눈에

**표 3.4 OECD 21개국 사회적 지출 유형별 점유율 변화(1980~1998)**

| 국가 | 소득대체지출 비중 | 빈곤완화 및 건강보호 | 정부서비스지출 비중 |
|---|---|---|---|
| 호주 | −3.4 | −2.2 | 5.6 |
| 캐나다 | 7.1 | −6.2 | −0.9 |
| 아일랜드 | −8.4 | 7.8 | 0.5 |
| 뉴질랜드 | −1.9 | 1.7 | 0.2 |
| 영국 | 0.6 | −0.4 | −0.2 |
| 미국 | −6.7 | 8.0 | −1.3 |
| *영어사용 국가군 평균* | −2.1 | 1.5 | 0.5 |
| 덴마크 | −3.2 | 1.0 | 2.3 |
| 핀란드 | −1.7 | −1.1 | 2.8 |
| 노르웨이 | −5.1 | −4.0 | 9.1 |
| 스웨덴 | 0.2 | −5.5 | 5.3 |
| *스칸디나비아 국가군 평균* | −2.4 | −2.5 | 4.9 |
| 오스트리아 | 1.7 | −4.1 | 2.4 |
| 벨기에 | −1.7 | 1.6 | 0.1 |
| 프랑스 | −2.8 | −0.3 | 3.1 |
| 독일 | −5.3 | 2.7 | 2.6 |
| 네덜란드 | 0.9 | −4.3 | 3.4 |
| *서유럽대륙 국가군 평균* | −1.4 | −0.9 | 2.3 |
| 그리스 | 0.3 | −4.7 | 4.4 |
| 이탈리아 | 11.8 | −12.1 | 0.3 |
| 포르투갈 | −0.1 | −2.4 | 2.5 |
| 스페인 | −1.0 | −0.6 | 1.6 |
| *남유럽 국가군 평균* | 2.7 | −4.9 | 2.2 |
| 스위스 | 4.4 | −6.5 | 2.1 |
| 일본 | 6.5 | −7.7 | 1.2 |
| *전체 평균* | −0.4 | −1.9 | 2.3 |

주 및 자료:
1) 모든 자료는 OECD(2001a), *Social Expenditure Database, 1980~1998*, Paris 로부터 계산한 것임.
2) 1980년 호주의 산업재해지출, 그리스와 이탈리아의 기타 사고 지출 자료는 누락된 것임.

3) 1998년 영국의 소득대체지출 비중은 고령현금급여와 관련된 정의의 변화를 고려하여 줄인 수치임.
4) 모든 계산된 수치는 반올림으로 인한 오차를 내포하고 있음.

띈다. 아일랜드와 미국과 같은 두 나라는 빈곤완화와 건강보호지출 비중이 크게 늘어나고, 그 대신에 소득대체 서비스의 지출 비중은 크게 줄어들고 있다. 그러나 SOCX 자료로 계산한 것을 보면, 미국의 빈곤완화와 보건지출 비중의 현저한 증가는 전적으로 공공보건에 대한 지출이 증가한 데 따른 것이었음을 알 수 있다. 이러한 현상이 '바닥으로의 질주'현상의 성격에 가장 잘 들어맞는 변화 궤적이며, 바로 이 경우만이 위기가설에 잘 맞는 사례라는 사실은 자명하다. 캐나다, 이탈리아, 일본과 같은 나라들은 거꾸로 빈곤완화 서비스에 대한 지출은 크게 줄어들고 사회보장지출은 크게 늘어나고 있다. 이탈리아와 일본의 경우에 이것은 거의 확실히, 어느 정도 고령인구의 압력 때문이었다(〈표 6.1〉 참고). 마지막으로 노르웨이는 소득대체 목적의 지출과 빈곤완화지출 비중이 모두 줄어들고 정부서비스지출은 현저하게 늘어나고 있었다. 이러한 변화는 스칸디나비아 국가군의 수렴형태를 반영하는 것으로 볼 수 있을 것인바, 노르웨이는 정부서비스 공급이라는 점에서 다른 나라들에 비해 뒤처진 국가에서 같은 국가군의 다른 국가들과 유사한 모습으로 옮겨 간 것으로 이해할 수 있다.



## 제5절 결론

제3장에서는 서로 관련되는 여러 가지 목표들을 다루었다. 우리는

OECD 사회적 지출 데이터베이스에서 이용가능해진 세분화된 자료를 사용하여 보다 일관성 있고 이론과 관련성이 있는 총량변수들을 개발하였으며, 나아가 복지공급구조를 측정할 수 있는 새로운 척도도 개발하였다. 그렇게 함으로써 한편으로는 그러한 척도의 개발이 가능하다는 점을 보여 주고자 하였으며, 또 한편으로는 '바닥으로의 질주'현상 가설의 시사점을 검증하고자 하였다. 후자에 관해서 우리가 얻은 결론은 명확하다. 우리의 모든 척도들이 같은 결론을 보여 준다. 개선된 총량변수, 구조변화 정도, 지출규모 감소 정도, 공급의 변화경로 등 어느 척도를 보더라도 우리가 얻어 낸 결론은 복지국가의 변화가 상대적으로 완만하게 이루어졌다는 점이다. 그러면서도 국가별로는 고르지 않게 변화하고 있는데, 아주 적은 몇몇 나라에서는 특정 척도에서 상당히 큰 변화가 나타나고 있으며, 또 국가들이 특정한 방향으로 나아가기보다는 특정 국가나 국가군에 특별한 변화유형을 보이는 증좌들이 나타나고 있다. 적어도 여기서 검토한 세분화된 지출의 변화유형에 나타난 것을 보면, 서구 복지국가들이 '황금기'에 구축된 공급구조에 등을 돌렸다는 증거는 발견되지 않고 있다. 서구 복지국가의 전반적인 형태는 거의 변하지 않았으며, 한 부문에서의 지출감소는 다른 부문에서의 지출증가에 의해 상쇄되고 있다. 나아가 복지국가는 단지 전반적으로 정부서비스 공급쪽으로 약간의 이동 추세를 보이는 점을 제외하면 그 우선순위면에서 거의 수렴의 징후를 보이지 않고 있다.

남은 결론은 방법론과 관련된 것이다. 여기서 개발한 사회적 공급구조 척도는 최근 비교사회정책 연구를 어렵게 만들었던 문제점을 해결해 주는 데 어느 정도 역할을 할 수 있을 것으로 보인다. 지금까지 연구자들은 어려운 상충관계에 직면해 왔었다. 말하자면, 한편으로는 시민들의 권한에 관한 자료를 사용하여 원칙적으로 개개인들을 위한 복지성과를 직접 측정하고자 하는 경우, 그러한 자료를 만들어 내는 데 비용이 엄청 소요되며 시간도 많이 드는 문제가 있다. 다른 한편, 정부는 연단위로 정규적인 총지출 자료를 만들어 내는데, 이 자료는 너무나 총량만을 보여주기 때문에 개개인에게 어떤 일이 일어나고 있는지에 관한 자세한 정보를 제공해 주지 못하는 측면이 있다. '바닥으로의 질주'현상 가설의 경우와 같이 연구대상 주제가 매우 포괄적인 경우를 제외하고는, 이런 상황에서 총량지출 자료를 사용하는 것은 가로등 아래서 잃어버린 동전을 찾는 것과 완전히 동일할 수 있다. 그것은 동전을 잃어버린 곳이 그 곳이기 때문이 아니라, 그 곳에 동전을 찾을 수 있는 불빛이 있기 때문이다.

세분화된 자료가 이용가능해지면서 이러한 상충관계문제의 성질이 변화되었다. 이제 우리는 개별적인 항목들, 심지어 세부적인 항목들까지도 볼 수 있기 때문에, 특정 프로그램들이 특정 복지수혜계층에 주는 영향까지를 다룰 수 있게 되었으며, 나아가 '복지국가의 이론적 실체'를 확인하는 데 영향을 주는, 우리가 앞에서 사용한 지출 비중 척도들과 같은 도구들을 고안해 낼 수 있게 되었다. 우리는 보다 직접적으로 성과와 연계된 자료들을 여전히 선호한다. 그것은 그러한 자료를 가지고 개개인 입장에서 복지국가가 후퇴할 때 그들 자신의 편익이 줄어드는지 여부를 즉각적으로 검증할 수 있기 때문이다. 그러나 그러한 자료가 없다고 해서 우리는 더 이상 엉뚱한 곳에서 증거를 찾고 있는 것은 아닌지와 같은 걱정을 할 필요는 없다. 우리가 찾고 있는 척도를 확정짓는다고 해서 반드시 우리의 목적을 잘 달성한다고 볼 수 있는 것은 아니기 때문이다.

우리는 또한 새로운 방법으로 변화를 측정할 수 있는 능력을 갖게 됨으로써, 이전보다 더 정교하게 가설을 검증할 수 있게 되었다. 적어도 지난 30여 년간은 복지국가의 총지출 추세가 현대사회의 국가역할을 규정짓는 영향력들에 관한 이론을 실증하는 주된 척도이었다. 많은 이론들에서 여러 가지 요소들이 기여하고 있음을 보여 주고 있는바, 그 중에서 인구통계적 요인, 산업화, 문화, 민주화, 당파심, 제도적 차별성 등 여러 요인들이 특별한 종류의 설명을 총괄하는 데 중요한 소제목으로 등장하고 있다(그러한 논의의 다양성에 대한 보다 자세한 내용은 Castles, 1998과 제5장의 논의를 참고할 것). 이 분야연구에서 표본수가 적어서 나타나는 문제(small-*n* problem)는 우리가 '사례는 많이 가지고 있으면서 변수는 충분하지 못해서' 생기는 문제가 아니라, 사실상 우리가 가지고 있는 사례보다 변수가 더 많아서 생기는 문제이다. 새로운 척도를 만들어 냄으로써 우리는 이와 같은 방법론상 딜레마로부터 벗어날 수 있을지도 모른다. 우리는 실증을 위해 총지출변수 한 가지만을 사용하는 대신에, 다양한 척도들이 의미 있는 인과관계요인에 서로 다르게 반응하는 것으로 가설을 설정해 놓고 그러한 척도들을 검토한다. 그리고 어떤 가설이 하나의 맥락에서 검증되지 못하면 우리는 다른 맥락에서 그것이 작동하는지 여부를 검증할 수 있다. 이것은 우리가 지금까지 이 시기 OECD 국가들에서 '바닥으로의 질주' 현상이 총지출 변화면에서 의미 있게 나타나지 않을 때, 구조변화, 규모감소, 나아가 지출비중 변화면에서도 마찬가지로 의미 있는 양상이 나타나지 않는지 여부를 분석한 것과 마찬가지이다. 어떤 척도에서는 긍정적인 결과가 나타나고 다른 어떤 척도에서는 부정적인 결과가 나타날 때, 오히려 우리는 문제되고 있는 인과관계를 보다 미세한 것까지 이해할 수 있을 것이다. 지금까지 분석에서 드러난 바와 같이 반복적으로 부정적인 결과가 나타났으므로, 우리는 그러한 가설에 담겨 있는 이론적 가정을 보다 자신 있게 거부할 수 있다.

Chapter 4

# 유럽의 복지국가는 수렴하고 있는가?

제1절 국가군의 수렴현상과 특이성

제2절 총지출

제3절 필요에 따른 조정

제4절 개별 프로그램

제5절 지출 비중

제6절 결론

# 유럽의 복지국가는 수렴하고 있는가?

제1절 국가군의 수렴현상과 특이성

제2절 총지출

제3절 필요에 따른 조정

제4절 개별 프로그램

제5절 지출 비중

제6절 결론

## 제1절 국가군의 수렴현상과 특이성



제2장과 제3장에서 우리는 OECD 복지국가가 '바닥으로의 질주'현상 가설이 시사하는 바와 같은 규모로 줄어들지는 않았다는 것을 보았다. 제4장에서는 지금까지 일어난 변화의 과정을 볼 때, 복지국가들 사이에서는 유사성이 얼마나 존재하는지, 특히 EU 국가들 사이에 사회정책면에서 보다 큰 수렴현상이 나타나고 있는지 여부를 검토하고자 한다. 복지국가의 수렴 여부는 서로 상이한 모습을 보이면서 진행되어 왔다. 복지국가에 대한 초기 기능론자들의 분석에 따르면, '황금기'에 사회적 지출이 폭넓게 팽창하면서, 국가가 산업화해 감에 따라 사회적 지출의 공급수준이 매우 유사해졌다는 사실을 강하게 보여 주었다(Wilensky and Lebeaux, 1958; Wilensky, 1975 참고; Flora and Heidenheimer, 1981와 비교해 볼 것). 그러나 1970년대와 1980년대에 오면서, OECD 국가들에서도 개별 국가의 정부구성 차이에 따라 복지국가 전개의 궤적에 상당한 차별성이 나타났다는 사실을 보이는 보다 많은 연구들이 등장하면서, 복지공급수준의 유사성이 점점 늘어난다는 생각은 도전을 받게 되었다(Stephens, 1979; Castles, 1982; Hicks and Swank, 1992; Schmidt, 1996). 그러나 보다 최근에 와서는 복지국가가 수렴한다는 생각이 새로운 형태로 다시 등장하게 되었다. 그러한 생각은 EU의 제반 규정들이 잠재적으로 유럽에서 사회정책의 '조화'를 불러오고 있다는 사실과 '유럽식 사회복지모형'이 등장하여 다른 서구 세계와는 상당히 다른 모습의 사회적 보호서비스를 공급하고 있다는 데 대한 활발한 논의에 바탕을 두고 있다(Emerson, 1988; Leibfried, 1993; Leibfried and Pierson, 1995; Beck et al., 1997; Grahl and Teague, 1997; Falkner, 1998;

Ferrera, Hemerijck, and Rhodes, 2001).

'유럽식 사회복지모형'에 대한 문헌은 점차 많아지고 있지만 합의를 이루지는 못하고 있다. 때때로 그러한 용어를 구체적인 분석 없이 서술적으로 사용하면서, 이미 공통적인 유럽 내지 유사한 성격의 EU 또는 다른 나라들과 대조되는 차별적인 공급유형이 있다고 주장하기도 한다. 그러한 모형을 서술적으로 주장하는 사람들은 흔히 지출수준, 복지국가구조, 사회적 권한면에서 유럽과 미국(Anglo-American) 내지 아시아 국가들 사이에는 큰 차이가 있다는 사실을 지적한다(Ebbinghaus, 1990). 이들은 보다 일반적으로 최근 수십 년간 유럽식 사회정책이 지향해 온 방향성에 초점을 맞추면서 유럽 복지국가의 변화과정을 강조하고 있다. 그러나 이 경우에도 의견은 크게 갈라져 있다. EU의 통합이 사회정책의 조화를 유도하고 있지만, 논자들 사이에는 그러한 통합을 '부정적'으로 보기도 하고 '긍정적'으로 보기도 하며, 나아가 조화가 '하향'성격을 띠고 있다고 보기도 하고 '상향'성격을 띠는 것으로 보기도 한다(Pinder, 1968; Scharpf, 1998 참고). 조화가 하향성격을 띨 것으로 보는 논자들은 EU 제반 규정이 갖추어지면서 유럽의 주도적인 복지국가들이 그들의 공급수준을 삭감하고 있다고 주장한다. 한편, 조화가 상향성격을 띠고 있다는 사실을 강조하는 논자들은 EU가 복지공급수준이 낮은 나라들에게 사회적 보호서비스를 증가시키는 작용을 하는 데 초점을 맞추고 있다.

조화가 하향성격을 띨 것이라는 주장은 '바닥으로의 질주'현상 가설과 많은 공통점을 보이고 있다. 그러나 그 주장은 OECD 전반에 해당한다기보다는 유럽의 복지국가 전개과정에 국한되고 있다. 그러한 주장의 핵심은 많은 유럽 국가를 특징짓고 있던 높은 수준의 사회적 공급에 시장의 단일화, 조세조화, 화폐통합 등과 같은 움직임들이 부정적인 영향을 줄 것이라는 사실이다(Hodges and Woolcock, 1993; Grahl and Teague, 1997;

Tsoukalis and Rhodes, 1997; Rhodes, 1998). 국민국가 주권으로부터 벗어나는 일련의 움직임들이 '회원국들의 정책선택권'을 제한하여 그들이 대외적인 경쟁에 맞서 싸우는 것을 힘들게 하고 있다(Leibfried and Pierson, 1995: 3). 국가들 사이에 경쟁이 심해지면서, 높은 급부조건이 경제적 효율면에서 심각한 손실을 초래하는 것으로 파악되기 때문에 지출규모가 큰 나라들로 하여금 사회적 공급의 급부조건을 재고하게 만들고 있다. 뿐만 아니라 그들의 복지체제가 보다 규모가 작고 보다 잔여적 성격을 띠는 방향으로 개혁을 추진해 나가게 하고 있다(Chassard and Quentin, 1993; Teeple, 1995; Rhodes, 1998).

이러한 주장은 유럽을 대상으로 하고 있지만, 그러한 주장에서 앞으로 도래할 것이라 예상하는 형태는 유럽에 국한되는 것은 아니다. '바닥으로의 질주'현상 관련문헌에 나타나는 바와 같이 유럽의 선진복지국가들은 무역과 통상의 장벽이 급격하게 무너져 감에 따라 보다 급격하게 미국화해 갈 것이며, 보다 '자유주의적인 성격'을 띨 것이고, 나아가 시장순응적으로 될 것이다. 따라서 최근 유럽 복지국가의 전개과정이 이러한 예상대로 나가고 있는지 여부를 평가하는 것은 '황금기'에 자리잡고 있는 사회적 공급의 수준과 구조에 세계화가 실제로 얼마나 위협을 가하고 있는지를 알아보는 과제에서 중요한 역할을 할 것이다. 복지국가가 하향성향을 보이고 있다는 논의의 핵심은, 경제적인 보호장벽 뒤에서 형성된 유럽의 복지국가들이 이제 그러한 장벽들이 서서히 무너지고 있기 때문에 매우 취약한 형태를 보이고 있다는 점이다.

유럽 복지국가 발전경로에 대한 대부분의 학문적 연구들에서는 많든 적든 위에서 말하고 있는 형태의 우려들을 제기하고 있다(그러나 최근의 발전과정에 대해 보다 균형잡힌 연구도 발견되는바, 이에 대해서는 Ferrera, Hemerijck, and Rhodes, 2001를 참고할 것). 위의 주장과는 대조적으로 복지국가가 상향조화를 보이고 있다는 주장도 있는데, 이러한 주장은 대부분이 EU 내에 국한된다. 1980년대 후반 이래 들로르(Jacques Delors)가 이끄는 유럽집행위원회(European Commission)는 사회헌장(Social Charter)이라든가 EU 차원의 반빈곤대책 등을 포함한 일련의 정책들을 전개시킴으로써, 시장의 단일화가 사회적 서비스의 급격한 감소(social dumping)로 이어지지 않도록 하였다(Delors, 1992).[1] 그러한 정책들의 전제는 경제통합이 이루어지면 부정적인 사회적 결과가 나타나게 될 것이라는 견해와 모순되지 않았다. 오히려 그러한 정책들에서는 이와 같은 부정적인 사회적 결과는 경제통합이 사회정책관련 제도강화를 수반할 때에만 해소될 수 있다고 보고 있었던 것이다.

> 유럽은 모든 사람들, 모든 유럽 시민들을 위한 것이며, 그렇지 아니하면 아무런 의미도 없다. 유럽은 그 스스로 사회적 차원을 강화하지 않는다면, 나아가 근본적인 사회적 권한이 존중되고 현실에서 적용될 것을 보장할 수 있는 능력을 보이지 못한다면, 오늘날 유럽이 당면하고 있는 경쟁, 인구통계적 상황, 확장과 세계화 등과 같은 새로운 도전에 대응해 나가지 못할 것이다(Comité des Sages, 1996: 23).

들로르가 그 위원회를 떠나면서 그러한 분위기에 일정한 후퇴가 있었지만, 세기전환기에 '사회민주주의적 계기'가 EU의 사회정책 규정이 만들어지는 과정에 또 다른 촉진제 역할을 하였다. 1997년 유럽연합이사회 의장(네덜란드)은 보다 광범위한 고용정책에 주안점을 두었으며, 2000년 3월 리스본(Lisbon) 정상회의는 사회적 보호과제를 우선시할 것을 결정하였다. 나아가 2000년 12월 니스(Nice) 유럽이사회(European Council)에서는

1) 유럽집행위원회와 들로르의 역할에 대해서는 후술하는 보론「EU 기구」를 참고할 것.

'발전된 사회보호체제를 갖춘 유럽식 사회복지모형을 구축함으로써 지식경제로의 이행을 확실하게 해 나갈 것'을 강조하였다(Council of the European Union, 2000). 2001년 10월 EU 의장(벨기에)에게 제출된 보고서는 서유럽 사회정책 공급의 다양성을 인정하면서도 '유럽의 새로운 사회정책구조'를 만들어 내는 데 필요한 개혁정책을 다듬어 나갈 것을 구상하고 있다(Esping-Andersen with Gallie, Hemerijck, and Myles, 2002 참조. 이들은 사회정책 부문을 이끌어 가는 주도적인 학자들로서 그러한 구조의 가장 바람직한 특성에 대한 연구를 수탁받았다).[2)]

'유럽식 사회복지모형'이라는 개념은, 그것이 사회적 공급이 하향수렴한 결과이든 상향수렴한 결과이든 또는 유럽과 다른 지역의 사회적 공급 사이의 차별성을 단순히 가상해서 서술한 결과이든 관계없이, 최근 대부분의 비교사회정책 관련문헌에서 주장하는 것과는 상당히 다른 점을 보이고 있다. 후자는 유럽과 OECD 내의 사회적 공급모형에는 뚜렷한 차별성이 존재한다는 것을 보이는 데 상당한 노력을 기울여 왔다. 지난 10여 년 이래로 서구 복지국가를 실증에 바탕을 두고 유형화하려는 지적 노력이 많이 있었던바(Abrahamson, 1999), 그 중에 가장 잘 알려진 것이 Esping-Andersen(1990)의 체제유형화이다. 최근 유럽 사회정책체제 유형의 다양성에 대해서는 Scharpf and Schmidt(2000a, b)의 기념비적 연구가 있는바, 이 연구는 에스핑-앤더슨의 '자유주의적' · '보수주의적' 그리고 '사회민주주의적' 복지자본주의 분류에 대한 경제적 맥락을 발전시키고 있다. 이와 더불어 연구범위를 좁혀, 특별한 유형을 갖고 있는 것으로 보이는 개별 국가군의 사회적 공급의 특성에 대해 다룬 연구들도 있다(예를 들어, 기독교민주당의 '사회적 자본주의' 국가들에 관한 Van Kersbergen, 1995의

Chapter 4

2) EU 관련기구에 대한 본문의 이해를 돕기 위해서는 보론 「EU 기구」를 참고할 것.

연구, 남유럽 모형에 대한 Leibfried, 1993; Castles, 1995; Ferrera, 1996 등의 연구, 그리고 북유럽 모형에 관한 Kautto et al., 2001 연구). 이러한 문헌들은 유럽과 OECD 내 복지공급의 유형에 중요한 차별성이 존재한다는 것을 강조하고 있는데, 이러한 연구는 최근의 유럽식 사회복지모형이 특화되기 위해서는 개별 국가들의 기존 정책들에 존재하는 차별성이 없어져야 한다는 사실을 시사한다(Leibfried, 1993).

'유럽식 사회복지모형'의 존재를 규정짓는 최소한의 조건은 서유럽 국가들은 일반적으로 또는 적어도 그 중에서 중요한 몇몇 나라들은 사회정책면에서 보다 광범위한 국가군들과는 차별적인 특성을 나타내고 있어야 한다는 점이다. 달리 말하면, 그러한 나라들은 일반적으로 일컫는 선진복지국가들의 경우와는 다르게 그들끼리 상당한 유사성을 갖고 있다는 점을 보일 필요가 있다. 관측치의 분산 정도를 평가하는 단순한 통계치로는 변이계수(coefficient of variation)라는 것이 있는바, 이는 분포의 표준편차를 표본평균으로 나누어 백분율로 나타낸 것이다(Miller and Wilson, 1983). 우리는 시간이 지남에 따라 국가들 사이에 수렴현상이 나타나는가를 확인하기 위해서 이 통계치를 사용하기도 하지만, 또한 국가군들이 유사한 특성을 나타내는지 여부와 그러한 특성이 얼마나 뚜렷하게 나타나는지 여부를 확인하기 위해서도 사용한다(사회정책의 수렴 정도를 확인하는 다른 방법론적 접근으로는 Corrado et al., 2003을 참고할 것. 여기서도 위의 연구와 매우 유사한 결론에 도달하고 있다). 이어지는 서술에서, 우리는 특정 국가군이 다른 국가군과 차별성을 보이는지 여부에 대한 판단기준은 그 국가군의 변이계수가 보다 큰 OECD 표본 변이계수의 절반 이하 수치를 보이는지 여부에 둔다. 그러나 여기서 우리가 다루는 자료가 정상분포를 한다고 가정하지 못하기 때문에, 계수의 차이는 유사성 내지 수렴성 정도에 대한 개략적인 정보밖에 제공해 주지 못한다는 사실을 유념할 필요가 있다.

본장의 분석에서 제시하는 국가군의 분류는 다음과 같다.[3)]

1. OECD: 이 나라들은 21개 OECD 장기회원국들이며, 인구 백만 이상의, 대체로 선진복지국가로 분류된 국가들이다. 이 국가들은 우리의 분석에 이미 등장하였고, 분석을 위한 자료들은 〈표 2.1〉~〈표 2.6〉과 〈표 3.1〉~〈표 3.4〉에 나와 있다.
2. 비(非)유럽: 여기서 분석한 OECD 국가들 중에는 비유럽 5개국이 있다. 4개국은 과거 영국 식민지였던 북미와 오세아니아의 캐나다, 미국, 호주, 뉴질랜드이다. 나머지 국가는 일본인데, 일본은 비유럽 OECD 국가 중에서 유일한 선진국이다.
3. 유럽: OECD 표본국가 중 나머지 16개국은 유럽에 위치하고 있는 다음 국가들이다. 오스트리아, 벨기에, 덴마크, 프랑스, 독일, 그리스, 아일랜드, 이탈리아, 네덜란드, 노르웨이, 포르투갈, 스페인, 스웨덴, 스위스, 뉴질랜드, 영국.
4. 북유럽: '유럽식 사회복지모형'에는 남유럽 국가들이나 영어사용 국가들이 포함되지 않는다고 주장하는 Grahl and Teague(1997)에 따르면, 북유럽 국가군에는 다음과 같은 나라들이 포함된다. 즉, 오스트리아, 벨기에, 덴마크, 핀란드, 프랑스, 독일, 네덜란드, 노르웨이, 스웨덴, 스위스.
5. '14개국 유럽': EU 현(現) 회원국[4)]에서 자료가 미비한 룩셈부르크

3) 독자들의 이해를 돕기 위해 보론 「제 국가군의 분류」에서 앞 장의 표들에서 제시한 국가군과 본장에서 제시한 국가군을 EU 회원국의 변화과정과 함께 정리하여 하나의 표로 제시해 두었으니 참고하기 바람.

4) 여기서 말하는 '현 회원국'이란 2003년 현재 EU 회원국을 일컬음.

를 제외한 나라들. 서유럽 국가들 중에 이 국가군에 빠진 나라는 노르웨이와 스위스뿐인데, 이 국가의 국민들은 아직은 EU에 가입하지 않기로 결정한 상태다.

6. '11개국 유럽': 1996년 이전의 EU 회원국들. '14개국 유럽'에서 오스트리아, 핀란드, 스웨덴을 제외한 나라들.
7. '8개국 유럽': 1981년 이전 유럽공동체 회원국들. '11개국 유럽'에서 그리스, 포르투갈, 스페인을 제외한 국가들.
8. '5개국 유럽': 유럽경제공동체 창립회원국들. 벨기에, 프랑스, 독일, 이탈리아, 네덜란드.

이와 더불어 우리는 앞 장들에서 구분한 OECD의 네 개 하부국가군들에서 나타나는 변이의 정도(the degree of variation)도 검토해 보고자 한다.

1. 영어사용 국가군: 호주, 캐나다, 아일랜드, 뉴질랜드, 영국, 미국.
2. 스칸디나비아 국가군: 덴마크, 핀란드, 노르웨이, 스웨덴.
3. 서유럽대륙 국가군: 오스트리아, 벨기에, 프랑스, 독일, 네덜란드.
4. 남유럽 국가군: 그리스, 이탈리아, 포르투갈, 스페인.

여기서 다루는 사회적 공급 척도들의 대부분은 제2장과 제3장에서 나온 것들인데, 총사회적 지출, 총지출, 필요에 따라 조정된 사회적 지출 등을 포함하며, 사회보장, 빈곤완화와 보건, 그리고 정부서비스 지출에 대한 서로 다른 우선순위도 포함하고 있다. 나아가 복지국가의 가장 큰 두 가지 프로그램인 고령연금과 공공보건에 대한 지출도 검토한다. 중요한 목적이 1980년과 1998년 각 연도의 국가 간 변이(variation)의 정도를 비교하는 것이기 때문에, 구조변화 정도라든가 복지국가 규모감소 정도와 같은 변화 척도들은 분석에서 제외한다. 위에서 구분한 국가군들이 복지국가의 규모나 구조 척도의 다양성이라는 점에서 갖는 동질성의 정도를 검토함으로써, 우리는 서로 다른 국가군의 차별성을 평가할 수 있게 된다. 또한 광범위한 유럽 국가들과 그들을 구성하는 특징적인 하부국가군들을 대조하고, 시간의 경과에 따른 유사성과 차별성의 유형을 확인할 수도 있게 된다. 차별적인 '유럽식 사회복지모형'의 존재를 보이기 위해서는, '14개국 유럽' 내지 보다 광범위한 유럽 국가군들의 변이 정도가 OECD 전체의 경우보다 현저하게 낮다는 사실을 보일 수 있어야 한다. 또한 유럽 국가군들이 일정한 형태로 수렴하는 것을 보여 주기 위해서는, '14개국 유럽' 내지 보다 광범위한 유럽 국가군들이 사회적 공급유형면에서 변화의 정도가 시간이 지남에 따라 상당히 줄어든다는 사실을 보여주어야 한다. 마지막으로 그러한 변화가 '긍정적'이라기보다는 '부정적'이라는 것을 보이기 위해서는 유럽 국가들의 지출수준 또는 사회적 공급수준이 일정 수준을 유지하거나 상향 추세를 보이지 않고 하향 추세에 있었다는 사실을 보여야 한다.





## 제2절 총지출

지출의 두 가지 큰 총량치인 총공공사회적 지출과 일반정부 총지출의 변이계수를 제시하면서 〈표 4.1〉을 분석해 보자. 전자는 우리가 일반적으로 이해하는 복지국가지출에 상응하는 것이다. 후자는 거기에다 교육지출, 주택 및 지역사회 서비스, 그리고 경제사업과 같은 항목을 포함하는데, 많은 논자들은 이 지출들이 넓게 사회정책적 목적과 유사한 성

표 4.1 OECD 21개국 12항목 총사회적 지출과 일반정부 총지출의 변이계수

| 국가군 | 12항목의 GDP 대비 비중 | | 일반정부 총지출의 GDP 대비 비중 | |
|---|---|---|---|---|
| | 1980 | 1998 | 1980 | 1998 |
| OECD | 30.5 | 21.7 | 25.0 | 16.6 |
| 유럽 이외 지역 | 26.1 | 14.8 | 10.8 | 11.6 |
| 유럽 | 26.4 | 17.2 | 23.6 | 13.6 |
| 북유럽 | 20.3 | 7.9 | 14.9 | 7.9 |
| 14개국 유럽 | 26.7 | 18.0 | 24.4 | 14.2 |
| 11개국 유럽 | 28.6 | 18.7 | 25.6 | 14.0 |
| 8개국 유럽 | 18.1 | 18.6 | 12.6 | 15.6 |
| 5개국 유럽 | 14.3 | 8.3 | 13.7 | 5.2 |
| *국가군* | | | | |
| 영어사용 국가군 | 24.8 | 15.8 | 19.9 | 11.5 |
| 스칸디나비아 국가군 | 25.9 | 6.6 | 21.1 | 8.8 |
| 서유럽대륙 국가군 | 9.8 | 8.6 | 10.6 | 6.0 |
| 남유럽 국가군 | 24.2 | 15.2 | 23.3 | 8.2 |

주 및 자료:
1) 상기 표의 수치는 변이계수(표준편차를 평균으로 나누어서 100을 곱한 값)임.
2) 12항목 총사회적 지출에 관한 자료는 〈표 3.1〉에서 가져온 것임.
3) 일반정부 총지출에 관한 자료는 〈표 2.2〉에서 가져온 것임.
4) 국가군의 분류는 본문에서 서술한 내용에 따름.

격을 띠는 것으로 본다. 총지출은 흔히 현대 개입주의 국가의 범위를 측정하는 개괄적인 척도로 간주된다. 이 분석에서 사용되고 있는 사회적 지출 척도는 제3장 〈표 3.1〉의 12항목 척도이다. 총지출 자료는 제2장 〈표 2.2〉에서 가져온 것이다. 두 자료 모두 OECD 자료로부터 계산한 것이다.

첫 번째 열의 12항목 척도의 변이계수를 위에서부터 살펴 내려가면서 보다 광범위한 OECD 국가군을 보고, 나아가 그 범위를 좁혀 유럽 국가군을 보더라도 국가군의 유사성은 놀랍게도 그리 커지지 않고 있다. 1980년 OECD 전체 국가의 변이계수는 30.5인데, 유럽 전체의 경우는 26.4,

그리고 '14개국 유럽'의 경우 26.7이었다. 이들 사이에 이렇게 작은 차이밖에 없다는 사실은 이 시기에 '유럽식 사회복지모형'의 특징이 나타나는 것으로 볼 수 없다는 것을 시사한다. 그러나 당시 룩셈부르크만 제외하면 유럽공동체와 일치하였던 '8개국 유럽'은, '5개국 유럽'과 서유럽대륙과 같이 우리 기준으로 볼 때 꽤 긴밀한 유사성을 보이고 있는 국가들을 포함하고 있어 차별적인 국가군을 형성하고 있는 것으로 나타난다. 이제 다음 열들의 수치를 보자. 여기서도 광범위한 유럽 국가군과 OECD 전체 국가군 사이의 변이계수값에 차이가 그리 크지 않음을 알 수 있다. 사실상 1980년대와 1990년대 두 차례의 확대조치 결과로, EU는 이미 그 자체로 보다 큰 국가군이 되었으며, 따라서 유럽공동체 차원의 차별적인 사회적 보호모형을 특화시킬 근거는 20년 전에 비해 실제로 훨씬 약화되었다.

〈표 4.1〉의 첫 번째 두 열을 보면 독특한 '유럽식 사회복지모형'이 존재하느냐에 대해 의문이 나기는 하지만, 열과 열 사이의 변화모습을 비교해 보면 수렴과정이 강하게 나타나고 있다는 사실은 알 수 있다. '8개국 유럽'의 경우 아일랜드의 사회적 지출이 국가군 전체의 성격에 실질적인 변화를 주지 못하고 있는데, 이 국가군을 제외하면 다른 모든 국가군의 변이계수는 줄어들었으며, 그 중에 몇몇 국가군의 경우는 상당히 크게 줄어들었다. 보다 광범위한 유럽 국가군, 즉 전체 유럽 국가군과 '14개국 유럽' 국가군의 나라들은 1980년에 비해 1998년에 현저하게 유사해졌다. 그렇다고 해도 유럽 국가군 내지 EU 국가군의 동질성이 더욱 뚜렷해졌다고 볼 수는 없는데, 그것은 유럽 이외 지역 국가들의 경우도 유럽 내 국가들의 경우와 마찬가지로 빠르게 수렴하고 있기 때문이다. 나아가 이 시기 유럽 내 각 국가군들의 특수성은 사실상 전체 유럽의 특수성에 비해 보다 빠르게 증가하고 있었는데, 그것은 스칸디나비아 국가군과 서

유럽대륙 국가군이 보다 광범위한 유럽 국가군의 경우에 비해 변이계수가 대략 절반 정도에 지나지 않는 것을 보면 알 수 있다. 아마도 가장 흥미 있는 것은 북유럽 국가군의 경우 위의 두 국가군에 스위스까지 더하여 상대적으로 많은 나라들을 포함하고 있는데, 1998년에 스칸디나비아 국가군이나 서유럽대륙 국가군들과 비슷한 수준의 유사성을 보이고 있다는 점이다.

사회적 지출은 정부지출의 상당한 비중을 차지한다. 따라서 아마도 〈표 4.1〉의 세 번째와 네 번째 열에 나타나는 총지출의 변화를 살펴보더라도 앞의 경우와 같은 추세들이 반복되고 있다는 사실은 그리 놀랄 만한 일이 아니다. 총지출의 경우에도 광범위한 유럽 국가군과 전체 OECD 국가군의 변화 정도는 거의 차이가 없으며, 따라서 이 경우도 독특한 유럽식 모형이 존재한다는 사실을 지지하지는 못한다. 1980년에는 당시 유럽공동체 국가들이 총지출면에서 강한 공통성을 보이고 있으나, 1998년에는 EU 회원국들이 더 이상 독특한 특성을 보이지 않고 있다. 또한 12항목 지출 척도의 경우에서처럼 광범위한 유럽 국가군을 포함한 대부분의 국가군에서 현저한 수렴현상이 나타나고 있다. 다수의 국가군과 북유럽 국가군은 변이계수가 50% 또는 그 이상으로 줄어들고 있다. 그러나 이러한 계수는 국가군들 사이의 변화 정도를 나타내는 데는 아주 개략적인 정보만을 주고 있으며, 그 정보의 정확도는 국가군의 규모가 작아질수록 떨어진다는 사실을 유념할 필요가 있다.

사회적 지출과 총지출 사이에 존재하는 몇 가지 차별성을 언급해 둘 필요가 있겠다. 총지출은 사회적 지출의 경우에 비해 변이계수가 낮게 시작해서 낮게 끝나고 있는 것을 볼 수 있다. 이것은 사회적 지출수준이 비사회적 지출수준에 비해 국가 간에 보다 큰 차별성이 존재한다는 사실을 시사한다. 1980년에 총지출은 유럽 내보다 유럽 이외 지역에서 훨씬 뚜렷한 특징을 보이고 있다. 이와 같은 사실은 사회적 지출로 볼 때에 비해 총지출로 보는 경우 '유럽'이라는 개념은 보다 비현실적으로 나타난다는 사실을 말해 준다. 1998년에는 국가군의 유형이 총지출의 경우가 사회적 지출의 경우에 비해 보다 분명한 특성을 드러내 보인다. 남유럽 국가군은 스칸디나비아나 서유럽대륙 국가군과 마찬가지로 군집성을 더욱 뚜렷하게 드러낸다. 마지막으로 북유럽 국가군의 총지출 특성은 사회적 지출의 경우와 마찬가지로 뚜렷하게 나타나고 있다. 이 국가군의 특성은 유럽의 정책상 유사성이 지리적으로 알프스나 유럽대륙의 해안선을 넘지 못할 것이라는 Grahl and Teague(1997)의 견해를 지지하는 것으로 보인다.

그래서 이 시기의 사회적 지출과 총지출에 관한 분석을 통해, 우리는 세부적인 국가군들 사이에는 나름대로 특성이 나타나고 있는 가운데서도 전체적으로 강한 수렴현상이 나타난다는 사실을 알 수 있으나, 유럽 전체나 EU 차원에서는 그러하지 아니하다. 그러나 여기서 나타나는 수렴현상의 성격이 상향수렴인지 하향수렴인지 하는 문제는 여전히 남아 있다. 이러한 물음에 대한 대답의 일부는 앞 장들에서 찾아볼 수 있다. 제3장의 〈표 3.1〉에서는 12항목 척도의 경우 연구대상기간 OECD 전체나 그 세부적인 국가군 어느 경우에도 GDP 대비 사회적 지출이 줄어들지 않았음을 보여 준다. 보다 광범위한 유럽 국가군의 경우에도 이러한 사실이 확인된다. 이 기간 전체 유럽에서 12항목 지출은 GDP 대비 평균 19.8%에서 23.8%로 늘어났다. '14개국 유럽'의 경우에 그 수치는 GDP 대비 20.3%에서 23.4%로 올랐다. 제2장의 〈표 2.2〉에서는 총지출수준의 다양한 변화경로를 보여 준다. 영어사용 국가군과 서유럽대륙 국가군에서는 지출수준이 완만하게 줄어들었지만, 이는 완만하게 증가한 스칸디나비아의 경우와 훨씬 더 크게 증가한 남유럽 국가군을 생각하면 거의 그 효과가 상쇄된다. 유럽 전체와 '14개국 유럽'의 수치를 보더라도 그 효과가 상쇄되어 사실상 추세적으로 변화가 없는 것으로 나타나고 있는데, 전자의 경우 평균지출은 GDP 대비 단지 0.5% 오르고, 후자의 경우 GDP 대비 단지 0.3%만 오르고 있다. 이러한 지출 추세는 제2장에서 밝혀진 추세를 보다 광범위한 OECD 국가군에 적용시켜 보아도 동일하다. 이 추세들을 유럽지역의 총지출유형이 일제히 감소하고 있는 증거로 삼을 수는 없다.

복지국가

## 제3절 필요에 따른 조정

총지출 추세는 복지요구의 변화하는 유형을 고려한 것이 아니기 때문에, 그것만 가지고는 복지공급수준을 제대로 판단할 수 없다. 제2장에서 우리는 복지의존자의 수준을 반영하여 조정한 두 가지 총지출 척도를 계산한 적이 있다. 하나는 총사회적 지출을 65세 이상 인구의 비중과 실업인구의 비중을 합친 수치로 나누어 구해 낸 복지국가 급부수준이었다(〈표 2.4〉 참고). 다른 하나는 〈표 2.4〉의 복지국가 급부율에 1인당 실질 GDP를 곱해서 구한 의존인구 1인당 실질사회적 지출 척도이었다(〈표 2.6〉 참고). 이 절에서는 이렇게 조정된 척도들이 총지출 자료에 근거해서 얻어 낸 결론에 어떠한 변화를 주는지 여부를 알아보고자 한다.

〈표 4.2〉의 첫 번째 두 열은 복지국가 급부율의 변화 정도를 보여 주고 있다. 〈표 4.1〉의 같은 열의 수치와 대비시켜 보면, 복지국가 급부율에 바탕을 두고 '유럽식 사회복지모형'을 특화할 수 있는 증거는 총사회적 지출에 바탕을 두고 특화해 보는 경우에 비해 강력하지 못한 것은 분명하다. 사실상 '필요에 따라 조정'을 한 경우가 국가들 사이에 다소간 덜

표 4.2 OECD 21개국 복지국가 급부율 및 의존인구 1인당 실질사회적 지출의 변이계수

| 국가군 | 복지국가 급부율 | | 의존인구 1인당 실질사회적 지출 | |
|---|---|---|---|---|
| | 1980 | 1998 | 1980 | 1998 |
| OECD | 29.0 | 25.5 | 38.7 | 35.7 |
| 유럽 이외 지역 | 39.7 | 15.3 | 27.1 | 16.1 |
| 유럽 | 26.5 | 25.9 | 42.4 | 39.9 |
| 북유럽 | 16.4 | 18.3 | 17.4 | 23.9 |
| 14개국 유럽 | 28.6 | 20.2 | 45.7 | 36.6 |
| 11개국 유럽 | 28.6 | 25.8 | 48.4 | 41.1 |
| 8개국 유럽 | 21.4 | 22.1 | 30.4 | 26.5 |
| 5개국 유럽 | 21.6 | 18.9 | 23.2 | 21.7 |
| *국가군* | | | | |
| 영어사용 국가군 | 35.9 | 11.1 | 32.9 | 13.7 |
| 스칸디나비아 국가군 | 16.9 | 16.5 | 21.3 | 25.8 |
| 서유럽대륙 국가군 | 18.0 | 18.7 | 16.2 | 17.6 |
| 남유럽 국가군 | 16.6 | 20.0 | 49.7 | 32.9 |

주 및 자료:
1) 상기 표의 수치는 변이계수(표준편차를 평균으로 나누어서 100을 곱한 값)임.
2) 복지국가 급부율에 관한 자료는 〈표 2.4〉에서 가져온 것이며, 의존인구 1인당 실질사회적 지출에 관한 자료는 〈표 2.6〉에서 가져온 것임.
3) 국가군의 분류는 본문에서 서술한 내용에 따름.



뚜렷한 양상을 보이고 있으며, 이런 현상은 특히 1998년에 가면 더욱 더 그러하다. 1980년 12항목 사회적 지출은 두 개의 특징적인 국가군을 보여주고 있지만 복지국가 급부율 척도의 경우는 하나도 특징적인 국가군을 보이지 않고 있다. 1998년 12항목 지출은 5개 정도의 특징적인 국가군을 보이고 있으나, 복지국가 급부율 척도의 경우는 단지 하나만 특징적인 국가군을 보이고 있다. 1980년에 유사성이 없다는 것은 믿기 어려운 면이 있다. 1980년 북유럽 국가군뿐만 아니라 세 개의 배타적인 유럽 국가군의 변이계수만이 단지 차별성을 보이는 기준을 약간 넘어서고 있는 것으로

특징지어지고 있다. 한편, 유럽 이외 지역과 영어사용 국가군의 극단적인 변화는 단지 예외적으로 높은 복지급부수준을 보이고 있는 뉴질랜드 때문에 나타난 것이다. 10년 이상의 신자유주의적 재구조화를 겪고 난 1998년 뉴질랜드는 더 이상 복지국가 급부수준이 높지 않았으며, 이러한 사실은 복지공급수준이 상대적으로 낮아진 영어사용 국가군의 등장을 설명해 준다. 그러나 유럽 국가군들과 북유럽 국가군의 경우 변이계수가 그대로 유지되거나 아니면 심지어 조금이나마 증가하고 있는 것을 볼 때, 그 변화모습은 결코 수렴하는 것이 아니었다.

그러나 복지공급수준의 수렴이 총지출의 수렴을 수반하는 국가군들은 있었다. 물론 하나는 영어사용 국가군이었는데, 우리가 이미 지적한 바 있는 이 국가군은 1998년에 분명한 특성을 보이는 국가군으로 나타났다. 다른 국가군은 유럽 이외 지역 국가군이 있으며, 또한 흥미롭게도 일제히 하향 추세를 보이고 있는 '14개국 유럽' 국가군이 있다. 제2장의 논의에서 우리는 OECD 평균복지급부율이 거의 20여 년 이상 실질적으로 아무런 변화가 없었다는 사실을 지적한 바 있다. 좀더 자세하게 계산해 보면 1980년과 1998년 사이에 유럽 이외 지역 국가군의 복지급부율은 0.95에서 0.87로, 영어사용 국가군은 0.94에서 0.92로, 그리고 '14개국 유럽' 국가군은 1.06에서 1.02로 줄어들고 있었다. 앞의 두 경우 평균복지공급수준의 감소는 이 국가군의 국가들에 광범위하게 나타나는 추세의 결과가 아니라, 단지 이 기간 뉴질랜드 복지국가에서 심하게 나타난 상황을 반영할 따름이다. 그러나 복지공급수준이 '14개국 유럽' 국가들 중 8개국 이상에서 감소하였다는 사실은 보다 일반적인 과정임을 보이는 증거로 해석될 수 있을 것이며, 나아가 어떤 면에서는 유럽 통합과정과 관련이 있다는 사실을 보이는 증거로 해석될 수도 있다(그러한 설명에 관해서는 Korpi, 2003 참고). 그러나 종합적으로 볼 때 그 주장은 설득력이 없다. 대부분의 EU

국가들의 감소는 상대적으로 적었으며, 평균복지급부율의 감소는 주로 네덜란드와 스웨덴 두 나라의 복지공급수준의 감소에 기인하는 것이었다. 뉴질랜드와 더불어 이 나라들이 1980년 OECD 국가 중에서 가장 높은 복지급부율을 보인 나라들이었기 때문에, 여기서 우리가 목격하고 있는 사실은 EU 회원국들에 나타나는 일제 하향현상이라기보다는 광범위한 OECD 국가들의 수렴과정 가운데 일부라고 보는 것이 보다 더 타당해 보인다.

이제 의존인구 1인당 실질사회적 지출의 변화를 보여 주는 열을 보면, OECD 내 국가들의 1인당 소득수준이 현저하게 차이가 나기 때문에 국가 간 변화의 차이가 더욱 커지고 있다는 사실이 금방 드러난다. 중요한 특징적 결론은 OECD, 유럽 그리고 '14개국 유럽'과 같은 더 큰 국가군들 모두가 이 시기의 초반과 후반 모두 매우 높은 변이계수를 보인다는 사실이다. 그러므로 이 척도로는 '유럽식 사회복지모형'의 등장을 논하기 어렵다. 그러나 수렴양상은 여기서도 혼합적인 모습을 보이고 있다. 많은 국가군들은 변화 정도가 종전 수준과 유사하거나 조금 늘고 있는 양상을 보이고 있으나, 영어사용권, 유럽 이외 지역, 남유럽, '14개국 유럽' 국가군들은 뚜렷하게 유사해지는 양상을 보이고 있다. 또한 '14개국 유럽'의 실질복지공급수준은 OECD 평균치보다 더 느리게 늘어났다는 증거도 있다. 전자는 3,391달러이었는 데 비해 후자는 4,183달러이었다. 그러나 이러한 하향수렴현상은 상당 부분 네덜란드와 스웨덴이 평균 이하로 늘어난 데 따른 것이며, 나아가 '14개국 유럽'이 OECD 국가들 중에서(지금은 모두 남유럽 국가군에 포함되어 있는) 가장 가난한 나라들이 모두 포함되어 있는 데서 기인하는 현상이다.

실질지출 측면에서 차별적인 특성을 보이고 있는 유일한 국가군은 소득수준이 크게 변화한 나라들을 포함하지 않은 집단이다. 1980년에 보다 가난한 나라들은 아일랜드와 남유럽 국가들이었으며, 그때는 서유럽 대륙 국가군과 북유럽 국가군만이 특별한 양상을 보이고 있었다. 1980~1998년 사이 1인당 소득수준이 가장 크게 늘어난 국가는 아일랜드와 노르웨이였는데, 아일랜드는 유럽의 평균소득수준에 가까이 가고 있었고 노르웨이는 평균에서 이탈하고 있었다. 이러한 사실은 아일랜드를 포함한 국가군을 보다 유사하게 만들었으며, 노르웨이를 포함한 국가군은 덜 유사하게 만들었다. 1998년 유럽 이외 지역, 영어사용권, 서유럽대륙 국가군들 모두 OECD 변화수준에 비추어 볼 때 절반 정도 수준의 특이성을 보이고 있었다. 유럽과 '14개국 유럽' 국가군은 여전히 매우 다양하게 나타나고 있는데, 그것은 그 국가군이 매우 가난한 남유럽 국가들뿐만 아니라 부유한 서유럽대륙 국가들과 스칸디나비아 국가들도 포함하고 있었기 때문에 나타나는 현상이다. 이러한 현상은 2004년 EU 확대조치로 많은 새로운 가난한 나라들이 회원국으로 들어오게 됨에 따라 의심의 여지없이 지속되고 있다. EU가 동쪽으로 확장되어 감에 따라 앞으로 수십 년간 의존인구 1인당 실질지출수준과 같은 특정 척도에서 특징적인 양상을 유지할 수 있는 집단이 있다면, 그것은 아마도 북유럽 국가군 정도가 될 것이다.



## 제4절 개별 프로그램

총지출 관점에서 보다 광범위한 유럽 국가군의 특이성을 나타내는 증거가 거의 없다면, 복지국가를 구성하는 개별 프로그램의 관점에서는 특별한 유럽 모형의 징후를 찾아보기가 더욱 어렵다. 〈표 4.3〉에서는 복지국가의 가장 큰 두 프로그램인 고령현금급여와 공공보건지출의 변이계수 자료를 보여 주고 있는데, 이 자료는 OECD의 SOCX로부터 가져온 것으로서 GDP 대비 백분율로 제시되고 있다(OECD, 2001a). 연구대상기간 이 두 프로그램은 OECD 총사회적 지출의 약 60% 정도를 차지하고 있다. 두 프로그램은 대다수 국가들에서 증가하였는데, 고령현금급여는 보건지출에 비해 평균적으로 훨씬 빠른 비율로 증가하였다. OECD 전체로 볼 때, 연금지출은 1980년 GDP 대비 5.5%에서 1998년에는 7.4%로 올랐는데, 이는 평균적으로 1/3 이상의 증가를 의미한다. 유럽의 경우는 그 수치가 5.9%에서 8.0%로, '14개국 유럽'의 경우는 6.0%에서 8.0%로, 그리고 북유럽의 경우는 6.5%에서 8.3%로 올랐다. 보건지출은 고령연금에 비하면 조금은 작은 프로그램이지만, 이 또한 안정적으로 늘어나고 있었다. OECD 평균치는 GDP 대비 5.4%에서 6.1%로 약 1/8 증가하였다. 유럽 전체의 경우 그 수치는 5.6%에서 6.1%로, '14개국 유럽'의 경우 5.6%에서 5.9%로, 그리고 북유럽의 경우는 6.0%에서 6.6%로 늘어났다.

〈표 4.3〉을 보면, 1980년에 고령현금급여 유형이 총사회적 지출의 경우보다는 다소 변화가 더 크게 나타나고 있었으며, 보다 광범위한 유럽 국가군의 고령지출은 OECD 전체의 경우보다 단지 약간 더 유사하게 나타나고 있었음을 알 수 있다. 나아가 광범위한 유럽 국가군에서 고령현금급여의 유형은 총지출유형의 경우와는 완전히 대조적으로, 시간이 감에 따라 유사성이 더욱 떨어지고 있었다. 1980년 유럽 전체의 변이계수는 26.3이었는데, 1998년 32.0으로 올라갔다. '14개국 유럽'의 경우 그 수치는 26.9에서 32.1로 올라갔다. 이미 지적한 바와 같이 연금은 매우 빠른 속도로 늘어나고 있었는데, 단지 뉴질랜드, 아일랜드, 네덜란드 등 세 나라의 경우만 줄어들고 있었다(〈표 6.2〉 참고). 연금지출을 65세 이상 인구 비율로 나누어서 연금급부 척도를 구할 수 있는데, 이를 우리는 AGE 비율이

표 4.3 OECD 21개국 고령현금급여 및 공공보건지출 GDP 대비 비중의 변이계수

| 국가군 | 고령현금급여 비중 | | 공공보건지출 비중 | |
|---|---|---|---|---|
| | 1980 | 1998 | 1980 | 1998 |
| OECD | 31.7 | 35.1 | 24.3 | 14.6 |
| 유럽 이외 지역 | 43.1 | 10.2 | 24.7 | 6.3 |
| 유럽 | 26.3 | 32.0 | 24.1 | 16.5 |
| 북유럽 | 22.1 | 24.1 | 20.7 | 12.6 |
| 14개국 유럽 | 26.9 | 32.1 | 25.2 | 15.8 |
| 11개국 유럽 | 27.3 | 35.7 | 24.1 | 17.3 |
| 8개국 유럽 | 23.1 | 40.9 | 16.2 | 16.4 |
| 5개국 유럽 | 13.7 | 28.2 | 4.3 | 14.7 |
| *국가군* | | | | |
| 영어사용 국가군 | 33.7 | 27.3 | 24.6 | 11.7 |
| 스칸디나비아 국가군 | 18.3 | 9.2 | 23.8 | 12.4 |
| 서유럽대륙 국가군 | 15.3 | 22.4 | 5.6 | 13.7 |
| 남유럽 국가군 | 32.3 | 30.0 | 22.0 | 6.7 |

주 및 자료:
1) 상기 표의 수치는 변이계수(표준편차를 평균으로 나누어서 100을 곱한 값)임.
2) 고령현금급여 및 공공보건지출의 GDP 대비 비중에 관한 자료는 OECD(2001a), *Social Expenditure Database, 1980~1998*, Paris 참고.
3) 국가군의 분류는 본문에서 서술한 내용에 따름.

라 부른다.[4] 그런데 앞의 세 나라와 미국만이 1980~1998년 사이에 AGE 비율의 감소를 보이고 있다(AGE 비율 자료는 <표 6.2>에서 제시하고 있다).

1980년 연금지출 성격면에서 특이성을 보이고 있는 국가집단은 '5개국 유럽'과 서유럽대륙 국가군뿐이었다. 그러나 스칸디나비아 국가군은 비교적 근소한 차이로 표준에 미치지 못하고 있다. 서유럽대륙의 연금제도는 비스마르크식 사회보험정책 노선에 따라 구상되는 경향을 보이고

4) AGE 비율의 정의와 수치에 대해서는 <표 6.2>를 참고할 것.

있는 데 비해, 스칸디나비아의 제도는 완만하게 근로를 연계한 차별적 구조(earnings-related relativities)와 모든 시민에 대한 동률원칙(flat-rate citizenship principle)을 결합한 구조를 추구하는 것이다. 이러한 연금제도 원리의 차이는 1980년 지출수준에 의미 있는 차이로 나타났는바, 서유럽대륙 국가군은 꾸준히 스칸디나비아 국가들을 앞지르는 양상을 보이고 있었다. 그러나 1998년 전자는 그 지출유형면에서 상당한 다양성을 보이고 있었으나, 후자의 경우는 오히려 그들 국가군의 특이성을 더 강화하는 것으로 나타났다. 말하자면, 스칸디나비아의 모든 국가들은 OECD 고령현금지출 평균치 주변에 더욱 뚜렷하게 모이는 양상을 보이고 있었다. 유럽 이외 지역 국가들도 또한 국가군의 동질성을 더욱 강화시키고 있었다. 그러나 OECD 분포에서 거의 바닥에 가까웠다.

공공보건지출 유형은 연금의 경우에 비해 보다 더 동질성을 보이고 있는데, 1998년 OECD 국가의 변이계수를 보면 전자의 경우 14.6으로서 연금의 경우 35.1과 매우 대조적임을 알 수 있다. 그러나 광범위한 유럽 국가군의 지출변화 정도는 OECD 전체 국가군의 그것과 일치하거나 오히려 초과하기도 한다. 이러한 사실은 보건공급유형에 유럽 자체의 특이성이 있는지 여부에 논란을 불러일으킬 만하다. 고령지출 전개의 경우와는 대조적으로 유럽 보건지출의 경우, 새로운 남유럽 국가들이 지출수준을 크게 따라잡음으로써, 유럽 자체의 특성이 시간이 경과함에 따라 현저하게 유사해지는 경향을 보이고 있음에도 불구하고 위와 같은 논란의 여지는 여전히 있다. 이 기간 그들의 지출을 줄인 나라들은 덴마크, 아일랜드, 뉴질랜드, 스웨덴뿐이었다. 아일랜드를 제외하면, 이 또한 보다 광범위한 수렴형태의 한 부분에 해당하는바, 1980년 큰 지출국이었던 이 나라들은 지출을 줄이고 있지만 여전히 OECD 평균수준을 넘어서고 있었다. 1980년 공공보건지출의 관점에서 실질적으로 특이성을 보이고 있는 유일한 국가집단은 서유럽대륙 국가군이었는데, 이 국가군의 지출수준은 OECD 평균에 매우 접근한 수준이었다. 1998년에는 이 국가군은 OECD 내에서 공공보건지출 선도국이었던 프랑스, 독일과 더불어 지출수준이 상당히 분산되는 양상을 보였다. 특별한 양상을 보이는 국가집단은 1998년 현재 유럽 이외 지역 국가군과 남유럽 국가군들에서 발견된다. 전자는 거의 OECD 평균지출수준 가까이 모여 그들 나름대로의 특이성을 드러내 보이고 있었다. 후자는 이 기간 지출수준을 따라잡는 변화경로를 보였음에도 불구하고, 여전히 OECD 공공보건지출 분포상 바닥 가까이 모이는 동일한 특성을 나타내고 있었다.



## 제5절 지출 비중

지금까지 우리는 총사회적 지출, 필요에 따라 조정된 지출, 그리고 개별 프로그램에 대한 지출의 유형을 살펴보았는바, 여기서는 '유럽식 사회복지모형'이나 복지공급수준의 하향수렴현상 여부를 평가하기 위한 마지막 단계로 지출유형의 국가 간 변화 정도를 검토해 보고자 한다. 제3장에서 우리는 사회보장, 빈곤완화 및 건강보호, 그리고 정부서비스부문에 할당된 지출들을 구분한 적이 있다. 나아가 서로 다른 나라에서 이들 부문에 서로 다르게 우선순위를 부여하는 것은 주류학자들의 비교분석 문헌에서 나오는 복지유형의 범주화와 상당히 밀접한 관련이 있다는 사실도 보았다. 제3장의 〈표 3.3〉에서는 사회보장, 빈곤완화 및 보건, 정부서비스지출의 총사회적 지출 대비 비율을 구해서 각 국가의 지출우선순위를 나타냈었다. 〈표 4.3〉의 변이계수는 국가군과 복지국가 공급유형 사이

표 4.4 OECD 21개국 사회적 지출 비중의 변이계수

| 국가군 | 사회보장 비중 | | 빈곤완화·건강보호 비중 | | 정부서비스 비중 | |
|---|---|---|---|---|---|---|
| | 1980 | 1998 | 1980 | 1998 | 1980 | 1998 |
| OECD | 16.0 | 18.8 | 17.8 | 21.5 | 107.0 | 91.1 |
| 유럽 이외 지역 | 19.7 | 12.7 | 18.9 | 12.6 | 73.2 | 102.6 |
| 유럽 | 13.5 | 19.0 | 10.3 | 19.1 | 98.2 | 80.6 |
| 북유럽 | 12.3 | 15.2 | 6.3 | 8.1 | 70.2 | 65.7 |
| 14개국 유럽 | 13.9 | 19.1 | 10.8 | 20.4 | 100.5 | 80.7 |
| 11개국 유럽 | 13.8 | 20.0 | 11.5 | 21.9 | 123.5 | 89.5 |
| 8개국 유럽 | 13.3 | 22.0 | 10.9 | 22.5 | 100.3 | 87.1 |
| 5개국 유럽 | 6.5 | 15.7 | 5.7 | 18.9 | 50.8 | 62.9 |
| *국가군* | | | | | | |
| 영어사용 국가군 | 17.7 | 12.9 | 18.2 | 12.2 | 82.4 | 87.5 |
| 스칸디나비아 국가군 | 9.8 | 11.2 | 6.0 | 5.0 | 32.4 | 19.6 |
| 서유럽대륙 국가군 | 5.5 | 7.1 | 6.9 | 10.9 | 40.1 | 45.5 |
| 남유럽 국가군 | 3.1 | 8.4 | 3.9 | 15.3 | 77.2 | 38.2 |

주 및 자료:
1) 상기 표의 수치는 변이계수(표준편차를 평균으로 나누어서 100을 곱한 값)임.
2) 사회적 지출 비중에 관한 자료는 〈표 3.3〉에서 가져온 것이며, 각 비중을 구성하는 구성항목의 세부내용은 각 표의 주 및 자료에 있는 것과 같음.
3) 국가군의 분류는 본문에서 서술한 내용에 따름.

에 강한 관련성이 있다는 주장을 검증할 수 있게 해 줄 뿐만 아니라, 이 분석에서 포함된 다양한 국가집단의 동질성과 수렴 정도를 평가할 수 있게 해 준다.

〈표 4.4〉를 보면 1980년 사회적 지출 중 사회보장 비율의 변화 정도는 OECD 전체 국가군에 비해 광범위한 유럽 국가군의 경우가 아주 약간 낮게 나타나는 것을 알 수 있다. 1998년에는 유럽 국가군이 보다 광범위한 OECD 국가군의 경우와 거의 유사한 변화 정도를 나타내고 있다. 나아가 유럽 이외 지역과 영어사용 국가군을 제외하면 변화 정도가 시간이 감에

따라 커지고 있는 것을 볼 수 있다. 이렇게 볼 때, 유럽식 사회보장모형이라든가 유럽식 사회보장 수렴현상이 나타나는 것으로는 볼 수 없다. 1980년과 1998년에 서유럽대륙과 남유럽 국가군은 아주 특이한 국가군의 특성을 보이고 있는데, 이러한 사실은 사회보장지출에 주안점을 두는 것이 이 두 국가군의 특징이라는 사실을 보인 제3장의 내용을 다시금 확인시켜 주는 것이다. 1980년 '5개국 유럽' 국가군은 특이성을 나타내고 있었는데, 이러한 양상은 1998년에 가면 거의 사라짐을 볼 수 있다. 이러한 사실은 사회보장지출의 약 75%를 차지하는 연금지출(〈표 3.3〉 참고)이 지나치게 높게 나타난(〈표 6.2〉 참고) 이탈리아 지출우선순위의 극단적인 양상이 가져온 결과이다.

〈표 4.4〉를 보면 빈곤완화와 건강보호지출 비중의 변화 정도가 사회보장지출 비중의 변화 정도와 아주 유사하게 나타나고 있음을 보여 주고 있다. 1980년의 변화 정도를 보면, 스칸디나비아, 서유럽대륙, 남유럽 국가군의 경우 각각이 아주 분명한 양상을 보이고 있으며, 북유럽, '5개국 유럽' 국가군의 경우도 그 공통성이 분명하게 나타나고 있음을 알 수 있다. 빈곤완화와 건강보호지출 비중의 변이계수 또한 유럽 전체 국가군의 경우가 OECD 전체 국가군의 경우에 비해 상당히 낮게 나타나고 있다. 그러나 이 정도로는 OECD 변화의 절반을 기준으로 볼 때 특이하다고까지는 할 수 없다. 그러나 흥미롭게도 이렇게 유럽 전체 국가군의 특성이 특별한 정도로까지 나타나지 않은 유일한 이유는 이 광범위한 유럽 국가군에 아일랜드를 포함시켰기 때문이다. 아일랜드는 '잔여적' 내지 '자유주의적'인 제도적 틀이 상대적으로 젊은 연령구조와 결합되어 지출우선순위가 사회보장에 비해 빈곤완화와 건강부문에 지나치게 주어지고 있었다.

아일랜드와 같은 특별한 나라를 제외하면, 유럽이나 EU는 광범위한 OECD 국가군의 경우와는 다른 특성을 보인다. 이 분석의 어느 곳에서도 이들만큼 큰 국가군이 특이성 기준에 부합하는 경우는 없으며, 여기에서 나 우리는 '유럽식 사회복지모형'의 공통점을 확인할 수 있는데, 그 공통점은 다른 복지국가 목표들보다 빈곤완화와 보건에 낮은 우선순위를 두는 복지공급구조에 있다. 그러나 이 점이 1980년 유럽 국가군의 핵심적인 공통점이었다 하더라도, 그것은 그리 오래 지속되지 못하였다. 그 이유는 대다수 유럽 국가들이 그 이후 20년간 아주 현저하게 다양한 모습을 보였기 때문이다. 그 이유는 부분적으로는 우리가 조금 전에 앞에서 본 것처럼 이탈리아가 복지공급구조면에서 아일랜드와 반대의 극단적인 양상을 보였기 때문이다. 특별한 예외적 현상을 보이고 있는 이 두 나라를 제외하더라도, 1998년에는 보다 광범위한 유럽 국가들을 하나의 국가군으로 묶을 근거를 찾기 어렵다. 1998년에 유일하게 특별한 성격을 보이고 있는 나라들로는 스칸디나비아, 북유럽 그리고 서유럽대륙 국가들이다. 물론 이 국가들도 아일랜드와 이탈리아를 제외한 순수유럽 국가들이다. 〈표 3.3〉에서 6개 영어사용 국가들이 OECD 국가들 중에서 빈곤완화와 건강보호지출 비중이 가장 높았던 나라들이었다는 점을 고려하면, 여기서 우리의 분류기준에 따를 때 이들 나라가 동일한 특성을 보이지 않고 있는 것은 놀랄 만한 일이다.

마지막으로 사회적 지출 중에서 정부서비스 비중을 살펴보자. 이 비중을 보면, 제4장의 어떤 분석의 경우보다 1980년과 1998년 모두 변이계수가 아주 크게 나타나고 있다는 사실을 알 수 있다. 분명히 광범위한 유럽 국가군과 OECD 국가군의 공통점은 1980년에 아주 약하게 나타나고 있으며, 일부 약간의 수렴현상을 제외하면 그러한 현상은 20년 후에도 여전히 매우 약하게 나타나고 있음을 볼 수 있다. 그럼에도 불구하고 몇몇 나라들은 1980년과 1998년에 OECD 변화 정도의 절반의 기준을 충족하기도 한다. 1980년 스칸디나비아는 가장 높은 지출을 보이는 지역으로 그 특성이 현저하게 드러나고 있으며, 서유럽대륙 국가들이 그 다음의 자리를 차지하는 양상을 보이고 있다. 이러한 상황은 1998년의 경우도 상당 부분 사실로 이어지고 있는데, 단지 스칸디나비아의 차별성이 더욱 현저하게 나타나면서, 분포면에서 남유럽 국가군이 그 다음을 잇고 있다는 점에서 차이가 있을 따름이다. 이러한 분석은 정부서비스 공급이 스칸디나비아 국가군에 아주 특징적인 점이라는 제3장의 분석내용을 다시 확인시켜 주고 있다. 다음 장들에서 우리는 최근 많은 유럽 국가들이 경험하고 있는 심각한 출산율 저하문제에 직면해서 정부서비스가 중요한 역할을 수행하게 될 것이라는 점을 살펴볼 것이다. 이러한 맥락에서 보면, 스칸디나비아와 남유럽 국가군의 특이성이 더욱 분명해지고 지출우선순위에서 큰 차별성을 보이고 있는 것은 이러한 정책과 아주 밀접한 관련성이 있다는 점은 분명하다.

복지국가

## 제6절 결론

이 장에서 얻은 결론은 아주 자세하면서도 복잡하지만, 우리가 출발할 때 던진 질문에 대한 대답을 요약해서 제시할 수는 있다. 만약 유럽을 하나의 전체로서의 유럽으로 보거나 아니면 1996년 이후의 EU 회원국으로 확대해서 보면, 우리의 차별성 기준에서 볼 때, 우리가 제시한 어떤 자료에서도 분명하게 구분할 수 있는 '유럽식 사회복지모형'을 찾아 낼 수 없다. 논란의 여지는 있을 수 있지만 그러한 모형에 가장 가까운 형태를 취한 것은 1980년 모형이라 할 수 있는데, 거기서는 아일랜드를 제외하면 유럽은 빈곤완화와 보건목적에 낮은 우선순위를 두고 있었다는 점에서 차별성을 보이고 있다. 그러나 이러한 형태를 황금기 유럽의 비잔여적(non-residual) 복지국가 논의로 다시 이어가기 전에, 빈곤완화와 보건서비스에 지출 비중을 낮춘 것이 잘한 것인지 여부는 이들 부문에 대한 필요의 정도에 따라 달라진다는 사실을 유념할 필요가 있다. 1980년 그리고 심지어 오늘날까지도 남유럽 국가들이 이들 프로그램에 낮은 우선순위를 두고 있는 것은, 필요(need)가 없었기 때문이 아니라 존재하는 필요가 자주 무시되었기 때문이다(Ferrera, 1996). 이 장의 분석에 따르면, 분명한 동질성을 가진 가장 큰 집단은 북유럽이다. 분석대상시기 처음과 마지막 모두에서 이 나라들은 그들의 복지예산의 30~40%를 빈곤완화와 보건서비스부문에 충당하고 있었다. 마지막 시기에 이 나라들은 일관되게 사회적 지출과 총지출수준이 가장 높은 나라들이었다. 이 나라들은 사회보장과 정부서비스 공급과 같은 보다 광범위한 복지국가 목적을 희생시키지 않으면서도 사회적 지출과 정부의 공급이 기본적인 필요를 충분히 충당하는 나라들이었다.

Chapter 4

유럽 복지국가는 수렴하고 있는가? 어떤 경우에는 그러하고 다른 어떤 경우에는 그러하지 아니하다. 앞에서 말한 두 형태의 유럽의 경우 모두 지출규모면에서 수렴하고 있으며, '14개국 유럽'도 복지수준면에서 어느 정도 수렴하고 있다. 유럽 국가들의 보다 광범위한 추세는 보건지출 유형면에서 상당한 유사성을 보이고 있지만, 연금공급면에서는 발산경향을 보이고 있다. 마지막으로 보다 광범위하게 볼 때, 유럽 국가군은 사회보장, 빈곤완화와 보건지출 비중면에서 점점 더 상이해지고, 정부서비스 비중면에서는 점점 더 유사해지고 있다. 유럽 복지국가들은 일제히 하향하고 있는가? 이 장과 앞의 장들의 분석에 따르면 그렇지 않다. 총지출의 관점에서 보면, 사회적 지출은 상향 추세를 보이고 있으며 총지출은 정태적인 모습을 보이고 있다. 분명히 14개 유럽 국가들에서 복지급부 정도는 18년 동안 약 4% 정도로 완만하게 줄어들었다. 그러나 이러한 추세가 결코 EU 회원국들에게만 특수한 어떤 요인의 결과라는 징후는 없다. 이 시기에는 EU나 다른 유럽 국가들 중에서, 특히 복지급부조건이 좋았던 국가들도 급부조건이 줄어드는 대열에 동참하였다. 급부조건이 좋지 않았던 많은 나라들은 정도의 차이는 있었지만 일반적인 수준을 따라잡고 있었다. 이 시기에 지나치게 공공지출에 대한 적대적인 요인들의 출현을 반영하여 보다 큰 규모의 지출감소가 일어나고 있었음을 볼 수 있는바, 이에 대해서는 다음 장에서 논의할 것이다. 그러나 여기서 제시되는 증거를 보면 그 요인이 유럽 국가들에만 한정된 것이 아니라는 점을 알 수 있다.

최근 제시되고 있기도 하며 또한 한때 존재하였던 '유럽식 사회복지 모형'의 견해와는 달리 비교사회정책 관련문헌은 유럽의 복지국가 형태가 다양하다는 점을 강조하고 있다. 세부국가군의 분류에 의한 우리의 분석은 이러한 생각에 대해 전적으로 일관되지는 않지만 상당한 정도 지지를 보이고 있다. 국가군들은 대부분 지출 비중과 총지출면에서 상당한 정도로 서로 다른 유사한 특성을 보이고 있다. 특히, 1980년 빈곤완화와 보건서비스에서는 분명한 유형을 보이고 있다. 유사한 성격을 갖는 특정 집단은 개별 프로그램이나 필요에 따른 지출면에서는 그리 분명하게 나타나지는 않는다. 총지출수준과 필요에 따라 조정된 지출 척도면에서 유사한 성격을 갖는 국가군을 보면, 남유럽 국가군과 영어사용 국가군은 지출분포의 바닥을 향하고 있으며, 그에 비해 서유럽대륙 국가군과 스칸디나비아 국가군은 평균적인 지출수준에 가깝거나 넘어서는 수준을 보이고 있는 것을 확인하는 것은 그리 어렵지 않다. 1998년 스칸디나비아, 서유럽대륙 국가들에 더하여 북유럽 국가들이 전체로서 하나의 특별한 성격을 갖는 국가군으로 특징지어질 수 있는 것은 스위스가 이제 OECD 사회적 지출 선도국가군에 동참한 결과이다. 우리의 연구대상기간에 걸쳐 스위스의 지출우선순위는 서유럽대륙 국가군들의 그것과 상당히 유사하였으며, 1998년에 스위스는 이들 국가군의 전형적인 한 국가가 되었다 (Bonoli and Mach, 2000 참고).

마지막으로 중요한 두 가지 사항이 있는데, 하나는 측정전략과 관련된 것이고, 다른 하나는 유럽공동체 내 복지국가의 미래에 관한 것이다. 이 책 전체에 걸친 측정전략은 복지국가의 다양한 변화과정을 파악하기 위해 다양한 척도를 사용한 것이었다. 이러한 접근법을 택한 가치는 이 장에서 예시되고 있다. 한편으로 총지출면에서는 수렴 추세가 나타나면서도, 다른 한편 복지급부조건과 부양가족 1인당 지출면에서 발산 추세가 나타나고 있다. 예를 들어, 북유럽 국가군은 첫 번째 측면에서는 보다 유사성을 보이지만 두 번째 측면에서는 유사성이 덜 나타난다. 하나의 척도에서 유사성이 견고해지면서 다른 척도에서는 그러한 유사성이 없어질 수 있다. 북유럽 국가들은 빈곤완화 서비스면에서는 상대적으로 유사성을 보이지만 사회보장이나 정부서비스 우선순위면에서는 광범위하게 차별성을 보이고 있다. 복지국가 비교연구를 위해서는 이 문제가 갖는 다차원적 성격을 인식할 필요가 있으며, 나아가 현재 복지국가 변화의 다양한 성격을 파악할 수 있는 다양한 척도를 사용할 필요가 있다는 사실도 인식할 필요가 있다.

마지막으로 이 장을 시작할 때 갖고 있던 선입견의 상당 부분이 사라졌다는 사실을 유념할 필요가 있다. 2004년 유럽은 그 정치적 영역과 복지국가 영역을 새롭게 설정하기 시작하였다. 지금의 이행기가 지나면 EU는 25개 국가로 이루어진 하나의 유럽이 될 것이다.[5] 적어도 한동안 '유

5) 현재 EU는 27개국으로 구성되어 있다. EU 회원국의 변화과정에 대한 보다 자세한 내용은 보론「제 국가군의 분류」를 참고하기 바람.

럽식 사회복지모형'을 둘러싼 어떠한 관념도 유보해 두어야 할 것이다. 평균적인 총지출과 복지수준이 떨어진다면 그것은 어떠한 하향 추세 때문이 아니라 경제적으로 가난한 주변국가들이 회원국의 절반 정도를 차지하기 때문일 것이다. 앞으로 보다 광범위하게 유럽 복지국가의 수렴현상이 나타난다면, 우리가 보기로 그것은 최저복지수준을 규정짓는 제도적 규칙이나 구조조정의 주도권 등으로 인해 이 나라들이 대부분의 북유럽 국가들에 현재 나타나고 있는 양상과 더욱 유사해진 데서 기인하는 것이 될 것이다. 비록 불완전하기는 하지만 이러한 모습이 아일랜드와 신생 남유럽 국가들이 유럽공동체에 가입하였을 때 나타났던 모습이다. 이러한 모습은 많은 신생 동유럽 국가들에게 EU 회원국가들을 보다 매력적으로 보이게 하는 것이다.

## 보론: EU 기구

EU의 기구로는 유럽이사회(European Council), 유럽연합이사회(Council of the European Union), 유럽집행위원회(European Commission), 유럽의회(The European Parliament), 유럽사법재판소(Court of Justice of the European Communities) 등이 있다. 이 중 '유럽이사회'는 회원국들의 정상들로 구성된 정상회의이며, '유럽연합이사회'와 '유럽의회'에 입법권, '유럽집행위원회'에 집행권, 그리고 '유럽사법재판소'에 사법권이 부여되어 있다.

이 중에서 본문의 내용과 관련된 '유럽연합이사회'는 회원국들의 각료들로 구성된 회의체로서, 유럽집행위원회가 제안한 EU 내 입법, 예산, 협정체결 등에 대한 중요한 사안들을 결정하는 권한을 갖는다. 이 이사회의 의장직(presidency)은 유럽연합이사회의 기능을 책임지는 직책으로서, 매 6개월마다 EU 회원국들 사이에서 순번제로 교체된다. 그러나 2007년부터는 당기 의장이 정치적 사안에 대해 전임 의장, 다음 의장과 함께 직무를 수행하는 방식을 택하고 있다.

다음으로 '유럽집행위원회'는 EU의 행정부 역할을 담당하는 기구로서, EU의 분야별 정책들을 입안하여 유럽연합이사회의 승인을 얻고 정책들을 집행하는 기구이다. 이 위원회의 위원장은 그 동안 EU의 상징적 대표권한을 갖고 있었던바, 본서에 등장하는 들로르(Jacques Delors)는 EU 침체기에 위원장직을 맡아 유럽공동체를 위기로부터 구해 낸 인물로 높이 평가받는 인물이다. 그는 프랑스 출신 경제학자 겸 정치인으로서 1985~1995년 사이 유럽집행위원회 위원장을 두 번 연속 역임하였다. 그리고 재임시 유럽공동체 내 단일시장 도입의 초석을 마련하였으며, 나아가 EU의 경제적 · 화폐적 · 정치적 통합을 위한 새로운 방향성을 제시하였던 사람으로 높이 평가받고 있다. 뿐만 아니라 그는 Euro 창설자로서 추앙받는 인물이기도 하다. 이렇게 유럽집행위원회 위원장에게 주어져 있던 EU의 상징적 대표권한은 2009년부터 유럽이사회 대통령제도로 바뀌면서 그 위상에 변화가 예고되고 있다.

## 보론: 제 국가군의 분류

원저자의 설명을 이해하는 데 도움을 주기 위해 저자가 분류한 OECD 국가군과 제4장의 분석에서 제시한 다양한 국가군을 정리하였으며, 나아가 이들과 EU의 관계를 확인할 수 있도록 EU 회원국의 변천과정도 아울러 정리하였다.

### 1. OECD 내의 다양한 국가군

1) 영어사용 국가군(6)

호주, 캐나다, 아일랜드, 뉴질랜드, 영국, 미국

2) 스칸디나비아 국가군(4)

덴마크, 핀란드, 노르웨이, 스웨덴

3) 서유럽대륙 국가군(5)

오스트리아, 벨기에, 프랑스, 독일, 네덜란드

4) 남유럽 국가군(4)

그리스, 이탈리아, 포르투갈, 스페인

5) 기타 국가군(2)

스위스, 일본

### 2. 제4장에서 제시한 다양한 국가군

1) 비유럽 국가(5)

캐나다, 미국, 호주, 뉴질랜드, 일본

2) 유럽 국가(16)

오스트리아, 벨기에, 덴마크, 프랑스, 독일, 그리스, 아일랜드, 이탈리아, 네덜란드, 노르웨이, 포르투갈, 스페인, 스웨덴, 스위스, 뉴질랜드, 영국

3) 북유럽 국가(10)

오스트리아, 벨기에, 덴마크, 핀란드, 프랑스, 독일, 네덜란드, 노르웨이, 스웨덴, 스위스

4) 14개국 유럽: 2003년 현재 EU 회원국 중에서 룩셈부르크를 제외

한 국가.

벨기에, 프랑스, 독일, 이탈리아, 네덜란드, 덴마크, 아일랜드, 영국, 그리스, 포르투갈, 스페인, 오스트리아, 핀란드, 스웨덴

5) 11개국 유럽: 1995년 이전의 EU 회원국 중에서 룩셈부르크를 제외한 국가.

벨기에, 프랑스, 독일, 이탈리아, 네덜란드, 덴마크, 아일랜드, 영국, 그리스, 포르투갈, 스페인

6) 8개국 유럽: 1981년 이전 유럽공동체 회원국 중에서 룩셈부르크를 제외한 국가.

벨기에, 프랑스, 독일, 이탈리아, 네덜란드, 덴마크, 아일랜드, 영국

7) 5개국 유럽: 유럽경제공동체 창립회원국 중에서 룩셈부르크를 제외한 국가.

벨기에, 프랑스, 독일, 이탈리아, 네덜란드



## 3. EU 가입국가

1) 1993년 11월 1일: 마스트리히트(Maastricht)조약(Treaty on European Union)에 따라 유럽 12개국이 참가하여 출범.

EEC(유럽경제공동체): 벨기에, 프랑스, 서독, 이탈리아, 룩셈부르크, 네덜란드

1973: 덴마크, 아일랜드, 영국

1981: 그리스

1986: 포르투갈, 스페인

2) 1995: 오스트리아, 핀란드, 스웨덴

3) 2004: 폴란드, 헝가리, 체코, 슬로바키아, 슬로베니아, 리투아니

아, 라트비아, 에스토니아, 키프로스, 몰타 등 10개국 추가 가입.

4) 2007: 불가리아, 루마니아 추가 가입.

* 현재 유럽 국가 중에서 EU에 가입하지 않은 나라: 스위스, 노르웨이.

# Chapter 5

## 지출성과는 어떻게 설명할 것인가?

제1절 결과에서 원인으로

제2절 세계경제 요인

제3절 국내 요인

제4절 지출변화 설명을 위한 세 모형

제5절 경로분석과 그 의미

제6절 남겨진 과제

# 지출성과는 어떻게 설명할 것인가?

제1절 결과에서 원인으로

제2절 세계경제 요인

제3절 국내 요인

제4절 지출변화 설명을 위한 세 모형

제5절 경로분석과 그 의미

제6절 남겨진 과제

## 제1절 결과에서 원인으로

이 책 전반부에서 채택한 가설검증전략은 지난 20여 년간 OECD 국가의 총지출 변화 정도를 다양한 척도를 통해서 살펴봄으로써 세계화의 부정적 영향을 검토하는 데 뜻을 두었다. 연구결과는 거의 전적으로 예상과는 다른 방향으로 나타나고 있었다. 세계화가 복지국가에 주는 충격에 관해 현존하는 위기설과는 달리 '바닥으로의 질주'현상을 증빙할 만한 증거는 발견되지 않았다. 단지 지출우선순위에서 완만한 정도의 변화가 나타나고 있었지만, 유럽이나 EU 국가들에서 어떠한 특별한 추세적 징후도 거의 발견되지 않았다.

이 장에서 우리는 새로운 탐구전략을 채택하고자 한다. 결과를 찾아 나서기보다는 원인을 찾아보고자 한다. 우리가 찾고자 하는 것은 이 기간 동안 국가들 사이의 지출성과의 변화 정도를 해명하고 설명할 수 있는 모형을 개발하는 것이다. 분명히 OECD 국가들의 최근 사회적 지출변화의 원인을 밝혀 내는 것은 서구 선진복지국가의 미래 모습에 영향을 주는 요인들을 찾아 내고자 하는 보다 광범위한 목표와 밀접한 관련을 맺고 있다. 이는 세계경제의 전개과정이 복지국가에 주는 위협의 정도를 최종적으로 평가하고자 하는 목표와도 적잖은 관련을 갖고 있다. 세계화가 주는 효과가 어째서 위기문헌에서 예상하는 바와 같이 나타나지 않는지에 대해서는 두 가지 설명이 가능하다. 첫 번째, 세계화는 애초부터 위기문헌이 예상하는 바와 같은 효과를 갖고 있지 않는 것으로 볼 수 있다는 것이다. 두 번째로는 세계화가 주는 효과는 그것이 어떤 것이든 간에 복지국가 변화경로에 영향을 주는 또 다른 일련의 요소들에 의해 약화될 수 있다는 점이다. 이러한 서로 다른 견해들 중에서 어떤 것이 맞을지를 확인하기 위해서는, 이 시기 복지국가 변화를 설명할 수 있는 요인을 밝혀 내는 것이고, 또 하나는 그 과정에서 세계화가 어떠한 역할을 하는지를 찾아 내는 것이다.

총지출의 성과를 모형화하는 것은 새로울 것이 없다. 사회적 지출이 복지국가의 '이론적 본질'을 얼마나 잘 파악하는지에 대한 논리적 토론이 있었지만, 현실적으로는 각국 정부가 정기적으로 제공하는 자료와 국제경제기구가 발간하는 관련자료가 있을 때 비로소 총사회적 지출이 각국 '복지노력'의 중요한 국면을 설명해 줄 수 있다. 총사회적 지출에 관한 국가 간 자료는 1950년대 이래 국제노동기구(ILO)에서 구할 수 있다. 현재 OECD와 Eurostat(EU 통계국)는 개별 국가들의 개별적인 지출 프로그램의 세부자료까지 표준화된 형태로 다듬어진 자료를 제공해 준다.

국가 간 지출 자료는 1960년대와 1970년대 이래 통계적 분석의 중요한 과제가 되어 왔다. 당시 사회학분야 연구가들은 산업화와 경제적 근대화 과정에 내재된 공통적인 복지요구 출현의 결과 지출유형이 보다 유사해지고 있었다는 사실을 보이고자 하였다(Cutright, 1965; Wilensky, 1975; Flora and Heidenheimer, 1981; Pampel and Williamson, 1989 등 참고). 그때 이래로 많은 부류의 비교사회정책론자들이 사회적 지출의 정도와 실질적인 관련이 있는 일련의 새로운 요인들을 지적하고 나섰다. 1970년대 후반과 1980년대 초반에 정치학자들은 사회경제적 요인에 더하여 이념이나 집단의 정치적 성격이 문제가 된다는 사실을 보였는바, 그들에 의하면 좌파는 우파에 비해 광범위한 사회적 지출 프로그램이나 총량을 더 크게 증가시켜 갔다(Castles, 1978, 1982, 1998; Stephens, 1979; Hicks and Swank, 1984, 1992; Schmidt, 1996 참고). 1990년대에는 다른 학자들, 주로 정치학자들에 의해 제도적 차별성이 설명에 추가되었다. 말하자면, 정치체제의 제도적 구조가 정부의 복지목적의 지출성향에 영향을 끼친다는 것이다(Huber, Ragin, and Stephens, 1993; Tsebelis, 1995, 1999; Lijphart, 1999 참고). Swank(2001, 2002)의 최근 연구는 세계화와 제도적 변수가 상호작용하고 있다는 증거를 제시하였다. 신자유주의적 명제에 근거를 두고 구조화된 경제는 세계화 압력에 지출축소로 대응하였으며, 조합주의적 노선에 따라 조직된 경제는 유사한 압력에 기존의 사회적 보호망을 확대시키거나 아니면 최소한 유지하면서 대응해 나갔다.

지난 10년간 비교연구 문헌에서 다룬 주된 논제에는 세계경제 요인이 주는 영향에 관한 논의가 포함되어 있으며(제1장 및 제2장 참고), 또한 이념적 당파성에 바탕을 둔 '옛 정치'가 '복지국가의 새 정치'로 대체되었을 가능성에 관한 내용도 포함되어 있다(Pierson, 1994, 1996, 2001; Clayton and Pontusson, 1998; Korpi, 2003; Korpi and Palme, 2003 등 참고). 옹호자들은 사회적 지출이 어째서 세계화론자들이 예상하는 만큼 감소하지 않았는지를 '복지국가의 새 정치' 개념으로 설명해 준다.[1] 복지국가는 복지수혜자와 복지제공자들 사이에 강한 지지자들을 갖고 있어서, 정부가 복지국가를 해체하는 것을 지극히 어렵게 만들고 있다. 이러한 현상은 심지어 그들의 경제가 세계화 압력에 노출되어 있는 경우나 그들이 선호하는 이념이 지출삭감을 원하는 경우에조차도 나타난다. 나아가 '복지국가의 새 정치'를 주장하는 논자들은 어떤 면에서 초기 산업화론자들을 회상하면서, 오늘날 후기산업사회로의 변화가 다양한 정치분파의 정부들이 반드시 반응하지 않으면 안 되는 새로운 범주의 필요를 만들어 냈다는 사실을 주장한다. 실업, 탈산업화, 그리고 현대가족구조의 변화 등 모든 요인이 각각 그 자신의 지지자를 가지고 새로운 사회적 지출 프로그램을 불러오고

Chapter 5

[1] 제1장의 보론「복지국가의 '옛 정치'와 '새 정치'」내용을 참고할 것.

있다. 이러한 전개의 결과, “좌파 정당과 노동조합연맹이 복지국가 성과에 주는 영향이 줄어들었다고 믿을 만한 충분한 이유들이 생겼다” (Pierson, 1996: 151). 이 장에서 시도하고 있는 모형화의 목적은 세계화 이론이나 ‘새 정치’ 가설의 주장을 평가할 수 있는 증거를 제공하는 데 있다.

이 장에서 채택한 모형설정의 전략은 아주 명확하다. 종속변수는 앞의 분석에서 도출된 지출변화 척도들로 하였다. 우리가 택한 총사회적 지출변화 척도는 OECD SOCX와 〈표 2.1〉에 나오는 표준적인 총사회적 지출 척도가 아니라 국가들 사이에 상당한 일관성을 가진 〈표 3.1〉에 나오는 12항목 척도로 하였다. 다른 종속변수는 〈표 2.2〉에서와 같이 GDP 대비 일반정부 총지출 비율의 변화분, 그리고 〈표 3.2〉의 경우와 같은 초기 지출 대비 백분율이 아니라 GDP 대비 백분율로 측정한 복지지출 감소 정도를 택하였다.

분석의 첫 번째 단계는 단순한 이변량분석을 하는 것이다. 이 분석은 변수들 사이의 주요한 연결관계를 확실하게 보여 주는 수단으로 간주되고 있다. 첫째, 우리는 세계경제변수와 지출변화 사이의 이변량관계를 찾는다. 그러한 관련성이 존재한다는 사실을 확인한 후에 우리는 지출결정 요인이라고 가설적으로 설정되어 있는 일련의 국내 요인들을 찾고, 나아가 그러한 요인들이 성과와 밀접한 관련성을 갖고 있는지 여부를 확인한다. 마지막으로 우리는 이러한 변수들을 모두 최적다변량모형(best-fit multivariate models)으로 가지고 가서, 지출성과와 밀접하게 관련이 있는 것으로 나타난 변수들로부터 얻을 수 있는 설명된 변동(explained variation)의 정도를 극대화시키고자 한다(변수 포함을 위한 이러한 방법론의 기준에 관한 보다 자세한 논의는 Castles, 1998: 18~19를 참고할 것). 이 모형들은 최근 지출변화와 가장 관련이 깊은 요소들을 찾아 내게 해 준다. 주어진 가설에서 결정적인 변수들이 모형에서 드러나지 않거나 또는 예상한 바와 같이 나타나지 않을 때는 가설을 기각하게 된다. 곧 알게 되겠지만, 이 검증에 의하면 세계화 이론이나 '새 정치' 가설은 궁극적으로 맞지 않는 것으로 나타난다.



## 제2절 세계경제 요인

우리는 세계경제에 대한 취약성의 다양한 측면이라는 관점에서 국가간 변화 정도를 측정하는 자료를 제시하면서 분석을 시작하고자 한다. 우리가 지금까지의 분석에서 이러한 자료를 검토하지 않았던 것은 세계화 관련문헌이 복지국가 미래에 관한 다수의 위기이론과 더불어, 국가간 차별성이 크지 않은 것으로 예측하는 경향을 가지고 있기 때문이었다. 그러한 문헌에서는 모든 국가는 세계경제 변화로 인해 나타나는 공통적인 자극 때문에 개략적으로 유사하게 행동하게 될 것이라고 가정하고 있다. 일단 우리가 이러한 일반적인 위협 내지 반응이 있을 것이라는 가정으로부터 벗어나서 지출변화의 정도는 지출변화를 가져오는 자극의 정도에 따라 달라진다는 보다 합리적인 가정으로 바꾸면, 문제는 다양한 국가들에서 세계경제에의 노출의 다양한 유형과 총지출 변화 정도 사이에는 어떠한 상관성이 있을 것인지가 된다. 위기관련 문헌의 인과관계 논리에 의하면 경제의 세계화 정도에 비례해서 총지출의 삭감이 일어날 것이라는 주장이 쉽게 채택될 수 있다. 한편, 제2장 서론부분에서는 세계경제에의 노출로 인해 경제적인 취약상태에 빠진 시민을 보호하기 위해 정부가 강한 압력을 받게 될 것이라는 위와는 다른 주장을 제기한 적이

표 5.1 OECD 21개국 세계경제 노출 정도 측정을 위한 변수(1981~1998)

| 국가 | 수입과 수출의 GDP 대비 백분율 | | 해외직접투자의 GDP 대비 백분율 | |
|---|---|---|---|---|
| | 평균수준 | 변화분 | 평균수준 | 변화분 |
| 호주 | 35.4 | 5.1 | 3.0 | 0.0 |
| 캐나다 | 68.4 | 32.2 | 2.2 | 2.2 |
| 아일랜드 | 118.8 | 25.0 | 2.9 | 4.5 |
| 뉴질랜드 | 58.9 | −0.9 | 3.7 | 2.7 |
| 영국 | 52.8 | 0.8 | 5.1 | 1.3 |
| 미국 | 20.4 | 3.6 | 1.5 | 0.7 |
| *영어사용 국가군 평균* | 59.1 | 11.0 | 3.1 | 1.9 |
| 덴마크 | 67.4 | −0.9 | 2.2 | 2.7 |
| 핀란드 | 57.9 | 4.5 | 3.3 | 3.8 |
| 노르웨이 | 72.9 | −1.6 | 2.5 | 1.4 |
| 스웨덴 | 66.0 | 1.9 | 4.6 | 5.1 |
| *스칸디나비아 국가군 평균* | 66.1 | 1.0 | 3.2 | 3.3 |
| 오스트리아 | 76.2 | 4.9 | 1.2 | 1.2 |
| 벨기에 | 137.0 | 1.2 | 6.0 | 6.2 |
| 프랑스 | 44.0 | 0.3 | 2.5 | 2.3 |
| 독일 | 53.0 | −4.4 | 1.5 | 0.4 |
| 네덜란드 | 114.1 | −6.7 | 6.3 | 5.4 |
| *서유럽대륙 국가군 평균* | 84.9 | −0.9 | 3.5 | 3.1 |
| 그리스 | 44.4 | 0.8 | 1.5 | −0.2 |
| 이탈리아 | 43.2 | 1.7 | 0.9 | 0.3 |
| 포르투갈 | 66.4 | 0.4 | 2.4 | 1.6 |
| 스페인 | 40.4 | 5.1 | 2.1 | 0.9 |
| *남유럽 국가군 평균* | 48.6 | 2.0 | 1.7 | 0.7 |
| 스위스 | 70.3 | −1.2 | 4.6 | 2.5 |
| 일본 | 21.0 | −4.6 | 0.7 | 0.0 |
| *전체 평균* | 63.3 | 3.2 | 2.9 | 2.2 |
| *변이계수* | 47.2 | | 56.1 | |

주 및 자료:
1) 수입과 수출의 GDP 대비 백분율 자료: OECD(각 연도), *Historical Sattistics*, Paris.
2) 해외직접투자 유입과 유출의 GDP 대비 백분율 자료: OECD(각 연도), *Foreign Direct Investment in OECD Countries*, Paris 및 IMF(각 연도), *Balance of Payments Statistics*, Washington, DC.
3) 평균수준 변수는 1981~1998년 시기 평균치로 측정하였음.
4) 무역과 투자변수의 변화분은 1990~1998년 사이 평균 연간 수준에서 1981~1989년 사이 평균 연간 수준을 공제해서 계산한 것임.
5) 모든 계산된 수치는 반올림으로 인한 오차를 내포하고 있음.

있는데, 이러한 주장은 경제의 세계화가 지출팽창을 자극할 것이라는 사실을 시사한다.

〈표 5.1〉에는 세계화 관련문헌에서 밝혀지고 있는, 세계화로 인해 나타나는 두 가지 주요한 차원의 경제적 취약성 정도에 관한 자료를 보여주고 있다. 그 중 하나는 무역개방 정도이며, 또 한 가지는 국제적인 자본이동 정도이다. 무역개방도는 수입과 수출의 GDP 대비 백분율로 나타내고 있으며, 자본이동 정도는 해외직접투자 흐름의 GDP 대비 백분율로 나타내고 있다. 각각에 대해 우리는 서로 다른 두 가지 지표를 제시하고 있는데, 그 중 하나는 외적 요인에 대한 취약성의 정도를 나타내는 것이며, 또 한 가지는 그러한 요인에의 노출의 변화 정도를 나타낸다. 전자는 해당 시기 전체적으로 평균적인 노출 정도를 나타내며, 후자는 해당 시기 앞과 뒤의 평균적인 노출수준의 변화 정도를 나타낸다. 자본이동 변수의 경우에는 평균적인 척도의 사용이 필수적인데, 그것은 국가 간 자본투자이동의 기복이 해마다 심하기 때문이다.

먼저 〈표 5.1〉[2]의 변수의 전반적인 평균치를 보면, 세계경제에의 노출의 서로 다른 측면 사이에 중요한 차이가 있음을 알 수 있다. 1980년과



2) 원서 p. 98에는 〈표 5.2〉로 되어 있으나, 본문의 설명내용을 보면 〈표 5.1〉에 해당하는 것이어서 역서에서 바로잡은 것임.

1998년 사이에 GDP 대비 국제무역의 비중은 단지 아주 작게 늘어나고 있다. 같은 기간 해외직접투자는 두 배 이상 늘어났다. 만약 세계화 논의의 핵심이 정부지출을 결정하는 세계경제 환경에 주요한 변화가 있었다는 것이라면, 자본이동 정도의 변화가 세계무역에의 노출 정도의 변화보다 훨씬 더 큰 인과적 영향을 주는 것으로 보인다. 이러한 사실은 무역개방도의 변화를 보여 주는 〈표 5.1〉의 두 번째 열의 수치를 자세히 살펴보면 더욱 확실해진다. 이 기간 무역에의 노출 정도가 특히 크게 늘어난 캐나다와 아일랜드 두 나라를 제외하면, 사실상 이 수치는 국가 간에 큰 변화가 없는 것으로 나타나고 있다. 이 나라들을 제외하면 이 기간 초반부와 후반부의 경제개방도 간의 상관계수는 0.99이다. 세계무역으로 인한 취약성의 증가가 총지출 변화의 중요 요인은 아닌 것처럼 보인다. 그것은 세계화 관련문헌에서 흔히 볼 수 있는 생각(그러한 과장이 극단적으로 이루어지고 있는 사례로는 Milner and Keohane, 1996을 참고)과는 달리 서구 복지국가의 무역에의 노출 정도가 최근에 거의 변화하지 않았기 때문이다.

무역에의 노출의 변화 변수를 제쳐놓으면, 〈표 5.1〉에 나타나는 다른 세계경제 변수의 분포들 사이에는 긴밀한 유사성이 있다. 그 변화 정도만 제쳐놓으면, 벨기에와 네덜란드는 세계경제에의 취약성 수준이 매우 높게 나타나고 있다. 일본과 미국은 변함없이 분포의 또 다른 쪽 끝에 위치하고 있다. 벨기에와 네덜란드는 상대적으로 경제규모가 작은 국가들로서 세계무역에 크게 의존하고 있다. 그러나 일본과 미국은 거대한 국내시장을 갖고 있는 경제대국들이다. 개략적으로 보더라도, 경제규모가 클수록 세계경제에의 취약성 정도가 낮게 나타나고 있다. 단, 영국의 경우 자본흐름의 평균수준이 높게 나타나고 있는 것은 극히 예외적인 경우이다(무역부문에서 이러한 관련성에 관한 이론적 설명을 위해서는 Dahl and Tufte, 1973을 참고). 세계경제에의 노출 정도를 나타내는 서로 다른 변수들 사이에 나타나는 이와 같은 유사성은 변수들 사이의 이변량 상관관계(bivariate correlations)에서 분명하게 드러나고 있다. 〈표 5.1〉에 나타나고 있는 무역의 변화 정도와 다른 변수들 사이의 상관관계는 거의 무시할 수 있는 정도이지만, 나머지 변수들 사이의 상관관계는 상당한 수준으로 나타나고 있다. 두 평균수준 변수들 사이의 상관관계는 0.64이며, 해외직접투자의 평균수준과 투자흐름의 변화 정도 사이의 상관관계는 0.77이고, 무역수준과 투자흐름의 변화 정도 사이의 상관관계는 0.82나 된다. 이 시기 무역형태에 변화가 없으며, 이 기간 전반기에 무역과 해외직접투자의 정도 사이에 단지 0.30에 불과한 완만한 상관관계가 나타나고 있었던 점을 고려해 보면, 우리가 여기서 관찰하고 있는 사실은 투자흐름이 이미 수십 년 전에 정착된 무역에의 노출유형에 맞추어 가는 따라잡기 과정으로 보인다.

이제 가장 큰 의문은 무역에 크게 의존하는 국가와 자본흐름에 개방된 정도가 점점 커가는 국가들이 총지출수준에서도 마찬가지로 가장 큰 변화를 보이는가 하는 점이다. 세계경제에의 취약성 정도와 지출성과 사이의 이변량 상관관계(bivariate correlations)를 나타내고 있는 〈표 5.2〉가 우선적으로 답변을 주고 있다. 이 표는 최근 수십 년간 세계경제에의 노출 정도와 지출변화 사이에 부정적인 관련성이 명백하게 존재한다는 사실을 보여 주고 있다. 모든 이변량 상관관계는 음의 수치를 보이고 있으며, 무역개방도의 변화 정도를 제외하면, 통계적으로 의미 없는 상관관계는 평균해외직접투자수준과 12항목 척도의 변화 정도 사이의 관계뿐이다. 〈표 5.2〉에 나타나는 다른 모든 상관관계는 적절히 큰 유의성을 가지고 있으며, 가장 큰 유의성을 보이는 관계는 자본흐름의 변화와 12항목 감소와의 관계이다. 이러한 사실들은 세계경제 취약성이 사회적 보호수준의 상승 압력을 만들어 낸다는 주장보다는 세계화가 복지국가지출의 감소와 관련

표 5.2 OECD 21개국 지출변화분과 세계경제에의 노출 정도 측정치 사이의 다양한 상관성(1980~1998)

| | 12항목 척도 | 총정부지출 | 12항목 감소 |
|---|---|---|---|
| 수입과 수출의 GDP 대비 백분율 평균치 | −0.52* | −0.63** | −0.61** |
| 해외직접투자의 GDP 대비 백분율 평균치 | −0.33 | −0.57 | −0.55** |
| 수입과 수출의 GDP 대비 백분율 평균치 변화분 | −0.18 | −0.17 | −0.02 |
| 해외직접투자의 GDP 대비 백분율 평균치 변화분 | −0.56** | −0.61** | −0.69** |

주 및 자료:
1) 상관관계는 Pearson's *R*을 가리킴.
2) *유의수준 0.05, **유의수준 0.01.
3) 사회적 지출 12항목 척도 변화분 자료는 〈표 3.1〉에서 가져온 것임.
4) 일반정부 총지출 변화분 자료는 〈표 2.2〉에서 가져온 것임.
5) 여기서 측정한 12항목 감소 척도는 〈표 3.2〉에서와 같이 초기지출 대비 비율로 측정한 것이 아니라, GDP 대비 백분율로 측정된 지출감소분의 합계로 계산한 것임.
6) 세계경제에의 노출 정도 측정자료는 〈표 5.1〉에서 가져온 것임.

이 있다는 생각과 보다 잘 부합하는 것을 보여 준다.



## 제3절 국내 요인

그러나 〈표 5.2〉의 사실들은 그 자체로서는 세계화 가설을 검증하는데 충분하지 못하다. 보다 적절한 검증을 위해서는, 지출 추세들과 관련이 있는 것으로 생각되는 다양한 다른 요소들을 통제한 상태에서 세계무역과 자본이동으로의 노출이 지속적으로 지출팽창률을 낮출 것인지를 확인하여야 한다. 앞의 제1절에서 우리는 비교연구 문헌에서 국가 간 지출 변화의 잠재적 원인이라고 밝혀진 상당히 폭넓은 요인들을 지적하였으며, 나아가 그러한 요인들이 복지국가와 총공공지출의 결정요인에 관한 가설들에 나오는 보다 많은 요인들 중의 일부에 지나지 않는다는 사실을 지적하였다(이 가설들에 대해서는 Castles, 1998: 106~108을 참고). 공간문제까지를 고려하면 이 분석에서 사용될 수 있는 통제변수들(control variables)의 수가 제한된다. 이어서 우리는 앞의 비교연구에서 특이하게 나타났던 변수들과 최근 수십 년간 총지출 전개과정에 영향을 주었던 요인들에 대한 최근의 논의와 특히 관련이 있어 보이는 변수들에 초점을 맞추고자 한다. 앞에서 논의한 세계경제 요인들과는 대조적으로 여기서 다루는 모든 요인들은 그 성격상 국내적인 것들이다. 이러한 국내 요인들은 기존의 국가지출 프로그램을 국내 정치 · 경제의 관점과 국내 정치의 제도적 · 이념적 구조화로까지 이어가는 것들이다. 변수에 대한 정확한 정의와 자료 출처는 〈표 5.3〉의 '주와 자료'에서 제시하고 있다.

Chapter 5

### 1. 초기 지출수준

우리들은 사회적 지출과 공공지출의 프로그램 성숙도를 사용하여[3] 지출변화과정이 초기 지출수준과 이어지는 지출수준의 변화들 사이에 상당한 음의 관계를 보이면서 수렴하는 성격을 갖는지 여부를 평가하고자 한다. 이러한 의미에서, 수렴현상은 이어지는 시기에 단순히 변이계수가 줄어듦으로써 분포의 유사성이 증가하는 것 이상의 이미를 지닌다. 오히려 여기서 수렴현상은, 감소는 크게 이루어지나 증가는 작게 나타남으로써 결국 분포의 정도가 실질적으로 좁아지는 것을 나타낸다. 관련문헌의

3) '프로그램 성숙도'의 개념에 대해서는 제1장 p. 27의 내용을 참고할 것.

통상적인 해석에 따르면, 이러한 유형의 변화과정은 서로 다른 나라들에서 공통적인 지출 프로그램을 서로 다른 시기에 채택한 결과로 나타날 가능성이 가장 크다고 한다. 관련문헌의 주장에 따르면, 그러한 프로그램을 일찍 채택한 나라들은 초기 지출수준이 높게 나타난다. 그러나 나중에 채택한 국가들은 궁극적으로 초기 지출선도국들의 형태를 따라가게 된다는 것이다. 관련문헌의 초기 논의들은 산업화와 인구고령화에 의해 그러한 추세가 나타날 가능성에 초점을 맞추었다. 그에 더하여 민주화 또한 분명한 요인이 될 것인바, 남유럽 국가들은 뒤늦게 이 프로그램을 채택함으로써 동 시기 따라잡기 논의의 한 부분에 기여하고 있다. 그러나 수렴현상은 반드시 후발주자들에 의한 따라잡기의 결과인 것만이 아니라 선도국들의 초기의 과도한 지출수준을 되돌리려는 시도의 결과일 수도 있다. 새로운 프로그램을 추진해 나가고자 하는 결정은 그러한 프로그램을 지탱할 수 있는 경제성장률을 암묵적으로 전제한 것인데, 경제성장이 1970년대 초반 이래로 현저하게 위축된 사실을 고려해 보면, 최근 수십 년간 과도한 지출이 크게 억제되어 왔을 것이라 충분히 예상할 수 있다. 12항목 사회적 지출의 초기 수준에 관한 자료는 〈표 3.1〉에서, 일반정부 총지출의 초기 수준에 관한 자료는 〈표 2.2〉에서 볼 수 있다.

### 2. 1980년 1인당 GDP

이 변수는 보다 부유한 국가들이 지출팽창에서 가난한 국가들과 다른 유형을 보이는가를 평가하기 위해 사용된다. 그러한 효과가 나타날 가능성에 대해 오랜 기간 관련문헌에서 폭넓게 논의되어 왔으나(Gemmell, 1993 참고), 결정적으로 직접적인 관련성은 아직까지 밝혀진 것이 없다(1인당 GDP와 총지출수준 사이의 간접적인 관련성에 대한 설명은 Castles, 1993 참고). 1980년 이들 OECD 21개국의 1인당 GDP 평균수준은 1만 745달러였으며, 미국은 1만 5,295달러로서 분포의 가장 위에, 그리고 포르투갈은 4,982달러로서 분포의 가장 아래에 위치하였다.

### 3. GDP 성장

어떤 설명에서 성장이 지출변화에 음의 영향을 주지 않았다고 한 것은 꽤 놀랄 만한 일이다. 왜냐하면, 이 분석에서 모든 지출 척도들은 GDP 대비 백분율로 나타냈기 때문이다. 다른 조건이 동일하다면 GDP가 올라감에 따라 GDP 대비 지출비율은 줄어들어야만 한다. 일부 사회복지 급여는 임금증가율이나 1인당 소득성장률에 자동적으로 연계되어 있는 경우도 있으나, 그러한 급여수준을 경제성장에 맞추어 조정하기 위해서는 상당한 행정적 내지 정치적 조치들이 필요하게 되어 있다. 그러한 조치가 없는 상태에서 국민소득수준이 늘어나는 만큼 그러한 지출이 늘어나기는 어렵다. 동 시기 OECD 평균성장률은 연간 2.3%이었으며, 분포의 제일 위에 있는 아일랜드는 4.3%를, 제일 밑에 있는 스위스는 1.3%를 나타내고 있었다.



### 4. 실업상태의 변화

실업의 증가는 분명 1970년대 초반 이래 공공지출에 영향을 준 보다 중요한 새로운 수요측 요인의 하나가 되었다. 실업급여 프로그램이 존재하는 것을 고려하면 실업의 증가와 국가적 차원의 지출증가 사이에 일정한 관련성이 있을 것은 자명하다. 그러나 국가 간 분석에서 그러한 관계가 나타날 것인지 여부는 서로 다른 나라들의 복지급부수준의 차이에 달려 있는 것 같다. 각국의 경제변동 차이가 주는 효과의 차이를 완화하기 위해, 우리는 1980년대와 1990년대의 평균실업률의 차이로 변화를 측정한다. 1990년대 OECD 평균실업률은 1980년대보다 0.7% 포인트 높은 수준이었다. 그러나 국가 간 차이는 상당히 크게 나타나고 있었는데, 네덜란드와 아일랜드는 실업률이 3% 줄어들었고, 스웨덴은 4% 이상 늘어났다.

### 5. 탈산업화의 변화

이것은 농업과 제조업에 기초한 산업경제로부터 서비스업에 바탕을 둔 후기산업경제로 이행함에 따른 복지요구의 정도를 측정하는 척도를 제공하고자 하는 변수이다. 이 변수로 우리는 그러한 이행으로부터 나타나는 실업을 확인할 수 있을 뿐만 아니라, 고용된 부문 내 숙련노동자들의 낮은 이동성 때문에 나타나는 노동자들의 퇴출 정도와 서비스부문 저숙련노동자들에 대한 수요감소로 발생하는 퇴출 정도도 확인할 수 있다. Iversen and Cusack(2000)과 Iversen(2001)은 탈산업화가 세계화론자들이 주장하는 바와는 달리 세계경제의 변화보다 국내노동시장의 구조이행으로 인한 변화에 더 크게 영향을 주면서, 1960년대 이래 서구 복지국가의 전개양상을 결정짓는 주요한 요인이 되었다고 주장하였다. 탈산업화는 새로운 복지요구를 만들어 내며, 따라서 정부개입의 새로운 필요를 만들어 내기 때문에, '복지국가의 새 정치'로 이행해 가는 데 중요한 의미를 갖는 것으로 볼 수 있다(Pierson, 2001 참고). 1980~1998년 사이 OECD 21개국의 평균 탈산업화 수준은 경제활동인구 대비 77.2%에서 83.9%로 올라갔다. 대부분의 국가 간 차이는 각국 고용형태의 수렴 정도에 따라 다르게 나타난다. 네덜란드나 미국과 같은 나라들은 이미 상당 수준 탈산업화되어 있어 더 이상 큰 변화를 보이지 않고 있으나, 스위스와 핀란드 같은 나라들은 1980년대에도 여전히 상당 수준 제조업에 의존하고 있기 때문에 1990년대에 뚜렷한 변화를 보이고 있다.

## 6. 헌법구조

정치적 의사결정과정의 구조가 지출변화에 영향을 줄 수 있다는 주장은 연방주의와 낮은 지출수준 사이의 관련성에 대한 초기의 비교연구로까지 거슬러 올라간다(Wilensky, 1975; Cameron, 1978; Castles and McKinlay, 1979 등 참고). 최근의 분석에서 정형화되고 있듯이, 그 아이디어는 의사결정과정에서 거부지점이 다양할수록 보수적 엘리트들이 변화를 위한 제안을 거부하기가 더 쉬워진다는 점이다(Tsebelis, 1995, 1999 참고). 여기서 사용한 변수는 Huber, Ragin, and Stephens(1993)에 나온 것을 Schmidt(1996)가 수정한 것으로, 이 변수는 최근 헌법구조 내의 거부지점수를 나타낸다. 연방제도는 다양한 거부지점을 제도화하는 경향을 보이며, 따라서 미국 · 스위스 · 독일 · 캐나다 · 호주와 같은 연방국가들은 높은 수치를 보이고 있다.

Chapter 5

## 7. 조합주의

조합주의적 경제조직이 어떤 식으로든 복지국가 발전과 연계되어 있다는 생각은 초기 국가 간 연구를 수행한 Cameron(1978)과 Katzenstein(1985)으로까지 거슬러 올라간다. 그들의 연구에서는 그러한 조직들이 무역에의 노출과 외부경제 변동에 대처해 나가기 위한 다양한 정책을 중재하는 요인으로 보고 있었다. 그러한 연구들이 시사하는 것은 Garrett(1998)과 Swank(2002)의 최근 연구에서도 마찬가지이지만, 조합주의 경제가 경제의 세계화로 인해 나타나는 축소압력에 보다 잘 대응할 수 있으며, 나아가 사실상 그러한 압력에 대응하는 새로운 지출 프로그램들을 만들어 낼 수 있다는 것이다. 여기서 사용하는 조합주의 변수는 관련문헌에서 나타나는 23가지 서로 다른 척도들을 합성한 것이다(Siaroff, 1999 참고). 그러한 변수들을 살펴보면, 오스트리아 · 노르웨이 · 스웨덴 · 네덜란드는 조합주의적 성향이 강한 나라들이며, 그리스 · 미국 · 캐나다 · 스페인 같은 나라는 비조합주의적 성향이 강한 나라들로 나타난다.

### 8. 좌파의 영향

마지막으로 계급과 정당정치가 중요한 의미를 갖는다는 명제를 약간 다른 관점에서 평가하기 위해 마련된 변수를 살펴보자. 1980년대 비교공공정책 문헌의 정설이 되어 있는 이 명제는 지난 수십 년간 지출변화가 당파의 차별성에 의해 현저하게 영향을 받지 않았다는 사실이 발견됨으로써 최근 도전을 받아 왔다. 이러한 사실은 우리가 지금 '복지국가의 새 정치'의 출현을 목격하고 있다는 주장과 관련된 것이지만, 반드시 그러한 주장을 위한 연구에만 관련되는 것은 아니다(예를 들어, Ross, 2000; Castles, 2001b; Huber and Stephens, 2001 등을 참고). 다른 연구들은 특정 당파의 재임기간이 갖는 영향력이 이전의 경우와 마찬가지로 강하게 남아 있다고 주장하였는바, 보다 최근 연구인 Korpi and Palme(2003)에서는 좌파 정부의 경우 다른 이념적 성향의 정부에 비해 1975~1995년 시기에 질병, 산업재해, 실업급여 등의 급부를 덜 삭감시켰다는 의미 있는 통계적 경향성을 지적하였다. 이 분석에 사용된 좌파영향 변수는 중단기적인 당파효과를 찾아보기 위한 것으로서 단순히 1980~1998년 사이 민주주의적 사회주의 총리가 재임하였던 나라들의 총리 재임기간으로 측정하였다. 이 변수값이 크게 나타난 나라로는 오스트리아 · 스웨덴 · 호주 · 스페인 · 그리스 등이며, 이 기간에 한 번도 사회주의적 정부를 경험하지 못한 나라로는 벨기에 · 캐나다 · 아일랜드 · 미국 등이 있다.

### 9. 좌파의 유산

연구자들이 최근의 지출변화에 관한 연구에서 당파효과를 찾는 데 실패한 이유는 아마도 그러한 효과가 단순히 수십 년간에 나타난 효과라기보다는 보다 긴 기간에 걸쳐 누적된 효과이기 때문일 수 있다. 이러한 가능성을 고려하기 위해서 우리는 1950~1998년 사이의 전후 전 시기에 걸쳐 좌파 정부 재임기간을 측정하는 변수로 '좌파의 유산'이라는 변수를 활용하고자 한다. 이 변수가 시사하는 것은 어떤 나라들에서는 당파효과가 일정 기간 집권한 정당이 미치는 효과를 넘어설 수 있다는 것이다. 어떤 나라들에서는 오랜 기간 집권한 정당이 공공정책 문화를 지배함으로써 앞으로 올 많은 세대를 위한 프로그램의 우선순위를 설정할 수도 있다. 선행연구에서 나는 스웨덴, 노르웨이 등에서 그러한 효과가 나타남을 보였으며, 그 정도는 크지 않지만 덴마크의 경우에도 그러함을 보였다. 그러한 나라들에서는 1930년대 이래의 장기적인 사회민주주의적인 이념적 헤게모니가 전후 수십 년간의 복지국가 변화경로에 큰 영향을 미쳤다. 여기서 우리는 최근의 지출변화도 부분적으로 그러한 장기 당파효과의 결과인지 아닌지를 검증할 것인바, 오스트리아와 스칸디나비아 등에서는 그러한 효과가 아주 크게 나타날 것으로 예상한다.



〈표 5.3〉에서 다시 한 번 이변량 척도를 사용하여 각종 관련된 변수와 지출변화 사이에 명백한 관련성이 있는지 여부를 검증해 보고자 한다. 이 표에 나타난 상황을 보면 다양한 지출 척도들에서 아주 일관성이 있어 보인다. 각각의 지출 척도에서 지출변화는 초기 지출수준과는 음의 관계가 의미 있게 나타나고 있으며, 실업과 탈산업화의 변화와는 양의 관계가 의미 있게 나타나고 있다. 그러나 후자의 변수들은 다 같이 산업경제로부터 후기산업경제로의 이행이 고용에 준 효과를 파악하는 것이기 때문에, 위와 같은 사실의 발견이 무언가 서로 다른 사실을 말해 주는 것 같지는 않다. 간단히 말하면, 지출변화는 고용구조의 변화와 관련이 있

표 5.3 OECD 21개국 지출변화분과 프로그램, 사회경제적, 정치적 변수 사이의 다양한 상관성(1980~1998)

| | 12항목 척도 | 총정부지출 | 12항목 감소 |
|---|---|---|---|
| 초기 지출수준 | −0.55 ** | −0.73 ** | −0.73 ** |
| 1980년 1인당 GDP | 0.05 | 0.30 | 0.07 |
| GDP 성장 | −0.38 | −0.25 | −0.11 |
| 실업변화분 | 0.54* | 0.47 * | 0.45 * |
| 탈산업화 변화분 | 0.71 ** | 0.53 * | 0.46 * |
| 헌법구조 | 0.38 | 0.04 | 0.46 * |
| 조합주의 | −0.09 | −0.29 | −0.24 |
| 좌파 영향 | 0.32 | 0.41 | 0.13 |
| 좌파 유산 | 0.07 | 0.03 | −0.19 |

주 및 자료:
1) 상관관계는 Pearson's *R*을 가리킴.
2) * 유의수준 0.05, ** 유의수준 0.01.
3) 사회적 지출 12항목 척도 변화분 자료는 〈표 3.1〉에서 가져온 것임.
4) 일반정부 총지출 변화분 자료는 〈표 2.2〉에서 가져온 것임.
5) 여기서 측정한 12항목 감소 척도는 〈표 3.2〉에서와 같이 초기 지출 대비 비율로 측정한 것이 아니라, GDP 대비 백분율로 측정된 지출감소분의 합계로 계산한 것임.
6) 초기 지출수준은 1980년 지출 척도수준을 가리키는 것으로서, 자료는 〈표 3.1〉과 〈표 2.2〉를 참조.
7) 1980년 1인당 GDP 자료는 1985년 미국달러 기준 1인당 실질GDP 자료임(Summers and Heston, 1991: 327~368).
8) GDP 성장은 연간 GDP성장률의 평균치임(OECD(각 연도), *Economic Outlook*, Paris).
9) 실업변화분은 1990~1998년 평균실업률에서 1981~1989년 평균실업률을 공제해서 구한 것임(OECD(각 연도), *Economic Outlook*, Paris.
10) 탈산업화는 '100−제조업과 농업부문 고용자 합계의 경제활동인구 대비 백분율'로 정의한 것임(Iversen, 2001). 자료는 OECD(2001b), *Labour Force Statistics, 1980~2000*, Paris에서 가져온 것임.
11) 탈산업화 변화분은 1990~1998년 사이 연간 평균 탈산업화 수준에서 1981~1989년 사이의 연간 평균수준을 빼서 구한 수치임.
12) 여기서 사용한 조합주의 척도는 관련문헌에 나오는 다양한 규모를 평균한 것으로서, 자료는 Siaroff(1999)에서 가져온 것임.
13) 헌법구조는 정책변화에 대한 헌법적 장애 정도를 파악하기 위해 고안된 추가적인 지표로서, 자료는 Huber, Ragin, and Stephens(1993)를 Schmidt(1996)가 수정한 것임.
14) 좌파 영향은 1980~1998년 시기 사회민주주의적 총리가 재임한 연도수로 측정한 것임.
15) 좌파 유산은 1950~1998년 시기 사회민주주의적 총리가 재임한 연도수로 측정한 것임.

다는 것이다. 나머지 중에서 의미 있는 관련성을 갖는 유일한 것은 헌법구조와 12항목 감소 변수 사이에 양의 관계가 있다는 사실이다. 이러한 사실은 다양한 거부지점을 가진 정치체제하에서 지출을 감소시키는 것이 힘들다는 사실을 보여 준다.

〈표 5.2〉의 내용과 〈표 5.3〉에서 나타나고 있는 사실들을 함께 보는 경우, 다음과 같은 세 가지 점에 유의할 필요가 있다. 첫째는 명백한 관련성을 보여 주는 것이 하나만 있는 것이 아니라 세 가지나 되는데, 그것은 지출이 세계경제에의 취약성, 초기 지출수준, 그리고 고용구조의 변화 등과 의미 있는 관련성을 가지고 있다는 사실이다. 둘째는 세계화가 지출수준을 결정짓는 유일하게 중요한 요인인가 하는 점에서 보면, 결코 세계경제가 지출성과와 가장 강한 관련성을 지니는 변수라고는 볼 수 없다는 점이다. 12항목 지출의 경우는 탈산업화의 변화가 가장 강한 관련성을 갖고 있다. 총지출과 감소의 경우에는, 초기 지출수준이 주요한 변수인데, 세 가지 종속변수 모두에서 강한 수렴경향을 보이고 있다. 셋째는 〈표 5.3〉의 많은 변수들에서 볼 때 의미 있는 이변량관계를 보이지 않고 있다고 해서, 이들 변수가 이어지는 다변량모형에서도 의미 없는 것으로 나타날 것이라고 가정하는 것은 성급한 일이 될 것이다. 〈표 5.3〉에서 확인된 강력한 변수들은 그것만으로도 국가 간 지출성과 차이의 약 50% 정도는 충분히 설명하고 있다. 이러한 크기의 효과를 통제하게 되면, 남은 지출변동과 관련된 다른 요인들을 확인할 수 있게 해 주면서 전체 구도를 완전히 바꾸어 놓을 수 있다.

## 제4절 지출변화 설명을 위한 세 모형

이제 우리는 앞의 이변량분석에서 나타난 각 척도들에 대해 다변량 모형들을 제시함으로써 최근의 총지출 추세의 주요 결정요인을 보다 완전하게 설명하고자 한다. 이것은 통계적으로 의미 있는 변수만을 포함시켜 지출에 대한 '설명된' 변동의 정도를 극대화하는 최적모형(best-fit models)이다. 사실상 이는 〈표 5.2〉와 〈표 5.3〉에서 밝혀진 세계경제와 국내 변수들을 사용하여 모형화할 수 있는 광범위한 설명을 검토하여 통계적 증거가 가장 강력하게 나타나는 것만을 제시하려 한다는 것을 의미한다. 우리는 아주 적은 사례들로 모형화하는 경우 우리가 설명할 수 있는 것은 단지 현실에 대한 개략적 윤곽에 지나지 않는다는 사실을 인정한다. 우리는 단지 21개의 사례만을 가지고 있기 때문에 미세한 것까지 알아 낼 수는 없다. 그러나 우리는 여기서 분석된 국가 사례들은 관련문헌 대다수 연구들의 경우에 비해 보다 집약적이라는 제1장에서 밝혀진 사실을 거듭 밝힌다. 나아가 우리는 여기서 사용하는 모형에서 한 변수를 제외한 모든 변수들이 통계적으로 0.01 기준의 유의성을 만족시키면서 지출성과의 국가 간 차이를 적어도 75%까지는 설명함으로써 상당한 설명력을 가지고 있다는 사실에 주의를 기울인다. 우리는 이 모형들이 다 같이 기본적으로 서로 다른 지출척도들을 설명하는 변수가 대부분 동일하다는 사실을 보이고 있다는 점에서 더욱 신뢰할 만하다고 생각한다. 서로 다른 지출 척도들이 상당 부분 중첩되고 있기 때문에 광범위하게 다양한 모형은 분석의 정확성을 떨어뜨리게 될 것이다. 서로 다른 지출 척도들이 상당히 중첩되어 있는바, 말하자면 사회적 지출변화는 총지출 변화의 부분집합적 성격을 지니며, 지출감소 변수는 사회적 지출 변화의 한 측면의 성격을 지니고 있는바, 이러한 사실 때문에 광범위하게 다양한 모형을 사용하게 되면 분석의 정확성을 기하기 어렵게 된다.

〈표 5.4〉를 통해 세 모형 모두에 대해 살펴보고자 한다. 12항목 지출과 총지출 척도에서 일관성이 가장 강력하게 나타나고 있다. 단지 탈산업화의 변화는 사회적 지출 변화에서는 꽤 강한 결정요소로 나타나고 있지만, 총지출 변화에서는 그러하지 아니하다는 점이 실질적으로 다를 뿐이다. 탈산업화 가설은 고용구조 변화가 복지요구에 영향을 준다는 것을 전제로 하고 있기 때문에, 이 변수가 공공지출 전반의 변화보다는 사회적 지출의 변화에 보다 직접적으로 영향을 준다 해도 그리 놀랄 일이 아니다. 그 밖의 점에서는 이 모형들은 본질적으로 성격이 동일하게 나타난다. 두 모형 모두에서 GDP 성장과 좌파유산효과가 꽤 강하게 나타나면서 수렴효과가 상당히 크게 나타난다. 총지출의 팽창은 기존 지출수준이 높은 국가에서는 보다 낮게 나타나며, 경제성장률이 높은 국가에서도 마찬가지로 보다 낮게 나타나고 있다. 이 효과들이 강력하게 결합되어 12항목 척도에서 국가 간 차이의 60% 이상을 설명하며, 나아가 총지출에서는 국가 간 차이의 3/4 이상을 설명한다.

최근 수십 년간의 수렴경향이 아주 크게 나타난다는 주장은 상당한 논쟁거리가 되고 있다. 1970년대와 1980년대 사회학자들은 복지국가의 수렴현상이 기정사실화되었다고 널리 주장하였다. 전후 10년간 서구 사회 산업화로부터 야기된 사회적 · 경제적 근대화 과정이 '성장의 한계'(growth to limits)상황을 불러왔다(Flora, 1986과 Therborn, 1995를 비교해 볼 것). 〈표 2.1〉의 변이계수는 복지국가의 '황금기'에 OECD 사회적 지출유형이 이미 보다 유사해지고 있었음을 말해 준다. 그러나 〈표 5.3〉과 〈표 5.4〉에 나타나고 있는 것과 같은 따라잡기효과는 그 시기에는 관찰되지 않는다.

Chapter 5

표 5.4 OECD 21개국 12항목 사회적 지출 척도, 일반정부 총지출, 12항목 감소 정도 변화 측정을 위한 최적모형(1980~1998)

| | 12항목 척도 | | | 총정부지출 | | | 12항목 감소 | | |
|---|---|---|---|---|---|---|---|---|---|
| | 계수 | 표준오차 | $t$값 | 계수 | 표준오차 | $t$값 | 계수 | 표준오차 | $t$값 |
| 상수 | 17.797 | 2.990 | 5.96** | 46.914 | 4.798 | 9.87** | 1.597 | 0.707 | 2.26* |
| 초기 지출수준 | −0.660 | 0.084 | −7.82** | −0.814 | 0.077 | −10.56** | −0.155 | 0.045 | −3.41** |
| GDP 성장 | −2.697 | 0.608 | −4.44** | −5.916 | 1.119 | 5.28** | | | |
| 탈산업화 변화분 | 0.401 | 0.120 | 3.34** | | | | | | |
| 좌파 유산 | 0.150 | 0.036 | 4.22** | 0.230 | 0.066 | 3.48** | | | |
| 해외직접투자 변화분 | | | | | | | −0.339 | 0.134 | −2.53* |
| 실업변화분 | | | | | | | 0.315 | 0.080 | 3.95** |
| Adj. $R^2$ | 0.87 | | | 0.87 | | | 0.76 | | |

주 및 자료:
1) * 유의수준 0.05, ** 유의수준 0.01.
2) 모든 변수의 정의와 자료 출처는 〈표 5.1〉, 〈표 5.3〉과 같음.
3) 총정부지출의 경우 $n$=19임.

단지 1960~1980년 사이의 사회적 지출변화와 초기 지출수준 사이에는 단지 −0.07의 상관관계가 나타날 따름이다(〈표 2.1〉의 제1열과 제4열의 자료로부터 계산한 수치임). 총지출의 경우 초기에는 사실상 다양성이 크게 나타나고 있었다. 시간이 경과함에 따라 변이계수가 늘어나고 있었으며(〈표 2.2〉 참고), 초기 지출과 이어지는 시기의 지출변화 사이에는 유의성은 없지만 양의 관계를 보이고 있었다(〈표 2.2〉로부터 계산한 것임). 따라서 전(全) 시기의 총지출유형을 보면 복지국가 수렴현상은 산업화 과정의 산물인 것같이 보이지만, 사실상 그러한 현상은 궁극적으로 탈산업화 경향이 제대로 나타난 시기의 지출변화의 지배적인 추세가 되었던 것으로 보인다.

이와 같은 규모의 수렴현상이 새로운 것이었다 하더라도, '황금기'로부터 이어지는 당파효과는 어느 정도 지속되고 있다. 좌파 정권이 강하하였던 나라들의 경우 총지출은 상당히 많이 늘어났는데, 그러나 이러한 효과는 수렴효과와 경제성장효과를 통제하였을 때 분명하게 나타난다. 두 모형에서 좌파유산효과가 나타난다고 해서 중단기적인 당파효과가 없었다는 것을 의미하는 것은 아니다. 두 모형 모두에서 좌파유산효과보다는 좌파영향효과를 포함하는 경우 효과가 보다 분명하게 나타나겠지만, 〈표 5.4〉에서 보이는 것만큼 설명하는 변동의 정도가 크지는 않을 것이다. 이 말은 장단기 효과가 누적적이라는 사실을 시사한다. 마지막으로 좌파정권효과를 다룰 때, 표의 모형들에서 나타내지는 않았지만, 좌파정권효과 척도로 좌파 재임기간보다는 좌파 의석수 비중을 사용해서 변수를 서로 다르게 조작해 보기도 하였다는 사실을 언급해 두고자 한다. 그렇게 하였을 때의 결과도 〈표 5.4〉에서 보이는 것과 실질적으로 같게 나타났다.

지출감소모형은 수렴효과를 나타내는 데 있어서는 다른 두 모형과 유사하며, 노동시장의 긴장도 증가와 복지지출 사이에 양의 관계가 있다는 사실을 보임에 있어서는 12항목 지출모형과 유사하다. 단지 이 모형에서는 탈산업화의 변화가 아니라 실업수준의 변화가 나타나고 있는 것이 특징적이다. 실업의 증가가 갖는 이와 같은 양의 효과는, 그것이 "높은 실업을 경험한 정부가 보다 (지출을) 삭감하는 경향을 보였다"는 최근 발표된 사실(Huber and Stephens, 2001: 213)과 모순되기 때문에 지적할 만한 가치가 있다. 지출감소모형과 다른 두 모형 사이의 큰 차이점은 GDP 성장효과와 당파효과가 존재하지 않는다는 점과 지출성과와 해외직접투자 흐름 사이에는 분명한 음의 관계가 있다는 사실이다. 경제성장효과가 존재하지 않는다는 사실은 놀랄 만한 일이 아니다. 왜냐하면, 그것은 지출감소 척도가 GDP 대비 백분율로 측정된 것이어서, 이 척도 자체가 저절로 GDP 성장효과를 줄이기 때문이다.

그러나 당파효과가 지출감소에 주는 효과가 없다는 사실은 당파효과가 총지출에 강력하게 영향을 준다는 사실을 고려해 보면 아주 흥미 있는 일이다. 이는 위와 같은 사실은 좌파 재임기간이 긴 것으로 알려진 나라와 그러하지 않은 나라 사이의 차이점이 좌파가 기존의 프로그램을 보다 적게 감축시켜서가 아니라 그러한 정당이 새로운 지출사업에 보다 비용을 많이 썼다는 사실을 시사하기 때문에 그러하다. 이러한 사실은 이 분석에 나오는 당파효과 변수와 제3장에서 논의한 유형별 지출 비중 팽창 사이의 관계에 대한 별도의 이변량분석에 의해 보다 강력하게 확인된다. GDP 대비 백분율로 표시한 사회보장 프로그램에 대한 지출팽창이나 빈곤완화와 건강보호에 대한 지출팽창 중 어느 것도 당파성과 의미 있는 관계를 맺고 있지 않다. 그러나 좌파영향 변수나 좌파유산 변수는 GDP 대비 백분율로 표시한 고령자와 가족들에 대한 정부서비스 지출의 팽창과는 각각 0.64와 0.77의 상관관계를 갖고 강한 양의 관계를 보인다. 따라서 좌파가 강성하였던 나라들은 총지출수준이 높았을 뿐 아니라 복지공급의 영역이 고령화와 가족구조의 변화와 관련된 새로운 요구에 대응하는 방향으로 빠르게 변해 온 나라들로 나타나고 있다.

이 책의 관심이 세계경제에의 노출이 지출에 음의 효과를 미친다는 가설을 검증하는 데 있다는 점을 고려하면, 지출감소와 자본흐름 사이의 관계가 이 분석에서 가장 중요한 것이라 할 수 있다. 계수 −0.339는 실질적으로 효과가 꽤 큰 것이다. OECD 국가들에서 1980~1998년 사이 해외직접투자 흐름이 평균 2.2% 포인트 늘어난 것은(〈표 5.1〉 참고) 기존 지출 프로그램이 GDP 대비 0.75% 줄어들었다는 것을 의미하는데, 이는 이 기간의 OECD 평균감소분의 약 40%에 해당하는 것이다. 해외직접투자 흐름이 가장 크게 늘어난 나라는 벨기에로서 6.2% 포인트 늘어났는데, 이는 GDP 대비 2%를 약간 넘는 지출감소에 해당된다. 1980년에 벨기에의 12항목 지출이 GDP 대비 24.2%에 머물러 있었다는 점을 고려하면(〈표 3.1〉 참고), 이러한 사실은 그 이후 18년에 걸쳐 자본흐름이 증가함으로써 기존의 사회적 지출이 약 9% 줄어들었다는 것을 의미한다. 이것이 세계경제효과의 진정한 크기라면, 노출 정도가 심한 소수의 OECD 국가들의 경우 그 의미는 실로 매우 심각할 것이라는 사실은 분명하다.

그러나 이러한 사실의 통계적 유효성에 대해서는 심각한 문제들이 있을 수밖에 없다. 지출감소 변수와 해외직접투자 변화 변수 사이의 관련성은 관례적으로 유의수준 0.05 기준에서 보면 통계적으로 유의하지만, 모형의 모든 변수들이 성공적으로 통과해야 통계적으로 의미 있는 것으로 판단하는 표준적인 검증에서는 유의하지 못하다. 통계적 유의성에서는 해당 모형에 특정 사례를 포함시키는가 아닌가는 중요하지 아니하다. 만약 오스트리아나 아일랜드 중 어느 한 나라 또는 두 나라 모두가 분석에서 제외되면, 해외직접투자의 변화는 사회적 지출감소 정도에 대해 통계적으로 의미 있는 예측치로서 의미를 갖지 못한다. 앞 장들에서 우리는 경제 세계화로 인한 지출감소와 하향수렴에 대한 예측을 받아들일 수 없다는 사실을 보았다. 〈표 5.4〉에서 정교하게 보여 주고 있는 지출변화에 관한 세 모형을 검토해 보면, 두 모형은 세계경제 측면을 포함하지 않고 있으며, 세 번째 모형에서도 통계적 의미를 가지는 세계화 효과가 분명하게 증명되지는 않고 있다. 이러한 사실은 우리가 세계화 가설에서 사용되는 가장 적절한 변수들조차 수용할 수 없다는 것을 의미한다. 최근 수십 년간 지출변화를 살펴보면, 세계경제 변화와 비례적이지도 않고 음의 관계를 갖고 있지도 않으며, 오히려 상당 수준 국내 변수들의 변화에 따라 변화되는 것으로 나타나고 있다.

## 제5절 경로분석과 그 의미

이것은 좀더 세부적으로 조사할 가치가 있는 중요한 결론이다. 어떤 의미에서는, 지금 우리가 하고자 하는 것은 독립변수와 종속변수 사이의 관계뿐만 아니라 독립변수들 사이의 상호관계를 살펴보기 위해서 지금까지 사용해 온 지출변화모형을 확대시키고자 하는 것이다. <표 5.2>는 다양한 관점에서 세계경제로의 취약성이 각각의 지출변화 척도들과 강한 음의 관련성을 갖고 있다는 점을 보여 주는데, 일련의 국내 요인들을 고려하게 되면 이러한 관계는 그 의미가 없어지고 만다. 그 이유를 찾아 내기 위해서는 국제 분야와 국내 분야 사이의 복잡한 연결고리를 풀어 내야 한다. <그림 5.1>에서 우리는 핵심경로분석(critical path analysis)[4]으로 알려진 기법을 사용해서 총정부지출 척도에 대해 위와 같은 일을 해내고자 한다. 이렇게 함으로써 우리는 변수들의 직접적 효과와 간접적 효과들을 구분해 낼 수 있다. 이때 변수들과 후속변수들 사이의 상관성을 측정하는 척도로 표준화 회귀계수(standardized regression coefficients)[5]를 사용한다. 모형에는 네 가지 설명변수들이 포함되어 있는데, <표 5.4> 모형의 대부분 변수들을 설명할 수 있는 두 가지 국내 요인인 초기 지출수준과 GDP

4) '경로분석'의 개념과 그 내용에 대해서는 보론을 참고할 것.

5) '비표준화 회귀계수'는 변수들의 단위가 다른 경우의 회귀계수를 일컫는다. 그러나 변수들의 단위가 다를 때는 단순히 회귀계수의 추정만으로 설명변수들의 종속변수에 대한 영향력을 비교해서는 오류가 발생할 수 있다. 이러한 경우에 대비해서 단위에 영향을 받지 않는 통계량을 구할 필요가 있는데, '표준화 회귀계수'는 이와 같이 변수들의 단위가 다를 때 단위를 일치시킴으로써 상대적으로 비교가능하게 조절한 상태에서 도출되는 회귀계수를 일컫는다. 보다 자세한 내용은 통계관련 문헌을 참고할 것.

그림 5.1 OECD 19개국 일반정부 총지출 변화에 대한 핵심경로분석

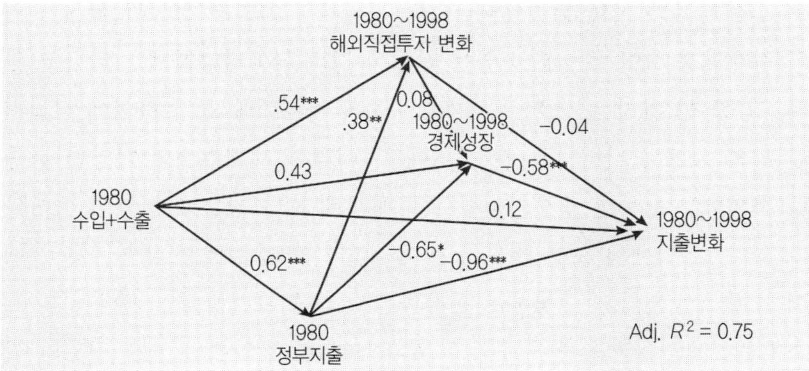


주 및 자료:
1) 경로 다이어그램상의 수치는 표준화 회귀계수임.
2) 수출 · 수입 변수 크기는 주어진 기간 전체의 평균치가 아니라 1980년 값임. 이는 경로분석의 인과적 논리에 맞추기 위한 것임.
3) 다른 모든 변수의 개념과 자료는 앞에 나온 표들의 경우와 같음.
4) * 유의수준 0.10, ** 유의수준 0.05, *** 유의수준 0.01.



성장, 그리고 〈표 5.2〉에서 지출변화와 강한 상관성을 가지고 있는 두 가지 세계경제 변수들인 수출과 수입의 GDP 대비 백분율 수준과 해외직접투자의 GDP 대비 백분율 변화가 그것이다. 직접적인 효과는 독립변수와 종속변수를 직접적으로 연결하는 경로(화살)로 표시되어 있다. 간접적인 효과는 변수들 사이를 간접적으로 연결하는 서로 연결된 경로들(화살표 조합)로 표시되어 있다. 별(*)표시는 통계적으로 의미 있는 경로들을 가리킨다. 간접적인 효과가 통계적으로 유의성을 갖기 위해서는 그러한 연속된 변수들을 연결하는 통로상의 모든 단계들 또한 통계적으로 유의성을 가져야 한다.

〈그림 5.1〉은 〈표 5.4〉의 모형에서 찾은 사실들을 다시금 확인시켜 준다. 즉, 지출변화와 초기 지출 및 GDP 성장 사이에는 직접적 경로가 강

하게 나타나고 있으나, 지출변화와 세계경제 변수들 사이에는 그러한 경로가 전연 나타나지 않고 있다. 그러나 세계경제의 제 양상과 국내 요인의 전개과정 사이에는 흥미 있는 간접적 경로들이 다양하게 나타나고 있다. 그 중 한 가지는, 초기 무역개방수준과 자본이동 증가 사이에 직접적인 양의 관계가 나타나는 것 이외에도, 이러한 세계경제의 다양한 측면들 사이에는 1980년 정부지출수준을 매개로 보다 깊은 상관성이 나타나고 있다. 무역에의 노출 정도가 늘어나면 사회적 보호를 위한 프로그램이 늘어나게 된다고 주장하는 논자들은 이러한 관련성에 나타나는 두 요소들을 그들 주장의 증거로 삼고 있다. 1980년 무역에의 노출 정도와 같은 해의 지출수준 사이에 강한 양의 관계가 나타나고 있는데, 이것이 바로 그러한 분석이 시사하는 관계이다. 또한 지출수준이 높은 나라가 자본흐름에의 노출로부터 그들을 보호하는 장벽을 낮출 수도 있는데, 이는 아마도 그러한 지출 프로그램으로 인해 안전해짐으로써 나타나는 사실일 수도 있다.

해외직접투자 변화로부터 지출수준 사이에는 의미 있는 간접경로는 없지만, 무역개방 정도로부터 지출수준 사이에는 그러한 경로가 두 개나 있다. 그 중 한 가지는 초기 지출과 경제성장을 통한 양의 경로인데, 이것은 상대적으로 약하며, 경제성장만을 통한 유의수준이 크지 않은 음의 경로에 비해 실질적인 효과가 크지 않은 경로이다. 이러한 사실은 〈표 5.2〉에서 나타나는 무역개방도와 지출변화 사이에 의미 있는 음의 이변량관계가 나머지 다른 경로, 즉 무역에의 노출이 초기 지출수준을 통해서 지출변화에 주는 경로를 통해 나타난다는 사실을 의미한다. 여기에 제시되지 않는 다른 척도들을 통한 경로분석을 해 보아도, 무역개방으로부터 초기 지출수준을 통해 지출변화에 주는 유의미한 음의 간접경로와 유사한 경로가 존재한다는 사실을 알 수 있다. 이러한 사실들은 그것이 세계경제에의 노출이 주는 영향에 관한 대립된 가설을 동시에 확인시켜 주는 것으로 볼 수 있기 때문에 사뭇 모순적이라 할 수 있다. 이러한 경로 다이어그램이 말해 주는 것은 먼저 무역개방도가 1980년대 초의 총공공부문과 복지지출수준을 높여 주지만, 이어지는 연도들에서는 공공부문의 팽창을 줄이고 복지국가의 팽창수준을 약화시킨다는 사실이다.

이러한 모순된 상황은 두 가설 모두 결함이 있다는 사실을 인정할 때만 해결될 수 있다. 그것은 어느 가설도 시공을 초월해서 국가 간 변동을 성공적으로 설명할 수는 없기 때문이다. 여기서 우리가 찾고자 하는 것은 세계무역에의 노출수준과 지출팽창 사이에 나타나는 불변의 경제법칙이 아니라 프로그램 성숙도와 수렴과정상의 특정 단계들인 것이다. 무역개방도는 공공지출 내지 사회적 지출수준을 항상적으로 높인다기보다는, 오히려 세계시장에의 노출이 주는 영향을 줄이기 위해 조기에 공공부문 프로그램을 채용하도록 하는 것이다. 단지 이렇게 조기에 공공부문 프로그램을 채택한 국가들이 그러한 프로그램을 늘린 시기에 실시한 횡단면 분석의 내용이 마치 무역개방도가 높은 지출수준과 강한 상관성을 갖는 것 같은 인상을 주게 된 것이다. 바로 이러한 연유로 Cameron(1978)과 Katzenstein(1985) 같은 이가 1970년대 후반과 1980년대 초반까지의 지출전개과정에 초점을 맞춘 연구에서 그러한 관련성을 밝히고 있는 것이다. 이러한 연구들이 실제로 놓치고 있는 것은 바로 그 다음 시기에 어떤 일이 일어나는가 하는 점이다. 그러한 프로그램을 초기에 채용한 국가들에서는 프로그램이 성숙해 감에 따라, 또는 경제성장이 줄어드는데도 과잉지출한 경우에는 지출팽창률이 줄어들 것이며, 반면에 뒤늦게 채택한 국가들에서는 지출팽창률이 늘어날 것이다. 이러한 수렴과정은 초기 지출수준과 이어지는 지출변화 사이에 나타나는 음의 상관관계에 의해 확인된다. 그러한 프로그램을 초기에 채택한 국가의 대부분이 세계무역에 심하게 노출된 나라들이며, 나중에 채택한 국가의 대부분이 그러한 무역으로부터 상대적으로 많이 보호받은 나라들이기 때문에, 무역개방도와 지출변화 사이에는 성격상 강한 음의 상관관계가 나타나게 될 것이다. 〈표 5.4〉의 모형에서처럼 초기 지출수준을 통제하는 경우 이러한 효과는 사라지게 될 것이다.

복지국가

## 제6절 남겨진 과제

이러한 분석이 갖는 의미를 이 시점에서 더 이상 반복할 필요는 없다. 세계화의 효과가 강하게 나타는가 약하게 나타나는가를 살펴보는 것이 지금까지 분석의 사실상 주제였으나, 그러한 사실을 확인할 만한 강력한 증거는 발견되지 않았다. 남은 장들에서 우리는 복지국가의 미래와 관련해서 보다 의미 있는 문제들을 살펴볼 것이다. 최근의 사회적 지출과 공공지출의 변화에 강력한 영향을 주는 일련의 국내 요인들에 관한 분석에서 밝혀진 내용은 미래 지출의 전개에 분명히 주요한 의미를 가지겠지만, 이 점에 대해서는 마지막 장에서 논의하도록 한다. 여기에서는 다음과 같은 두 가지 중요한 질문에 대해 답하면서 마무리 짓고자 한다. 첫째, 우리들이 발견한 사실들은 우리가 사례를 사전에 의도적으로 선택한 결과가 아니냐는 질문에 답할 수 있는가? 둘째, 우리가 발견한 사실들은 '복지국가의 새 정치' 개념과 관련해서 어떠한 의미를 지니는가?

비교연구에서는 특별한 사례를 선택한다고 해서 특별한 결과가 발견되는 것은 아니라는 사실을 확실히 하는 것이 늘 중요하다. 공공지출 전개과정에 대한 대다수의 양적인 연구에서는 새로운 남유럽 국가들을 배

제시켰는데, 그것은 특정 주제에 대한 장기 시계열자료라든가 어떤 경우에는 특정 시점의 자료, 특히 1960년대와 1970년대 초기 자료가 대부분 결여되어 있는 경우가 있었기 때문이다. 그러나 우리의 통계적 분석에서는 1980년 이후 시기의 자료만을 다루고 있기 때문에 이 나라들을 포함시키는 것이 가능하였다. 우리가 발견한 가장 강력한 사실은 이 시기의 지출수렴 정도에 관한 것이었다. 이러한 발견들은 경제성장과 당파효과를 밝혀 내는 데 결정적 역할을 하는 것인데, 만약 1980년대 이후 시기 자료로 한정하지 않았다면 이변량분석으로 밝혀 내지 못할 것이었다. 그러나 그러한 수렴효과는 남유럽 국가들이 늦은 산업화와 민주화로 사회적 지출이 뒤처져 있었던 긴 기간을 보내고 다른 나라들을 따라잡은 결과일 수 있다. 만약 사실이 그러하다면, 표본국가에 그와 같이 발전단계가 현저하게 다른 나라들을 포함시키지는 않았는지 여부는 중요한 문제가 될 것이다.



다행스럽게도 이 문제는 아주 쉽게 해결될 수 있다. 분석에 새로운 남유럽 국가들을 포함시켰을 때 나타나는 효과를 검증하기 위해서 우리는 〈표 5.4〉에서 그리스, 포르투갈, 스페인을 사례에서 배제시켜 세 모형 모두를 다시 분석하였다. 이 모형들에서 설명된 변동의 수준은 〈표 5.4〉의 경우와 거의 같은 수준으로 나타나고 있었으며, 정확하게 같은 변수들이 지출지표들과 의미 있는 관련성을 보이고 있었다. 해외직접투자의 변화는 여전히 유의수준 0.01 기준을 충족시키지 못하는 유일한 변수로 나타났다. 초기 수준에 대한 비표준화 계수[6]들은 〈표 5.4〉에 나타나고 있는 것들과 매우 유사하게 나타나며, 유의수준들은 아주 조금 감소하였을 뿐이다. 이러한 재분석은 결정적인 의미를 지닌다. 이러한 결론들은 부

6) 표준화 회귀계수와 비표준화 회귀계수에 대한 전술한 각주 5)의 내용을 참고할 것.

적절한 표본설정으로부터 나온 인위적인 결론이 아니다. 지금까지 수년 동안 주장해 왔듯이(Castles, 1995, 1998 참고), 새로운 남유럽 국가들은 공공정책과 사회정책 성과에 관한 양적 분석이 행해지는 곳이면 어디든지 체계적으로 포함시킬 때가 된 것이다.

마지막으로 '복지국가의 새 정치'가 등장하였느냐는 문제로 넘어가 보면, 우리의 연구결과는 본질적으로 그렇지 않다는 것을 보여 준다. 탈산업화는 보다 많은 복지지출을 위한 새로운 압력과 새로운 지지자를 만들어 내는 변수들 중의 하나로 밝혀졌으며, 우리 분석에 의하면, 이 요소가 12항목 사회적 지출에 꽤 강한 긍정적인 효과를 주는 것으로 밝혀졌다. 감소모형에서도 고용구조 변화가 만들어 낸 필요(need)로 인해 새로운 지지자가 발생하였다는 사실 또한 이러한 관점에서 의미가 있다는 사실을 시사해 주고 있다. 한편, 우리 분석에서는 강력한 당파효과가 나타나는 것을 보여 주는데, 이러한 사실은 '새 정치' 주장의 근본적인 전제를 결정적으로 훼손시키고 있다. 말하자면, '새 정치' 주장에서는 복지국가의 낡은 정치는 밀려났다고 전제하고 있다. 왕은 새로운 후계자를 임명하기 전에 확실히 사라져야 한다는 것이다.

이 분석에서 수렴, 따라잡기, 과다지출 교정 등에 대한 아주 강력한 증거가 나타나고 있는데, 이러한 사실은 '새 정치' 주장에도 시사하는 바가 크다. '새 정치' 가설 옹호자들에 의하면, 복지국가 지지자를 만들어 내는 거대한 사회지출 프로그램이 갖는 힘이야말로 복지국가 후퇴를 저지하는 복지국가의 핵심적 능력인 것이다. 우리의 분석에 의하면, 초기에 가장 큰 지출 프로그램을 채택한 국가들이 총지출과 사회적 지출을 가장 많이 감소시킨 국가들이었다. '새 정치' 가설에서 특징적인 것은 새로운 필요의 출현 그 자체가 아니라(그런데 변화하는 사회적 구조가 새로운 필요를 만들어 낸다는 것은 복지국가에 대한 사회학적 분석의 기본적인 가정이다), 전통적인 당파효과의 소멸과 복지축소에 저항하는 복지유권자들의 역할이라는 점을 고려해 보면, 이 가설의 논거는 아주 취약해 보인다.

## 보론: 경로분석

'경로분석'(path analysis)은 경제학, 경영학, 행정학 등 여러 학문분야에서 인과관계를 설명하는 데 널리 활용되고 있는 분석방법 중의 하나로서, 특정 현상에 영향을 미치는 변수들을 식별하고 이들 변수가 어떠한 경로를 거쳐 영향을 미치는지 밝히고자 하는 분석방법을 말한다. 구체적으로 이러한 경로분석은 먼저 이론적 배경 내지 실증분석을 통해 입증된 가설에 입각하여 변수들 간에 직접 또는 간접적으로 함수관계를 가지는 경로의 모형(가설)을 설정하며, 이어 수집된 자료에 의해 그러한 모형을 단순회귀분석 또는 다중회귀분석을 반복해서 경로들이 나타내는 연구가설들을 검증함으로써, 모형 속 변수들 간의 인과관계를 밝혀 내는 통계분석방법이다. 결국 이 분석은 이렇게 밝혀진 변수들 간의 인과관계를 바탕으로 각 변수에 대한 직 · 간접적인 영향의 규모나 중요성을 밝혀 내고자 하는 분석방법이다. 이 분석에서는 회귀분석에서 하나의 식으로 표현되던 독립변수들과 종속변수 간에 다양한 인과적 관계가 설정되는데, 이러한 경로분석은 다중회귀분석의 확장된 형태로 볼 수 있다.

이처럼 경로분석도 일종의 회귀분석으로서 회귀계수, 즉 '경로계수'(path coefficient)를 가진다. 경로계수로는 회귀식에서 얻은 독립변수의 '비표준화 회귀계수' 또는 '표준화 회귀계수'를 사용할 수 있다. 그러나 대부분의 경우 관례적으로 표준화 회귀계수를 사용한다. 그것은 표준화 회귀계수를 경로계수로 사용하면 각 변수들이 다른 후속변수에 미치는 영향력의 상대적인 크기를 나타내는 데 유리하므로 분석결과의 해석이 보다 편리해지는 장점이 있기 때문이다.[7)]

경로분석에서 설정된 다양한 인과관계에 의한 경로모형은 방정식과 그림으로 표시된다. 여기서 연립방정식체계를 그림으로 나타낸 경로모형을 '경로 다이어그램'(path diagram) 또는 '경로도표'라고도 한다. 경로 다이어그램에서는 각 변수들의 이름을 적고, 어떤 변수와 그 변수가 영향을 줄 것으로 예상하는 다른 변수들 사이를 화살표로 표시하며, 그 위에 경로계수를 표시하여 경로별 인과관계의 크기나 중요도를 나타낸다. 이러한 경로분석이 파악하고자 하는 변수들 간의 효과는 직접효과와 간접효과로 나뉜다. 이 중 직접효과란 중간변수를 통하지 않고 한 변수가 다른 변수에 직접적으로 영향을 미치는 효과로서 〈그림 5.1〉에서 수입과 수출, 해외직접투자, 정부지출이 각각 지출변화에 직접적으로 미치는 효과를 나타낸다. 이에 비해 간접효과란 한 개 또는 그 이상의 중간변수를 통하여 최종 변수에 미치는 경로효과를 말한다. 예를 들어, 〈그림 5.1〉에서 수입과 수출이 정부지출에 미치는 효과를 경유해서 지출변화에 미치는 효과나 해외직접투자가 경제성장에 미치는 효과를 통해서 지출변화에 미치는 효과 등을 일컫는다. 이러한 간접효과의 크기는 각각의 경로계수를 곱해서 계산하며, 총효과는 변수들 간에 발생한 총직접효과와 총간접효과를 모두 합한 효과를 말한다.[8)]

7) 표준화 회귀계수와 비표준화 회귀계수에 대한 자세한 내용은 전술한 각주 5)를 참고하기 바람.

8) 이상 '경로분석'에 대한 정리내용은 변세일(2008)을 주로 참고한 것임.

Chapter 6

# 인구고령화는 국고를 고갈시키고 있는가?


제1절 인구통계적 위협

제2절 인구고령화(1960~2050)

제3절 연금지출과 연금급부율

제4절 연령관련 지출의 상관성

제5절 모형의 재검토

제6절 위기설 해당 국가

# 인구고령화는 국고를 고갈시키고 있는가?

제1절 인구통계적 위협

제2절 인구고령화(1960~2050)

제3절 연금지출과 연금급부율

제4절 연령관련 지출의 상관성

제5절 모형의 재검토

제6절 위기설 해당 국가

## 제1절 인구통계적 위협

앞의 장들에서는 세계경제 변화로 인해 예상되는 복지국가의 미래에 초점을 맞추어 왔다. 제6장과 제7장에서 우리는 방향을 바꾸어 우리 사회의 인구통계적 구조변화로 인해 예상되는 복지국가 미래에 대한 위협적 요소와 서구 사회의 경제 · 사회 · 정치적 구조에 대한 위협문제를 총괄적으로 검토하고자 한다. 먼저 제6장에서는 고령인구의 요구(needs)에 대응한 프로그램들의 최근 지출 추세를 살펴보고자 한다. 이러한 검토를 통해 고령화가 앞으로 공공예산에 대한 심한 부담을 안겨 줄 것이라는 주장들을 평가하는 기초를 찾고자 한다. 이어 제7장에서 우리는 최근 수십 년간 경제선진국의 출산율 유형의 변화를 검토하고, 나아가 사회정책 지출우선순위의 변화가 일부 사람들이 예상하는 다음 세기의 많은 OECD 국가의 급격한 인구감소 추세에 대응하는 하나의 방책이 될 수 있는지 여부를 살펴본다.

인구고령화는 흔히 세계화가 주는 위협 못지않게 복지국가에 대한 위협으로 제시되고 있다. 세계은행(World Bank)은 이 문제에 대한 전통적인 설명(1994)에서 '고령위기'라 하였으며, OECD 사무국(1996)에서는 '정책상 중요한 도전'이라 하였다. 국제전략문제연구센터(CSIS)는 최근의 *The Global Retirement Crisis*라는 보고서에서 이 문제를 '세계 안정에 대한 위협'으로 간주하였으며, 나아가 '세계적인 고령화 추세는 재정비용의 불안정에 가장 크게 영향을 미칠 것'으로 보고 있다(CSIS, 2002: 4). OECD는 2003년 10월 홈페이지에서 '고령화 사회와 다가오는 연금위기'문제를 대서특필하고 있다. 다른 논자들은 많은 서구 국가들의 출산율이 급격히 하락하면서 중단기적으로 문제들이 더욱 악화될 따름이라고 지적하고 있다. 신문 논평란에서 '시한폭탄 같은 인구통계상의 위기문제'의 의미를 자세히 다루는 것은 일상적인 일이 되고 있다. 이 논평란 제일 윗자리에는 '전쟁, 질병, 자연재앙 등을 포함하는 인간사회에 대한 위협들 중에 한 가지가 다른 것을 압도하고 있는데, 그것은 인구고령화'라는 내용이 있다 (Laurance, 2002). 정부마저도 자주 위기상황을 언급하는 경향이 있다. 국가의 재무부처는 국가 간의 인구통계적 특성의 차이를 무시하고, 인구'고령화'가 공공지출을 증가시켜 어떠한 프로그램을 시행하더라도 돌이킬 수 없는 저주스러운 상태에 다다르게 될 것이라는 사실만 되뇌이고 있다. 노인과 곧 노인이 될 사람들에 대한 기존의 정책이 10여 년 이내에 국가적인 재앙을 가져올 것이기 때문에, 새로운 정책들은 아예 불가능하다는 것이다. 일부 학자들과 정부기관들, 그리고 OECD가 보다 균형잡힌 분석을 해보기도 하였지만, 그러한 목소리는 고령화로 인한 지출부담의 증가로 오늘날 복지국가가 더 이상 지탱할 수 없게 되었다고 주장하는 사람들에 의해 자주 묻혀 버리고 말았다.

이러한 견해들의 상당수는 외견상 그럴 듯한 점이 있다. 세계인구는 고령화되고 있는데, 선진국의 경우에는 특히 더 그러하다. 1990년대 중반의 추정에 따르면, 2000~2030년 사이 OECD 평균 65세 이상 고령인구는 총인구 대비 13.9%에서 22.5%로 61.8% 증가하는 것으로 나타나고 있다 (Bos et al., 1994). 보다 최근의 추정에 의하면 출산율 저하 추세는 더욱 분명하게 나타나고 있다. 만약 기간출산율(period fertility rates)[1]이 1998년의 OECD 평균수준인 여성 1인당 아동수 1.6 수준에서 머문다면(제7장의 〈표 7.1〉 참고), 고령인구 비중은 전체 인구 대비 약 28% 수준으로까지 올라갈

1) 제7장의 보론 「출산율의 제 개념」을 참고할 것.

수 있다(Coleman, 2001 참고). 동시에 고령인구 비중의 증가는 곧바로 예산 증가로 이어질 것이 분명하다. 세계의 많은 나라들과 이 분석에 나오는 모든 나라들은 포괄범위가 넓은 고령연금제도를 가지고 있다. 따라서 다른 조건이 일정하다면, 고령인구가 많다는 것은 GDP 중에서 차지하는 소득보전을 위한 지출이 그만큼 더 많다는 사실을 의미한다.

이들이 함유하는 의미는 이런 것만 있는 것은 아니다. 세계은행을 포함한 많은 논자들은 고령화가 보건지출에 직접적으로 영향을 미친다고 주장한다. 왜냐하면, 보건문제와 값비싼 의료기술이 노인들에게 더욱 집중되기 때문이다(World Bank, 1994: 3). 오늘날 인구통계적 재앙을 예측하는 가장 강경한 두뇌집단인 국제전략문제연구센터(CSIS)는 '전형적인 선진국에서 노인들에 대한 공적인 건강보호지출이 현재와 2050년 사이 GDP 대비 5.5% 증가할 것'이라고 주장하고 있다(CSIS, 2002: 22). 그러나 그러한 예측들은 흔히 분석되지 아니한 선험적인 가정에 근거를 두고 있다. 오래전부터 OECD는 '노년기 보건비용 증가는 주로 남은 생애기간에 의해 실질적으로 결정'될 가능성을 받아들여 왔지만(Roseveare et al., 1996: 8), 이와는 달리 위기관련 문헌에서는 비용의 증가가 고령인구 증가에 비례해서 증가한다고 계속 주장하고 있다. 위기관련 문헌이 늘 최악의 상황을 가정하고 있기는 하지만, 분명 실질적인 비용은 있는 것이다. 인구의 고령화가 진행되고, 보다 많은 사람들이 70대 후반까지 생존해 감에 따라 요양원과 가정방문 도우미 같은 병약한 노인들을 위한 서비스 공급이 더 크게 늘어나야 하며, 따라서 이러한 것들이 인구고령화로 인한 재정설계 속에 포함되어야 한다.

마지막으로 인구고령화에 대처하는 비용을 어떻게 조달할 것인가 하는 문제가 제기된다. 어떤 경제학자는 이 문제를 "선진국들이 당면하는 가장 중요하고 장기적인 성격을 갖는 유일한 재정문제"라고 주장하기도 하였다(Gruber and Wise, 2001: 1). 국제경제기구와 각국의 경제정책 결정자들은 민주주의하의 정치가들이 상대적으로 일체감을 갖는 유권자집단의 추가적인 지출요구에 직면하여 지출증가 유혹을 받고 있다는 사실을 잘 인식하고 있다. 오늘날의 경제학자들도 이전의 정통적인 선배 경제학자들처럼 과세 없는 지출은 무늬만 그럴 듯한 방법으로서 결국은 보다 깊은 미궁으로 빠져들게 될 것으로 본다. 만약 정치가들이 고령자들에 대한 공공지출 증가를 차입을 통해 해결하고자 하는 유혹을 이겨 내지 못하면, 궁극적으로 국고부담은 훨씬 더 커질 것이다. 반면 균형재정의 길을 택하게 되면 그들은 증세를 해야 될 것이며, 그렇게 되면 곧이어 유권자들의 미움을 사게 될 것이다. 결국 정책결정자들은 재정적인 낭비로부터 벗어나려면 편익을 줄여야 되고, 그렇게 되면 유권자들의 지지가 떨어져 인구고령화 비용문제를 둘러싸고 진퇴양난에 빠져 있다는 사실을 알게 될 것이다. '바닥으로의 질주'현상의 경우처럼, 이 경우에도 급진적인 연금개혁론자들은 그들의 제안 이외에 "다른 대안이 없다"고 주장하는 경향을 보이게 된다.

일반적으로 이러한 주장은 설득력이 있어 보인다. 이러한 주장은 비교공공정책 연구들에 의하면 더욱 그러하다. 이 연구들은 전후 장기에 걸친 인구의 연령구조와 복지지출 및 공공지출 증가 사이에는 아주 긴밀한 상관성이 있음을 보여 주었다(Pampel and Williamson, 1989; Huber, Ragin, and Stephens, 1993; Castles, 1998 참고). 이 분야 연구의 선두주자인 윌렌스키(Harold Wilensky)는 가장 강력한 주장을 펴고 있는데, 그는 "복지지출의 가장 강력하고 유일한 직접적인 원인이 있다면, 그것은 고령인구의 비중이다"라고 주장한 바 있다(Wilensky, 1975: 47). 이와 같은 견해를 갖는 유력한 학자들이 있다. 세계화는 사회민주주의적 조합주의를 꾸려 가는 데 위협이 되지 않는다는 사실을 보인 논문을 쓴 바 있는 가렛(Geoffrey

Garrett) 같은 이도 “인구통계적 상황의 변화는 사회민주주의적 조합주의 국가들을 포함한 모든 나라들의 국고를 점점 더 고갈시켜 갈 것”이라고 주장하고 있다(Garrett, 1998: 152). 많은 논자들이 복지부담이 이미 지나치게 부담스러운 단계에 왔다고 주장하고 있는 것을 보면, 인구고령화가 점점 더 진행되어 가면서 지출수준은 더욱 심하게 늘어날 것이라 예상할 수 있다.

그러나 이러한 견해에 대한 회의론 또한 그들 나름대로 근거들을 가지고 있다. 상당수의 유력한 경제학자들은 인구통계적 고려보다 경제적 고려가 인구고령화 충격을 보다 잘 설명할 수 있을 것이라고 주장한다. 고령화의 경제학적 논리를 주장하는 주도적 학자인 슐츠(James Schulz)는 “오늘날 산업사회에서 행해진 가장 큰 사기는 인구고령화가 ‘위기’를 만들어 냈다는 생각을 퍼트리는 것”이라 하면서, “약간만 경제가 성장해도 그 부정적 효과를 상당히 완화시켜 줄 수 있을 것”이라고 주장하고 있다(Schulz, 2002: 86~87). 다른 학자들은 고령인구를 지지하기 위한 ‘부담’은 상당 수준 노동시장 참여 정도에 따라 달라진다고 주장한다(Shirer, 1996 참고). 예를 들어, 콜맨(D. Coleman) 같은 학자는 “만약 EU의 노동시장 참가율이 현재 덴마크 수준으로만 올라가도 미래 인구구조 변화에 대처해 나가는 데 큰 효과가 있을 것”이라고 주장하고 있다(Coleman, 2001: 4). 이러한 주장들을 보면, 앞의 논의에서 여건불변 가정, 즉 ‘다른 조건이 일정하다면 고령인구가 많을수록 GDP 대비 소득보전지출 비중도 따라서 늘어날 것이라는 사실’은 더 이상 쉽게 가정되어서는 안 된다는 것을 알 수 있다. 인구고령화로 지출이 늘어날 것이라고 미리 단정 짓는 것은 경제성장과 노동시장 상황을 미리 단정 짓는 것이나 마찬가지인데, 이는 인구고령화에 대응해서 연금을 개혁하고 지출을 감축시켜야 한다고 미리 예단하는 것만큼이나 잘못된 것이다(인구고령화에 대한 가능한 정책대응들에 대해서는 Hinrichs, 2001b: 177을 참고).

또 다른 학자들도 위기론이 과장되어 있다고 주장한다. 20세기 동안 서구 사회에서 고령인구 비중은 매우 크게 증가하여 어떤 경우에는 3배 이상 증가하기도 하였는데, 경제적인 부작용은 그리 분명하게 나타나지 않았다는 사실을 쉽게 잊어버리곤 한다. 때때로 위기설에 부합하도록 사례들을 조작하여 문제를 제기하기도 한다. 재미있는 것은 위기설을 옹호하는 문헌에서는 인구통계적 변화가 공공지출에 주는 영향을 측정함에 있어 '인구통계적 의존율'(경제활동인구 대비 노인과 아동인구 비율)을 쓰지 않고 '고령인구 의존율'(경제활동인구 대비 노인인구 비율)을 사용한다는 점이다. 추정에 의하면, 앞으로 25년간 서유럽의 고령인구 의존율은 40%나 증가할 것이지만 인구통계적 의존율은 단지 10% 증가하는 데 그칠 것이라 한다. 그 이유는 고령인구 비중이 올라감에 따라 아이들이 차지하는 비중이 줄어들 것이기 때문이다(Concialdi, 2000: 18~21). 앞의 것은 걷잡을 수 없는 변화의 느낌을 주지만, 나중 것은 공공지출을 약간만 조절하면 상황에 적응해 나갈 수 있는 비교적 점진적인 과정이란 느낌을 준다.

다른 분야의 위기론들처럼 인구고령화와 관련된 위기론도 보편적인 추세를 나타내는 평균치들에 초점을 맞추는 경향이 있다는 것도 생각해 보아야 할 점이다. 그러한 설명들과 그에 바탕을 둔 정책권고들에는 국가 간 다양성을 설명할 여지가 없다. OECD는 인구고령화로 인한 '주요한 정책변화'를 주제로 한 1996년 논의에서 "연금 프로그램이 변하지 않는다면 노인들에 대한 이전지출 재원조달에 필요한 조세나 기여금 비율이 크게 높아질 것"이라는 사실을 조건 없이 강력하게 주장하고 있다. 그러나 OECD 사무국 추정에 의하면, 어떤 나라들은 다른 나라들에 비해 이 문제로 더 크게 영향을 받을 것이라는 사실을 보여 주고 있다. 뉴질랜드를 제외한 영어사용 국가군의 경우 2030년까지 순부채규모를 일정하게 유지하는 데 필요한 GDP 대비 조세 비율의 평균적인 변화는, 동 시기 예상되는 인구고령화 효과가 일정하게 주어져 있다고 볼 경우, GDP 대비 약 3% 수준으로 나타나고 있다(OECD, 1996a: 89~90의 〈표 5.3〉으로부터 계산). 스칸디나비아 국가들은 이 수치가 5.1%이고, 서유럽대륙 국가군은 9.4%, 그리스를 제외한 남유럽 국가군은 9.0%이다. 분명히 꽤 다양한 국가 간 서로 다른 상황에 대해 하나의 해답을 제공하면서도, 여기서 OECD가 하고 있는 일은 대부분의 다른 종말론자들과는 달리 나중에는 무시하더라도 우선은 국가 간의 차이점을 가려내려 한다는 점이다.

이어지는 과제는 위기관련 문헌에서 제시하는 것들과는 상당히 다르다. 우리는 인구통계가 표준적이라거나 경제정책 변수들이 거의 또는 전연 변화가 없다는 단순화된 가정을 세워서 미래 지출의 전개과정을 예측하기보다는, 인구고령화가 근래 공공지출의 전개과정에 얼마나 어떻게 영향을 주었는지를 확인하고자 한다. 우리는 인구고령화 유형의 국가 간 차이가 OECD SOCX 자료가 제공되는 시기에 총지출의 차이로 나타나는지를 검토하여, 위기론이 유효한지 여부를 검증하기 위해 다시 한 번 비교가설 검증방법을 채택하고자 한다. 우리의 분석은 다음과 같은 네 단계를 거친다. 첫째, 이 연구에서 다루는 21개국의 전후(戰後) 인구고령화의 경험을 검토하여, 서로 다른 국가 내지 국가군에서 인구통계상 변화 경로의 유사성과 차별성을 찾아 내고자 한다. 둘째, 1980~1998년 시기, 이들 국가 내지 국가군의 연금지출규모와 급부율 변화유형의 차이를 확인하여, 인구고령화보다 프로그램 급부율이 지출결과에 보다 강한 영향을 주고 있다는 증거를 보인다. 셋째, 같은 시기, 한편으로는 인구고령화 변수와 연금급부율 변수들 사이에, 또 한편으로는 개별적인 프로그램 변수와 총지출 변수 사이에 유의한 관련성이 나타나는지 여부를 확인하고자 한다. 마지막으로, 앞 장에서 검토한 모형들을 재평가하여 인구고령화와 연금급부율이 최근 수십 년간 국가 간 지출변화 유형에 영향을 주었는지 여부를 확인하고자 한다. 결과적으로 우리는 인구고령화가 최근의 사회적 지출이나 총지출의 팽창에 눈에 띄는 영향을 미치지 않으며 오히려 복지공급의 급부율이 두 지출 모두에 영향을 미치고 있다는 사실을 발견할 수 있는데, 이러한 사실은 위기관련 문헌들에서 일반적으로 발견되는 사실과는 상당히 다른 것이다.



## 제2절 인구고령화(1960~2050)

과거의 경험을 근거로 미래 전개과정을 예측하기 어려운 것은 앞으로 직면할 문제의 규모가 예전에 미처 경험해 보지 못하였던 큰 수준이기 때문이다. 이것은 확실히 인구고령화의 결과를 가장 암울하게 예상하는 사람들의 견해이다. 그들 주장의 상당 부분은, 앞으로 직면할 문제가 지난날 여러 국가가 다양한 형태로 성공적으로 대응해 왔던 기존 문제의 연장선상에서 파악할 수 있는 것이 아니라, 예전에 미처 경험해 보지 못한 새로운 문제라는 점이다. 〈표 6.1〉에서 제시하는 OECD 21개국의 1960~1998년 고령인구수준과 팽창에 관한 자료는 위와 같은 문제의 정도를 평가해 주는 중요한 이정표 구실을 한다.

가장 최근의 UN 인구추계(UN, 1998 참고) 자료는 최근의 출산율 추세까지 고려하고 있다. 이 자료를 보면 2030년 OECD 국가 고령인구 평균비율이 23.9%에 다다르는데, 이 수치는 〈표 6.1〉의 세 번째 열에 나타나고 있는 1998년 평균치에 비해 9.0% 증가한 수준이다. 1960~1980년과 1990~1998년의 평균변화율 수치를 보면, 인구고령화 정도는 앞으로 다가올 수십 년 사이에 예상되는 수치보다 훨씬 작았음을 알 수 있다. 1960~1998년 전 기간 5.3% 포인트의 평균변화수준은 앞으로 30년간 예상되는 변화수준의 대략 60%에 지나지 않는다. 그러나 상대적으로 보면, 변화 정도의 차이는 덜 뚜렷한 편이다. 1960년에서 1998년 사이 고령인구 비율은 약 55% 늘어났다. 1998년에서 2030년에는 여기서 60% 정도 더 늘어날 전망이다. 앞의 시기가 뒤의 시기에 비해 약간 더 길다. 이 정도의 차이로는 전적으로 새로운 규모라고 할 수 있는 문제가 존재하는 것으로 보기는 어려워 보인다.

위기설을 주장하는 사람들은 다가올 수십 년 동안 직면하게 될 문제의 수준을 측정할 수 있는 다른 척도를 사용하고 싶어한다. 같은 UN 자료를 보면 OECD 평균 고령인구 의존율이 2000년 22.6%에서 2030년에 39.6%로 올라갈 것으로 예상되는바, 이 수준은 거의 정확하게 75%의 증가를 의미한다. 물론 사회가 고령화의 경제적 비용을 감당할 수 있는지 여부를 파악할 수 있는 척도가 선호될 것이지만, 이미 우리가 지적한 것처럼, 이러한 관점에서 고령의존율은 가장 적절한 지표가 될 수 없다. 고령인구 의존율의 분모는 15~64세 사이의 인구, 말하자면 '경제활동인구'이다. 그러나 이 수치는 실질적인 노인부양능력을 측정하기보다는 그 잠재력을 측정하는 척도에 지나지 않는다. 경제활동인구의 상당수는 사실상 실질적인 생산자가 아닌 경우가 많다. 예를 들면, 15세 이상 중에 교육과정에 놓여 있는 사람, 아이가 있어서 노동을 할 수 없는 여성, 65세 이전에 노동력에서 물러난 사람 등이 있다. 이 사실은 실제의존율이 잠재적인 의존율에 비해 상당히 높다는 것을 의미한다. 나아가 각 나라들이 교육과정에 있는 15세 이상 학생수, 여성고용자수, 초기 퇴직자수 등에서 차이가 상당히 크게 나타나기 때문에, 잠재적 의존율과 실질적인 의존율이 국가 간 비교에서 분명히 같은 유형을 보이지는 않을 것이다.

표 6.1 OECD 21개국 65세 이상 고령인구 비율

| 국가 | 1960 | 1980 | 1998 | 1960~1980 | 1980~1998 |
|---|---|---|---|---|---|
| 호주 | 8.2 | 9.6 | 12.2 | 1.4 | 2.6 |
| 캐나다 | 7.6 | 9.4 | 12.3 | 1.8 | 2.9 |
| 아일랜드 | 11.1 | 10.7 | 11.3 | −0.4 | 0.6 |
| 뉴질랜드 | 8.7 | 9.7 | 11.6 | 1.0 | 1.9 |
| 영국 | 11.7 | 15.0 | 15.7 | 3.3 | 0.7 |
| 미국 | 9.2 | 11.3 | 12.7 | 2.1 | 1.4 |
| *영어사용 국가군 평균* | 9.4 | 10.9 | 12.6 | 1.5 | 1.7 |
| 덴마크 | 10.6 | 14.4 | 14.9 | 3.8 | 0.5 |
| 핀란드 | 7.5 | 12.0 | 14.7 | 4.5 | 2.7 |
| 노르웨이 | 11.1 | 14.8 | 15.6 | 3.7 | 0.8 |
| 스웨덴 | 11.8 | 16.3 | 17.4 | 4.5 | 1.1 |
| *스칸디나비아 국가군 평균* | 10.2 | 14.4 | 15.7 | 4.1 | 1.3 |
| 오스트리아 | 12.2 | 15.4 | 15.4 | 3.2 | 0.0 |
| 벨기에 | 12.0 | 14.4 | 16.5 | 2.4 | 2.1 |
| 프랑스 | 11.6 | 13.9 | 15.8 | 2.3 | 1.9 |
| 독일 | 10.2 | 15.5 | 16.6 | 5.3 | 1.1 |
| 네덜란드 | 8.6 | 11.5 | 13.5 | 2.9 | 2.0 |
| *서유럽대륙 국가군 평균* | 10.9 | 14.1 | 15.6 | 3.2 | 1.5 |
| 그리스 | 8.1 | 13.1 | 16.7 | 5.0 | 3.6 |
| 이탈리아 | 9.2 | 12.9 | 17.2 | 3.7 | 4.3 |
| 포르투갈 | 8.1 | 11.4 | 14.8 | 3.3 | 3.4 |
| 스페인 | 8.1 | 11.2 | 16.3 | 3.1 | 5.1 |
| *남유럽 국가군 평균* | 8.3 | 12.1 | 16.2 | 3.8 | 4.1 |
| 스위스 | 10.7 | 13.7 | 15.1 | 3.0 | 1.4 |
| 일본 | 5.7 | 9.1 | 16.2 | 3.4 | 7.1 |
| *전체 평균* | 9.6 | 12.6 | 14.9 | 3.0 | 2.2 |
| *변이계수* | 19.1 | 17.7 | 12.6 | | |

주 및 자료:
1) 1960년 자료: OECD(1993), OECD *Health Systems*, Vol. II, Paris.
2) 1980년 이후 자료: OECD(2001b), *Labour Force Statistics 1980~2000*, Paris.
3) 모든 평균치는 반올림으로 인한 오차를 내포하고 있음.

따라서 고령인구 의존율로 인구고령화가 잠재적인 지출수준에 미치는 영향을 측정하고자 하는 것은 별로 믿을 만한 것이 못 된다. 왜냐하면, 그 의존율은 어린이 의존율을 무시하고 있을 뿐만 아니라 고령화의 경제적 비용을 감당할 수 있는 국가의 능력에 영향을 주는 중요한 노동시장 요인을 고려하지 않고 있기 때문이다. 따라서 조기퇴직수준을 줄이고, 여성고용수준을 늘리며, 나아가 퇴직연령을 올리는 것과 같은 노동시장 개혁방안을 강구하는 것이 연금수혜권리 수준을 줄이기 위한 연금개혁을 구상하는 것보다 인구고령화의 재정적 압박을 줄이는 보다 쉽고 효과적인 방안이 될 것이다.

〈표 6.1〉의 자료에서 OECD 국가들의 경험이 어떻게 서로 다르게 나타나고 있는지를 살펴보는 것은 상당히 중요한 의미가 있다. 아일랜드, 뉴질랜드, 오스트리아, 미국과 같은 나라들은 1960~1998년 사이에 비교적 느리게 고령화가 진행되었다. 반면 최근의 인구고령화 과정이 앞으로 일어날 것이라고 예상되는 크기와 거의 같은 크기로 늘어난 나라들도 많이 있다. 일본, 그리스, 스페인, 이탈리아와 같은 나라들이 그러한 나라들인데, 이들 나라는 모두 8% 포인트 이상의 고령인구 증가를 보였다. 또한 전반적으로 전후 시기 인구고령화율과 사회적 지출 팽창 사이에는 뚜렷한 관계가 거의 나타나고 있지 않음을 유념할 필요가 있다. 제2장의 〈표 2.1〉을 보면, 1960년에서 1998년 사이 사회적 지출 팽창이 가장 높게 나타나는 나라는 스위스, 스웨덴, 노르웨이, 덴마크 등인데, 이 중에서 스웨덴만 고령인구 비중이 평균 이상, 그것도 아주 미세하게 높게 나타나는 것을 알 수 있다. 한편, 지출분포상 아래쪽에 있는 미국, 아일랜드, 캐나다 같은 나라는 사회적 지출수준도 상대적으로 낮게 늘어나고 있었는데, 고령인구 비중도 낮게 또는 완만하게 낮게 나타남으로써 상당한 상관성을 보이고 있다. 그러나 일본은 상당히 예외적인 경우이다. 일본의 인구

고령화는 OECD 어느 나라보다 더 빠르게 진행되고 있는데, 사회적 지출 팽창률은 OECD 평균치보다 크게 밑돌고 있다. 인구고령화 파국을 지나치게 무비판적으로 받아들이는 경향이 있는 사람들은 지난 50여 년에 걸친 일본의 사회적 지출 팽창 경험을 실질적으로 점검해 볼 필요가 있다.

전후 시기 일본의 사회적 지출 팽창수준이 낮게 나타난 것은 두 가지로 설명할 수 있다. 먼저 제2차 세계대전 이후 40년간 일본의 경제성장률이 예외적으로 높게 나타났다는 점인데, 이러한 사실은 실질적인 지출 팽창률이 다른 OECD 국가들보다 높게 나타나면서도 GDP 대비 비중으로 보면 높지 않을 수 있다는 사실을 의미한다. 다른 것은 유교적 가치를 존중하는 가족의존체제가 지속된 점을 들 수 있는데(Goodman and Peng, 1996), 이러한 유교적 가치로 인해 국가 스스로 부분적으로나마 고령인구 부양의무를 지지 않을 수 있었다. 다른 나라들은 그러한 경험을 감히 흉내낼 수 없으며, 심지어 일본조차도 앞으로는 거의 확실하게 그렇게 하지 못할 것이다. 우리가 일본을 논의의 주요한 사례로 삼은 것은, 일본이 미래 고령인구 위기로부터 탈출을 위한 모범사례로 보기 때문이라기보다는 장기적으로 고령인구규모와 공공지출 전개 사이에 나타나는 자동적인 상관성이 경제적 · 문화적 내지 다른 제 요인들에 의해 달라질 수 있다는 사례로 보기 때문이다.

마지막으로 서로 다른 국가군들에서 인구고령화 유형의 차별성을 살펴볼 필요가 있다. 〈표 6.1〉을 보면, 1960년 서유럽대륙 국가군의 경우 65세 이상 고령인구 비중이 평균 10.9%로서 고령인구구조가 가장 높게 나타나고 있으며, 스칸디나비아 국가군이 평균 10.2%로 그 뒤를 잇고 있다. 고령인구 비중이 낮게 나타나고 있는 나라에는 경제적으로 가장 부유한 국가로부터 가장 가난한 나라에 이르기까지 큰 스펙트럼을 보이고 있는데, 구체적으로 영어사용 국가군은 평균 9.4%, 남유럽 국가군은 8.3%를 나타내고 있다. 그러나 약 40년 후에는 고령인구구조 분포가 급격하게 변하고 있다. 남유럽 국가들의 고령인구 비율은 거의 두 배 가까이 늘어났다. 65세 이상 인구 비중 16.2%는 OECD 국가군들 중에서 가장 높은 값이다. 스칸디나비아와 서유럽대륙 국가군의 평균치는 각각 15.7%와 15.6%로서 사실상 같은 수준을 보이고 있다. 영어사용 국가들은 고령인구 비중이 평균 12.6%에 지나지 않아 OECD 국가군들 중에서 가장 낮은 값을 보이고 있다.

최근 UN 자료에 의해 다시 계산해 보면, 영어사용 국가의 인구통계적 이점이 장기적으로 지속될 것으로 예측되고 있다. 2050년 65세 이상 인구의 비율은 영어사용 국가군이 22.8%, 스칸디나비아 국가군 25.3%, 서유럽대륙 국가군 28.0%로 추정되고 있으며, 남유럽의 경우 놀랍게도 35.2%에 이르고 있다. 이들 고령인구의 경제활동인구 대비 백분율을 보면, 영어사용 국가군 38.2%, 스칸디나비아 국가군 43.2%, 서유럽대륙 국가군 48.8%, 그리고 남유럽 국가군 64.6%로 나타나고 있다. 이러한 차이는 본질적으로 초기 세대들의 출산율 차이에서 기인하고 있다. 대다수 영어사용 국가들은 전후 전 시기에 걸쳐 해외이민을 많이 받아들였기 때문에 상대적으로 출산율이 높고 젊은 인구가 많았던 것이다. 보다 최근에는 스칸디나비아 국가들이 여성노동 참가와 가족구성(family formation)을 연계짓는 사회정책을 시행하였는데, 그 결과 출산율이 전형적인 서유럽대륙 국가들과 남유럽 국가들에 비해 높아지게 되었다(이에 대한 보다 자세한 논의는 제7장을 참고). 이러한 사실은 왜 스칸디나비아 국가들의 고령인구 의존율이 다른 유럽대륙 국가들보다 낮게 나타나는지를 설명할 수 있게 해 준다. 이러한 비교를 통해 아주 단순한 결론을 얻어 낼 수 있다. 말하자면, 인구고령화 정도는 개별 국가와 국가군에 따라 서로 다른 정도로 영향을 주고 있으며 앞으로도 그러할 것이라는 점이다. 이러한 사실은 그 자체로, 위기관련 문헌의 보편적인 주장에 대해 심각한 문제를 제기한다.



## 제3절 연금지출과 연금급부율

인구고령화가 국고에 영향을 주는 경로 중에서 가장 강력한 것은 고령인구 증가에 대응하는 과정에서 늘어나는 연금 프로그램 비용의 증가를 통한 것이다. 대부분의 나라에서 고령현금급여 지출이 초기의 복지국가 지출 프로그램 중에서 가장 중요한 것이었는데, 지금까지 여전히 대부분의 나라에서 가장 비용이 많이 드는 프로그램으로 자리잡고 있다. 공적 연금의 범위나 급부율에 변화가 없는 상태에서 연금인구 비율이 늘어나면 국고부담이 늘어날 것이다(OECD, 1985). 그러나 물론 GDP 대비 비중으로 보면, 그 비율은 경제성장률에 결정적으로 의존하고 있기 때문에 반드시 늘어나지 않을 수도 있음은 물론이다.

〈표 6.2〉는 고령현금급여지출의 GDP 대비 백분율에 관한 자료와 AGE 비율로 측정한 지출급부율에 관한 자료를 보여 준다. 후자는 GDP 대비 현금지출을 65세 이상 인구 백분율로 나누어서 계산한 값으로서, 기본적으로 〈표 2.4〉의 복지국가 급부율 척도에 상응하는 것이다. 현실적으로 이 중 어느 것도 복지국가 급부수준을 완전하게 측정해 내지는 못하지만, 두 가지 모두 서로 다른 국가의 복지 프로그램 포괄범위(수혜인구 비율)와 프로그램 급부율(평균수혜금액)의 차이에 따른 지출의 차이는 알아 낼 수 있다. 다시 말하면, 이 두 지표는 인구통계적 요인(원칙적으로 편익수혜권을 가진 인구범주의 규모)에서 찾을 수 없는 급여지출의 국가 간 차

이를 알아 낼 수 있게 해 준다. 앞으로 우리는 인구통계적으로 파악되지 않는 위의 두 측면을 포괄하는 의미로 급부율 개념을 자주 사용하고자 한다.

〈표 6.2〉를 보면 1980년과 1998년 사이 GDP 대비 OECD 연금지출은 평균 5.5%에서 7.4%로 올라간 것을 알 수 있다. 1980년 연금지출은 12항목 총사회적 지출의 약 30%를 차지하고 있으며, 1998년에는 약 33%를 차지하고 있는데, 이러한 사실을 가지고 연금의 팽창이 다른 지출 프로그램들을 강하게 밀어 낸 경향을 가지고 있었던 것으로 보기는 힘들다. 1980년에 스칸디나비아는 인구고령화가 가장 크게 일어난 지역이었는데, 〈표 6.2〉의 첫 번째 열을 보면 이때 현금급여지출이 가장 높게 나타난 지역은 서유럽대륙 지역이었음을 볼 수 있다. 이 지역의 독일, 오스트리아, 프랑스는 GDP 대비 7.5% 이상의 연금지출을 나타내고 있었다. 분포상 또 다른 쪽에서는 인구고령화와 지출 사이의 관계가 더욱 강하게 나타나고 있는바, 상대적으로 인구고령화 비율이 낮은 영어사용 국가들의 지출은 심지어 보다 가난한 남유럽 국가들보다 낮게 나타나고 있으며, 예외적으로 지출비율이 높게 나타나는 뉴질랜드를 제외하면 그 비율은 더욱 더 낮아짐을 알 수 있다.

인구고령화의 경우와 같이 1998년에는 연금지출 유형면에서도 실질적인 변화가 있었다. 서유럽대륙의 지출은 지속적으로 올라가고 있었지만, 남유럽과 스위스의 지출팽창에는 상당히 뒤지는 것으로 나타났다. 1998년에는 5개국이 GDP 대비 고령연금 비중이 10% 이상을 차지하고 있다. 그 중에 두 개 나라는 남유럽에, 또 두 개는 서유럽대륙에, 그리고 스위스가 있는데, 당시 스위스의 지출유형은 후자의 경우와 더 유사하였다(관련논의는 제3장과 제4장을 참고할 수 있음). 1998년 당시 인구면에서 스칸디나비아는 남유럽이나 서유럽대륙과는 아주 근소한 차이를 보이고 있었

표 6.2 OECD 21개국 GDP 대비 고령현금급여지출 비중 및 AGE 비율(고령인구 대비 고령현금급여지출 비중)

| 국가 | 현금급여 | | | AGE 비율 | | |
|---|---|---|---|---|---|---|
| | 1980 | 1998 | 변화분 | 1980 | 1998 | 변화분 |
| 호주 | 3.2 | 4.3 | 1.1 | 0.33 | 0.35 | 0.02 |
| 캐나다 | 2.8 | 5.1 | 2.3 | 0.30 | 0.41 | 0.11 |
| 아일랜드 | 4.0 | 2.5 | −1.5 | 0.38 | 0.22 | −0.15 |
| 뉴질랜드 | 7.0 | 5.5 | −1.5 | 0.72 | 0.47 | −0.25 |
| 영국 | 5.1 | 6.4 | 1.3 | 0.34 | 0.41 | 0.07 |
| 미국 | 5.0 | 5.2 | 0.2 | 0.44 | 0.41 | −0.04 |
| *영어사용 국가군 평균* | 4.5 | 4.8 | 0.3 | 0.42 | 0.38 | −0.04 |
| 덴마크 | 5.8 | 6.8 | 1.0 | 0.40 | 0.46 | 0.06 |
| 핀란드 | 4.7 | 7.0 | 2.3 | 0.39 | 0.48 | 0.08 |
| 노르웨이 | 4.5 | 6.0 | 1.4 | 0.31 | 0.38 | 0.08 |
| 스웨덴 | 6.7 | 7.5 | 0.8 | 0.41 | 0.43 | 0.02 |
| *스칸디나비아 국가군 평균* | 5.4 | 6.8 | 1.4 | 0.38 | 0.44 | 0.06 |
| 오스트리아 | 8.5 | 9.9 | 1.5 | 0.55 | 0.65 | 0.09 |
| 벨기에 | 6.1 | 7.4 | 1.3 | 0.42 | 0.45 | 0.02 |
| 프랑스 | 7.6 | 10.6 | 3.0 | 0.55 | 0.67 | 0.12 |
| 독일 | 8.7 | 10.5 | 1.8 | 0.56 | 0.63 | 0.07 |
| 네덜란드 | 6.5 | 6.5 | −0.3 | 0.57 | 0.46 | −0.11 |
| *서유럽대륙 국가군 평균* | 7.5 | 8.9 | 1.5 | 0.53 | 0.57 | 0.04 |
| 그리스 | 5.1 | 10.2 | 5.1 | 0.39 | 0.61 | 0.22 |
| 이탈리아 | 7.4 | 12.8 | 5.5 | 0.57 | 0.75 | 0.17 |
| 포르투갈 | 3.4 | 6.3 | 2.9 | 0.30 | 0.43 | 0.13 |
| 스페인 | 4.6 | 8.1 | 3.5 | 0.41 | 0.50 | 0.09 |
| *남유럽 국가군 평균* | 5.1 | 9.4 | 4.3 | 0.42 | 0.57 | 0.15 |
| 스위스 | 5.6 | 11.2 | 5.5 | 0.41 | 0.74 | 0.33 |
| 일본 | 2.9 | 5.7 | 2.8 | 0.32 | 0.35 | 0.03 |
| *전체 평균* | 5.5 | 7.4 | 1.9 | 0.43 | 0.49 | 0.06 |
| *변이계수* | 31.7 | 35.1 | | 26.1 | 27.9 | |

주 및 자료:
1) GDP 대비 고령현금급여지출 비중 자료: OECD(2001a), *Social Expenditure Database, 1980~1998*, Paris.
2) 1998년 영국의 고령현금급여 수치는 영국의 고령지출과 관련된 정의의 변화를 고려하여 GDP 대비 3.3% 줄인 수치임.
3) AGE 비율은 GDP 대비 고령현금급여지출을 65세 이상 인구 백분율로 나눈 수치임.
4) 고령인구 자료는 〈표 6.1〉을 참고.
5) 모든 계산된 수치는 반올림으로 인한 오차를 내포하고 있음.

지만, 지출은 그들에 비해 현저하게 낮게 나타나고 있었다. 1980년과 1998년 사이 뉴질랜드는 연금지출을 상당히 크게 줄였으며, 평균적으로 영어사용 국가들의 지출은 이 기간 거의 일정하게 유지되고 있었다. 1998년 영어사용 국가의 지출수준은 그 수준이 큰 국가군에 비해 약 절반 정도에 지나지 않았다. 인구고령화의 경우에서처럼 전반적인 양상은 국가들이 보편적인 변화경로를 따라 움직이는 것이 아니라 역사적 · 언어적 · 문화적 특성에 따라 개별 국가나 국가군에 따라 현저하고도 지속적인 차별성을 보이면서 변화해 가고 있었다.

Chapter 6

〈표 6.2〉의 마지막 세열의 AGE 비율 척도는 지출유형의 국가 간 차이가 인구고령화의 국가 간 차이에 반응하는 정도를 나타내는 지표이다. 만약 지출유형의 차이가 전적으로 인구고령화의 차이에 기인하는 것이라면, AGE 비율의 변이계수가 '영'이어야 할 것이다. 그러나 실제로는, 1980년과 1998년 모두 AGE 비율의 변이계수는 지출의 경우에 비해 약간 작기는 하지만, 그 작아진 정도는 약 20% 정도에 지나지 않는다. 이러한 사실은 지출급부율, 특히 늘어나는 급부수준은 인구의 연령구조보다는 연금지출수준을 보다 강하게 반영한다는 사실을 시사한다(Shirer, 19996: 64; De Santis, 2001: 13). 분명히 고령화 정도가 지출유형에 상대적으로 작은 영향을 주기 때문에, 〈표 6.2〉의 앞의 세열과 뒤의 세열에 보이는 분포상태에

분명한 유사성이 나타나고 있는 것이다. 단지 유일하게 차이가 나는 것은 변이계수의 유형이 보다 단순화되었다는 점이다. 1980년 실질적으로 급부율이 높은 나라는 주로 서유럽대륙 국가군에 분포해 있는데, AGE 비율은 다른 지역들도 광범위하게 유사하게 나타나고 있다. 1998년 남유럽이 서유럽대륙 국가들과 더불어 급부율이 최고 높은 지역이 되었는데, 이들의 급부율수준은 스칸디나비아나 영어사용 국가들과는 매우 큰 차이를 보이고 있었다.

1998년 지출수준을 설명하는 요인으로 인구고령화와 AGE 비율을 같이 보면, 우리는 이를 가히 '이중재난'(double whammy)효과라 할 수 있을 것이다. 남유럽이 고령화도 가장 크며, 급부율도 가장 크다. 영어사용 국가들의 경우는 그 반대이다. 그러나 지금까지 줄곧 주장해 왔듯이, 이들 나라가 직면하고 있는 재정문제 내지 위기의 정도는 전혀 다르다. 남유럽의 경우는 급격한 인구고령화 문제가 연금제도의 높은 급부율문제와 섞여 있으며, 서유럽대륙 국가 또한 본질적으로 이와 유사한 어려움을 겪고 있다. 영어사용 복지국가들은 단기적으로 이러한 문제 어느 것에도 노정되지 않고 있으며, 장기적으로 인구고령화 비율도 다른 국가군들의 경우에 비해 낮게 나타나고 있다. 스칸디나비아는 이 두 국가군의 중간 정도에 해당되지만, 크게 보면 영어사용 국가쪽에 더 가까운 양상을 보인다. 스칸디나비아는 최근 고령화가 상대적으로 높게 나타나고 있으나 지출급부율수준은 OECD 평균에 비해 약간 낮게 나타나고 있으며, 미래 고령화는 서유럽대륙이나 남유럽 국가들보다 두드러지지 않을 것이다.

역사적으로, AGE 비율의 국가 간 차이를 결정짓는 복지범위와 급부율의 차이는 주로 해당 국가의 사회정책구조 내지 그 구체적인 내용의 차이에서 온다(Palier, 2001). 특히, 그러한 차이는 편익구조가 보편적 급여인지 자산조사에 근거한 급여(means-tested)인지, 평률급여(flat-rated)인지,

소득연계 기여에 의한 급여인지 등에 따라 달라진다(Overbye, 1994; Myles and Quadagno, 1997 참고). 본질적으로 소득연계 급여는 평률급여 내지 자산조사에 근거한 급여에 비해 보다 비용이 많이 들며, 기여원칙(contributory principle)은 급여에 대한 권한의식이 강해진다. 이러한 것들은 제3장에서 우리가 사회보장국가의 특징으로 묘사하였던 것이다. 복지국가에 대한 전통적인 비스마르크식의 제도적 구상에서 나온 이러한 결합은 전후 핵심적인 서유럽대륙 국가들의 높은 연금지출수준의 기초가 되고 있다. 이는 또한 지난 20년간 남유럽 고령연금제도의 실질적인 팽창을 설명하는 데에도 도움이 된다. 나아가 같은 시기 서유럽대륙 사회체제의 재정문제는 그 국가들이 초기의 광범위한 은퇴 프로그램 기금을 마련하는 데에도 같은 방식을 택하였기 때문에 더욱 심각해진 것이다(von Rhein-Kress, 1993; Esping-Andersen, 1999; Scharpf, 2000 참고). 이들 후자의 나라들이 '삼중재난'(triple whammy)효과를 나타낸 전형적인 사례에 해당된다 할 것이다.

영어사용 국가군은 그러한 국가들과는 완전히 반대 양상을 띤다. 대부분의 영어사용 복지국가들은 본질적으로 비버리지식의 구상을 하고 있다는 점에서 차이가 나는데, 이 국가들에서는 대부분의 급부는 필요(need)라는 기준에서 선택된 개인이나 집단에게 평률기준으로 주어진다. 이 체제의 제도적 목적은 소득을 보장하는 데 있는 것이 아니라 빈곤을 막는 데 있으며, 바로 이러한 목적을 강조하는 체제를 우리는 제3장에서 빈곤완화국가라 명명하였던 것이다. 결과적으로 연금급부율은 낮은 경향을 보이며, 소득보장은 다른 체제의 경우 종전소득의 60~80% 수준인 데 비해 이 경우는 40~50% 수준에 머무른다(1995년을 대상으로 추정하고 있는 Blondal and Scarpetta, 1998를 참고). 영어사용 국가들의 연령구조가 상대적으로 젊은 점을 고려하면, 이와 같이 급부율이 낮기 때문에 지출수준이 서유럽대륙이나 남유럽 국가들의 경우에 비해 약 절반 정도에 머무르는 것을 충분히 이해할 수 있다.

스칸디나비아 연금체제의 제도적 구상은 비버리지적 요소와 비스마르크적 요소를 혼합한 것이라 할 수 있다. 역사적으로 이 나라들은 평률급여 내지 자산조사에 근거한 급여구조에서 출발하였으며, 전후 초기 수십 년간 그들의 연금체제는 평률급여에 의한 보편주의가 특징을 이루었다. 그러나 1960년대 이래로 덴마크를 제외하고는 그들의 연금구조에 기여에 의한 소득연계 급여구조를 제2층(second-tiers)으로 더하여 2층구조로 하였다. 제도적 구상에서 나타나는 이와 같은 중간적인 양상은 앞에서 지적한 인구통계적 압력면에서의 중간적인 양상과 결합된다. 결과적으로 앞으로 수십 년간 스칸디나비아의 연금부담이 그 심각성 면에서 영어사용 국가와 서유럽대륙 국가들 사이의 어떤 구간에 놓이게 될 것으로 추정되는 것은 놀라운 것이 아니다. 그러나 이러한 사실은 스칸디나비아 국가의 고령자를 위한 진정한 급여비용을 과소평가하고 있다는 점을 유념할 필요가 있다. 제3장에서 우리는 스칸디나비아 국가들의 전반적인 복지공급의 제도적 구상의 특성을 정부서비스 국가로 특징지은 일이 있는데, 그와 같은 정부서비스 국가는 고령자에 대한 서비스를 위해 상당 수준의 정부지출을 할당한다. 이러한 양상은 다른 어떠한 국가군들에서도 볼 수 없는 모습이다.

영어사용 국가군의 고령연금급여의 급부율과 급부범위가 낮게 나타나는 것은 직접적으로 이들 나라의 사회정책체제의 제도적 구상으로부터 나오는 것이다. 이처럼 이들 나라의 체제는 비스마르크식 내지는 사회민주주의식 원리에 기초한 체제와 대조를 이루고 있지만, 최근 많은 유럽 국가들이 기존의 고령연금급여의 급부율 내지 급부범위를 줄이기 위한 개혁조치를 취하는 추세를 보이고 있다는 점을 지적할 필요가 있다(유럽의 이와 같은 개혁에 대해서는 Feldstein and Siebert, 2001을 참고). 편익수준을 줄이기 위한 전략에는 연금편익을 실질소득증가율에 연계시키지 아니하고 인플레이션율에 연계하는 제도를 포함하고 있으며, 나아가 소득보전원칙('확정급여'안) 대신에 기여비례원칙('확정기여'안)을 채택하는 전략을 포함하고 있다. 급여범위를 줄이는 전략에는 부분적인 자산조사방법을 도입하는 안과 편익개시 연령을 늦추는 안이 포함되어 있다. 이러한 대부분의 개혁안들은 1990년대 중반에서 후반에 시작된 것들이어서, 아직 〈표 6.2〉의 AGE 비율의 감소로 나타나지 않고 있다. 그러나 이 표에 나타나지 않는 1990~1998년 사이 AGE 비율의 변화를 계산해 보면, 같은 기간 서유럽대륙 국가들의 평균 AGE 비율이 전혀 팽창하지 않는 등, OECD 국가들의 평균급부율 팽창이 현저하게 줄어들고 있음을 알 수 있다.

물론 이 나라들에서 일어나고 있는 개혁조치들은 인구가 고령화되어 편익급부율의 정도가 높아지면서 위험이 높아진 것을 인식하였기 때문에 나타난 것이다. 그러나 그러한 조치들이 행해졌다는 사실 자체는 당면 문제가 가장 심각한 나라들에서 고령연금의 충격을 공공지출로 수용할 수도 있지만, 마찬가지로 정부가 노인들의 소득요구(income needs)에 대해 공적인 공급구조가 아닌 다른 방법을 활용할 수도 있다는 사실을 시사한다. 많은 나라들이 프로그램 급부율을 줄여 왔지만, 또 다른 많은 나라들은 그들의 연금체제를 재구상하여 정부 주도의 직업공급을 통해 급부범위나 급부율을 보다 늘리기도 하였다. 인구고령화에 직면해서, 장기적으로 보면 역사적으로 급부율이 높은 공적 체제를 가진 나라는 그들의 공급수준을 줄이고, 급부율이 인색하였던 나라는 필요(need)와 기대의 증가에 대응해서 정부명령체제를 활용함으로써, 결국 전반적인 총지출수준이 사실상 어느 정도 수렴될 수 있을 것이다. 급박한 위기에 직면해서 정부가 보다 잘 대처할 수 있다고 주장하는 것이 보다 정당한 주장일 수 있음에도 불구하고, 위기론은 흔히 당면하는 문제들에 적극적으로 대응할 수 있는 정부의 능력을 과소평가하는 경향이 있다.

복지국가

## 제4절 연령관련 지출의 상관성

본서에서는 연령관련 다른 지출들에 대해서는 앞에서 다룬 연금지출만큼 상세하게 다루지는 않을 것이다. 그 대신 우리는 이변량분석을 통해 다양한 연령관련 프로그램에 대한 지출수준의 변화와 인구고령화의 잠재적 영향력 및 노인에 대한 급부율 증가를 측정하는 변수들 사이의 관계에 대한 개략적 모습을 확인하고자 한다. 이 분석에는 세 가지 변수가 제시된다.

### 1. 초기 연령구조

초기 연령구조는 1980년 65세 이상 인구 백분율로 측정한다(자료는 〈표 6.1〉의 두 번째 열을 참조). 이 변수를 사용함으로써, 우리는 연령관련 지출이 연령구조가 이미 고령화되어 있는 나라에서 급격하게 증가하는지 여부에 대해 대답할 수 있다. 그러한 상관성의 밑바닥에는 노인들이 유권자로서 자신들의 이익을 위한 지출 척도를 지지하는 정치적 메커니즘이 작용한다(Pampel and Williamson, 1989; Pierson, 1996 참조).

### 2. 인구구조 변화

인구구조 변화 정도는 주어진 기간(1980~1998)에 65세 이상 인구 백분율의 증감 정도로 측정한다(〈표 6.1〉의 마지막 열 참조). 이 변수에 대한 표준적인 해석은 고령화가 늘어 감에 따라 연령관련 지출이 필요한 인구수도 더불어 늘어난다는 것이다. 그러한 효과는 급부율과 포괄범위의 확대에 대한 정치적 압력이 늘어나면서 나타나기도 하지만, 기존 프로그램하에서 수혜권한을 가진 인구비중이 늘어나면서 자동적 내지 준자동적으로 늘어나는 경향이 보다 더 강하다.

### 3. AGE 비율 변화

AGE 비율의 변화는 앞절에서 설명한 바와 같이 연금지출의 포괄범위 내지 급부율의 변화 정도를 측정하는 보다 적절한 척도로 간주된다. 여기서 계산된 것처럼 AGE 비율은 연금지출을 통제한 상태에서 인구고령화 정도를 측정한 잔여적 개념이다. 이 개념을 통해 우리는 프로그램 급부율의 국가 간 차이의 근원을 보다 잘 이해할 수 있는데, 그것은 그러한 차이가 다양한 복지국가의 서로 다른 사회적 보호 틀의 근본적 차이로부터 나온 것이기 때문이다. AGE 비율이 주는 의미를 이해함에 있어, 먼저 연금지출과 관련해서 우리는 고령화와 지출 사이의 상관성보다 급부율과 지출 사이의 상관성이 얼마나 큰지 여부에 관심을 둔다. 나아가 다른 지출 프로그램과 관련해서는, AGE 비율과 지출 사이에 상관성이 존재한다는 사실을 통해 우리는 그러한 연금급부율을 결정짓는 요인들이 노인들의 요구를 충족시켜 주는 다른 프로그램들에까지 영향을 준다는 점에 관심을 갖는다. 마지막으로 더 큰 지출총량지표와 관련해서는, 대부분의 나라에서 가장 큰 단일 프로그램의 급부율, 즉 AGE 비율에 의해서 각국의 총사회적 지출과 공공지출이 얼마나 영향을 받는가에 하는 점에 관심을 둔다.

〈표 6.3〉에서 설명하고 있는 사실은 특별히 복잡하지는 않다. 첫째

표 6.3 OECD 21개국 지출변화분과 연령관련 변수의 다양한 상관성(1980~1998)

| | 초기 연령구조 | 65세 이상 인구 변화분 | AGE 비율 변화분 |
|---|---|---|---|
| 고령현금급여 | 0.15 | 0.48 * | 0.92 ** |
| 유족급여 | -0.09 | 0.28 | 0.54 * |
| 보건지출 | -0.11 | 0.23 | 0.52 * |
| 고령자에 대한 서비스 | 0.42 | -0.23 | 0.08 |
| 12항목 척도 | 0.12 | 0.24 | 0.78 ** |
| 총지출 | -0.13 | 0.49 * | 0.78 ** |
| 12항목 감소 | -0.12 | 0.56 ** | 0.58 ** |

주 및 자료:
1) 상관관계는 Pearson's *R*을 가리킴.
2) * 유의수준 0.05, ** 유의수준 0.01.
3) 고령현금급여지출과 AGE 비율은 〈표 6.2〉 참조.
4) 유족급여, 국민보건, 고령 및 장애자에 대한 서비스지출 자료: OECD(2001a), *Social Expenditure Database, 1980~1998*, Paris.
5) 사회적 지출 12항목 척도변화 자료는 〈표 3.1〉 참조.
6) 일반정부 총지출 변화 자료는 〈표 2.2〉 참조.
7) 여기서 측정한 12항목 감소수치는 〈표 3.2〉에서와 같이 초기 지출에 대한 비율로 구한 것이 아니라 GDP 대비 백분율로 측정한 지출감소를 합계해서 계산한 것임.
8) 초기 연령구조 및 65세 이상 인구 백분율 자료는 〈표 6.1〉 참조.

열에 나타나고 있는 수치들은 초기 고령인구규모와 어떠한 복지국가의 연령관련 프로그램 내지 더 큰 지출총량들 사이에도 상호 관련성이 존재하지 않는다는 사실을 시사한다. '새 정치' 가설과 대립되는 추가적인 증좌들로서, 노인 유권자들이 많은 곳이라고 해서 연금확장에 대한 추가적인 압력이 보다 크게 나타난다는 결정적인 증거는 없다. 이와는 대조적으로 두 번째 열의 수치는 고령인구의 증가와 연금지출의 증가 사이에는 정도는 꽤 완만하지만 양의 상관성이 존재한다는 사실을 보여 준다. 이러한 관련성은 총지출과 12항목 감소의 경우에도 나타나는데, 후자의 관계는 인구고령화가 빠른 나라에서 지출감소가 작게 나타나고 있음을 보여 준다. 그러나 인구고령화 효과는 유족급여, 보건지출, 고령서비스와 같은 다른 프로그램에서는 분명하지 않다. 이상하게도 총지출과는 의미 있는 양의 관계가 있는데도, 12항목 총사회적 지출과는 의미 있는 양의 관계가 나타나지 않고 있다.

가장 강한 상관성은 단연 〈표 6.3〉의 마지막 열에 나타나고 있는 관계들이다. 거기서는 AGE 비율 변화와 지출성과들 변화 사이의 상관성 정도를 보여 준다. 고령현금급여와 0.92의 상관관계가 있다는 것은, 연금지출의 변화가 인구고령화보다는 포괄범위와 급부율의 변화와 보다 밀접한 관련성이 있다는 앞에서의 해석을 확인시켜 준다. 사실, 고령현금지출 변화를 두 변수를 포함하여 다중회귀분석해 보면, AGE 비율 변화의 실질적인 효과가 인구고령화의 그것에 비해 두 배 이상으로 나타나고 있음을 보여 준다. AGE 비율의 효과가 유족급여와 보건지출에서도 뚜렷하게 나타나고 있는데, 이러한 사실은 이들 모든 영역의 지출증가는 어느 정도 같은 범위의 요소들에 반응하였다는 사실을 시사한다. 고령자에 대한 서비스지출의 증가는 고령화나 노인들에 대한 급부율을 증가시키는 어떠한 요인들과도 관련성이 없어 보인다. 그러한 사실은 정부서비스지출이 당파효과(partisan impacts) 측정변수에 특별하게 반응한다고 본 앞의 분석과 일치한다. 마지막으로 우리는 AGE 비율 변화의 효과가 12항목 사회적 지출과 총지출에는 강하게 영향을 미치지만, 12항목 지출의 감소에는 그리 큰 영향을 미치지 않는다는 사실을 지적하고자 한다. 어떤 경우에도 인구고령화 효과는 늘어나는 급부율효과보다 크지 아니하며, 〈표 6.3〉에 나타나는 상관관계의 전반적 유형은, 국가 간 차이가 고령화보다는 포괄범위와 급부율 차이에 보다 민감하다는 연금지출에 관한 앞에서의 분석내용을 확인시켜 준다.

## 제5절 모형의 재검토

〈표 6.3〉의 내용을 〈표 5.2〉 및 〈표 5.3〉의 이변량분석 결과들과 대조시켜 보면, 12항목 사회적 지출과 총지출 변화는 〈표 5.2〉와 〈표 5.3〉에 나오는 어떠한 세계적 내지 국내적 변수들보다 AGE 비율 변화와 보다 밀접한 관련성을 갖고 있다는 사실이 보다 뚜렷하게 나타나고 있다는 점을 알 수 있다. 이러한 사실은 단순히 지출 총량치들의 변화를 설명하는 요인이, 마찬가지로 그러한 총량수치들 변화의 중요한 구성요소인 연금지출의 변화를 설명한다는 사실을 의미할 수 있다. 또한 그러한 사실은 연금급부율이 총지출수준들을 결정짓는 독립된 요소라는 사실을 의미할 수도 있다. 이는 앞 절에서의 우리 해석이 옳다면, 사회적 보호 틀의 차이가 공급구조뿐만 아니라 공급수준에도 영향을 준다는 사실을 의미한다. 사실이 그러한지를 알아보고, 나아가 인구고령화 변수가 이변량분석에서보다 다변량분석에서 더 잘 적용되는지 여부를 확인하기 위해서, 결론을 내리기 전에 제5장의 모형을 다시 검토하여 〈표 6.3〉의 변수에 추가시켜 보고자 한다. 여기서도 변수에 포함시키는 기준은 통계적으로 의미 있는 변수들만으로 구성된 모형에서 설명된 변동(explained variance)을 극대화시키는 데 두고 있다.

〈표 6.4〉에서는 〈표 5.4〉의 분석을 되풀이하고 있는데, 새로운 변수를 포함시킴으로써 나타나는 변화를 확인하기 위해서 앞 장의 내용으로 돌아가 볼 필요가 있다. 12항목 지출과 관련해서 기존 모형의 항목들은 그대로 두었다. 따라잡기, 경제성장, 탈산업화, 좌파 유산과 같은 네 가지 변수는 지출성과에 대한 중요한 예측인자 역할을 하고 있는데, 경제성장

과 탈산업화 항의효과는 다소 줄어들었다. 그러나 연금지출 급부율은 지출성과에 독립적이고 의미 있는 영향을 미치고 있는 것으로 나타나고 있다. AGE 비율의 계수값이 8.951로 크게 나타나고 있는데, 18년간 AGE 비율의 평균증가가 단지 0.06이었던 사실을 고려해 보면, 이러한 사실은 이 요소가 12항목 지출의 평균증가에 미친 영향이 GDP 대비 약 0.5% 포인트에 지나지 않는다는 사실을 의미한다. 총지출모형의 경우에는 모형수정 효과가 훨씬 더 크게 나타나고 있는데, 여기서는 〈표 5.4〉의 강한 GDP 성장효과는 없어지고, AGE 비율효과는 훨씬 더 강하게 나타나고 있는데, 그 효과는 이 기간 평균적으로 볼 때 OECD 국가의 GDP 대비 3.1%에 가까운 크기이다. 따라잡기효과와 좌파유산효과는 실질적으로 큰 변화가 없다.

총지출모형에서는 경제성장효과가 없어지고, 12항목 지출모형에서는 그 효과가 줄어들고 있는데, 이러한 사실은 결국 같은 맥락에서 볼 수 있다. 연금급부율이 총지출수준에 독립적으로 영향을 미치고 있지만, AGE 비율과 총지출 사이에 나타나는 강한 이변량 상관관계의 대부분은 경제성장이 연금지출에 미친 효과의 결과이다. 연금지출은 GDP가 가장 느리게 늘어나는 나라에서 가장 빠르게 늘어나며, 그 역의 경우도 성립하는바, 아일랜드와 스위스가 이러한 과정이 가장 극단적으로 나타나는 사례에 해당된다. 이에 대해서는 전연 의심의 여지가 없다. 연금지출도 총지출과 마찬가지로 GDP 대비 백분율로 나타내기 때문에, 다른 조건이 일정하다면 경제성장의 효과는 곧바로 측정된 지출의 감소로 나타날 것이다. 이러한 사실은 〈표 6.4〉의 지출모형에서 연금급부율이 지출성과에 미치는 효과가 크게 나타나고 있는 사실만 보아도 알 수 있다. 12항목 모형에서 그 효과는 GDP 성장이 주는 음의 효과와 연금지출 증가가 주는 양의 효과로 나뉘어 나타나고 있다.

표 6.4 OECD 21개국 연령관련 변수를 포함한 12항목 사회적 지출 척도, 일반정부 총지출, 12항목 감소 정도 변화측정을 위한 최적모형(1980~1998)

| | 12항목 척도 | | | 총정부지출 | | | 12항목 감소 | | |
|---|---|---|---|---|---|---|---|---|---|
| | 계수 | 표준오차 | $t$값 | 계수 | 표준오차 | $t$값 | 계수 | 표준오차 | $t$값 |
| 상수 | 14.037 | 3.065 | 4.67** | 16.408 | 3.126 | 5.25** | -0.335 | 1.060 | -0.32 |
| 초기 지출수준 | -0.569 | 0.085 | -6.69** | -0.500 | 0.074 | -6.73** | -0.306 | 0.042 | -7.31** |
| GDP 성장 | -1.830 | 0.660 | -2.77* | | | | | | |
| 탈산업화 변화분 | 0.306 | 0.115 | 2.67* | | | | | | |
| 좌파 유산 | 0.138 | 0.032 | 4.31** | 0.182 | 0.060 | 3.04** | | | |
| 해외직접투자 변화분 | | | | | | | | | |
| 실업변화분 | | | | | | | 0.267 | 0.078 | 3.43** |
| 초기 연령구조 | | | | | | | 0.316 | 0.106 | 2.99** |
| 65세 이상 인구 변화분 | | | | | | | | | |
| AGE 비율 변화분 | 8.951 | 3.910 | 2.29* | 51.587 | 8.111 | 6.36** | | | |
| Adj. $R^2$ | 0.90 | | | 0.90 | | | 0.79 | | |

주 및 자료:
1) * 유의수준 0.05, ** 유의수준 0.01.
2) 모든 변수의 정의와 자료 출처는 〈표 5.1〉, 〈표 5.3〉과 같음.
3) 총정부지출의 경우 $n$=19임.

여러 면에서 가장 흥미 있는 변화는 12항목 감소모형에서 관찰된다. 〈표 5.4〉에서 통계적으로 의심이 가던 해외직접투자 변화효과는 사라지고, 그 대신에 양의 초기 연령구조효과가 나타나고 있다. 이렇게 음의 세계경제변수의 효과가 사라지면서, 세계화를 가지고 최근 지출변화를 설명하려 하였던 그나마 남은 마지막 증좌마저 사라져 버린 것이다. 이와 같은 모형 재설정(respecification)을 통해 나타나는 더 큰 효과는 따라잡기 항목이 보다 현저하게 나타나고 있다는 점인데, 그 정도를 보면 다른 총지출모형들에 나타나는 것들과 필적할 만한 정도이다. 이 세 모형은 모두 프로그램 수렴현상이 지출결과에 영향을 주는 가장 강력한 요인이라는 사실을 아주 일관되게 보여 준다.

이제 남은 문제는 12항목 감소모형에서 고령화 변수가 등장함에 따라 고령화 가설에 대한 우리의 부정적인 평가를 재평가해야 하느냐는 점인데, 대답은 거의 확실하게 그러하지 아니하다는 것이다. 감소모형의 척도는 지출부문에서 나타나는 전반적인 양상을 알려 주는 것이 아니라 기존 지출 프로그램들이 얼마나 지출감소를 피할 수 있는지 여부를 알려 준다. 〈표 6.4〉의 수정된 모형을 우선 크게 보면, 총지출 프로그램이 큰 나라들이 감소에 취약한 나라들이기는 하지만, 구체적으로는 연금생활자와 실업자들의 요구가 큰 나라들의 경우 감소폭이 작았다는 사실을 알 수 있다. 이렇게 볼 때, 고령화 가설은 서유럽대륙 국가들이 인구고령화와 노동시장 경직성의 이중적 도전에 직면하여 힘들게 싸워 나가는 상황을 두고 흔히 일컫는 '냉정한 현실'(Esping-Andersen, 1996), '불가변성'(Pierson, 1998), '부적응'(Manow and Seils, 2000) 등과 같은 말들만큼이나 믿을 바가 못 된다. 이러한 사실은 이 모형의 잔차분석을 해 보면 더욱 분명해지는데, 구체적으로 감소분포의 다른 한쪽 끝에 있는 상대적으로 연령구조가 젊고 현저하게 실업률수준이 줄어든 아일랜드와 네덜란드 같은 나라에서 기존 프로그램이 크게 삭감되고 있었음을 볼 수 있다. 이 단계에서 우리가 얻을 수 있는 의미 있는 교훈은 진취적인 개혁이라는 것은 인구통계적 상황이나 노동시장조건이 보다 우호적인 곳에서 보다 수월하게 일어날 수 있다는 것이다.

## 제6절 위기설 해당 국가

이 장에서는 최근 수십 년간의 연령관련 지출변화에 대한 비교분석을 통해 인구고령화가 앞으로의 공공지출의 전개과정에 주는 영향에 관한 주장들을 검증하고자 하였다. 결론은 상당히 명확하다. 고령화는 연금지출의 국가 간 분포에 영향을 미치기는 하지만, 연금범위와 급부율 변화가 주는 영향에 비하면 상대적으로 덜 중요하다. 또한 초기 연령구조효과도 있는데, 이는 지출감소를 억제한다. 그러나 이 중 어떤 것도 총사회적 지출과 공공지출의 변화에는 영향을 주지 못하는데, 그 이유는 아마도 연금지출이 높은 나라는 다른 유형의 프로그램에 덜 지출하기 때문일 것이다(남유럽 복지국가의 고령화 성격(bias)에 관한 논의는 Castles and Ferrera, 1996; Ferrera, 1996; Esping-Andersen and Sarasa, 2002를 참고). 따라서 우리의 결론은 높은 연금지출의 결과로 나타나는 주요한 재정상의 어려움에 직면해 있는 나라들이 고령인구 내지 고령화되어 가는 인구를 가진 나라들이라기보다는 연금급부율이 극히 높은 나라들이다. 일반적으로 위기설이 주장하는 것과는 달리 문제는 아주 작은 소수의 국가에 한정되어 있다.

뉴질랜드의 고령연금 공급이 급격하게 줄어들었다는 점을 고려하면, 문제가 있는 나라들은 전적으로 남유럽 국가나 서유럽대륙 국가들이며, 적어도 이러한 관점에서 보면 스위스도 후자 국가군에 포함된다. 이들 나라는 복지공급 급부율과 인구고령화가 크게 나타나는 나라들일 뿐만 아니라 노동시장 활동률도 일반적으로 낮은 나라들로서, 미래의 고령인구를 위한 공적 공급의 기반을 더욱 어렵게 하는 나라들이다. 이것이 세계은행보다 국가 간 차이를 보다 정교하게 이해하고 있는 많은 논자들이 이 국가들의 실질적인 복지지출 결핍현상을 인구고령화 문제로 보지 않고 유럽의 고유한 경직적 특성으로 보는 이유이기도 하다. 그러나 이러한 진단마저도 지나치게 개괄적인 것일 수 있다. 가장 간과되고 있는 점은 가장 비싼 연금제도를 가지고 있는 나라들이야말로 연금개혁의 범위나 동기가 가장 큰 나라들이라는 사실이다. 서유럽대륙 국가들 중에서, 네덜란드는 최근 복지공급 급부율을 현저하게 줄였으며, 프랑스는 연금제도 중 기존의 비스마르크식 제도적 틀의 주요한 측면을 포기하는 구조적 개혁을 단행하였다(Palier, 2000 참고).

남유럽 국가들 중에서 1990년대 이탈리아의 경험은 최악의 환경 속에서 의도적인 정책개혁을 수행한 보다 적극적인 사례를 제공한다. OECD 국가들 중에서 고령화와 지나친 편익급부율로 인해 심각한 어려움을 겪은 나라 중에서 이탈리아가 가장 극단적인 사례가 되고 있다. 〈표 6.2〉를 보면, 이탈리아가 OECD 국가 중에서 1998년 연금지출과 연금급부율이 가장 높은 나라임을 알 수 있다. 〈표 6.1〉에서는 같은 시기 이탈리아의 인구가 그 지역에서 가장 고령화되어 있음을 보여 주고 있으며, UN은 이러한 상황이 앞으로 수십 년간 지속될 것이라고 예측하였다. 1995년과 1997년 이탈리아의 개혁이 있기 전에는, 연금 소요예산이 2040년에 정점에 다다를 것이라는 예측이 있었는데, 그 수준은 GDP 대비 23% 이상에 달하는 것이었다. 그러나 개혁의 결과 그 이후 점차적으로 지출수준이 줄어들어 연금지출의 예상되는 정점이 2032년 GDP 대비 15.8%로 줄어들어드는 것으로 나타났다(Ferrera, 2000: 176~177). 그러나 네덜란드, 프랑스, 이탈리아 등에서 행해지고 있는 개혁들이 마치 서구 연금체계에 구조적 수렴현상 같은 것이 일어나고 있는 것으로 확대해석되어서는 안 된다. 오히려 뉴질랜드와 스위스에서의 변화는 국가군들의 모습을 더욱 현저하게 차이나는 것으로 만들었다. 이러한 사실은 민주주의적 정치가들이 인구통계적 상황의 변화에 직면하여 무력해진다는 생각에 문제를 제기한다. 지난 20여 년간 연금영역에서의 지출변화는 그와 같은 해석을 뒷받침하는 증거를 제시하지 못하고 있다(Hemerijck, 2002: 201~205 참고).

마지막으로, 실질적으로 연금지출수준이 낮은 나라들(모든 영어사용 국가들이 이 범주에 속한다)로서는 포괄적이고 급부율이 높은 연금 프로그램을 가진 나라들의 경험을 보고 인구고령화 위기를 운운하거나 인구고령화의 잠재적 결과들로부터 무엇을 배워야 한다고 생각하면, 심각한 왜곡을 가져다 줄 것이다. 기존의 인구구조, 급부율수준, 최근 지출 추세, 기존의 공적 채무수준 등과 같은 OECD 사무국이나 세계은행이 제시하는 어떠한 기준에서 보더라도, 이들 나라의 대부분은 앞으로 수십 년간 인구고령화로 인한 공공지출 충격에 직면해서 잘 대처해 나갈 것이다. 이들 나라에서 공공지출 팽창과 싸워 나가기 위해 인구고령화라는 망령을 사용하는 것은 사회과학적 분석을 포기하고 이념적 수사를 들이대는 것과 같다. 이들 몇몇 국가에서 AGE 비율이 지극히 낮게 나타나고 있는 사실은 지출삭감의 필요성을 보여 준다기보다는 노인들에 대한 급부율을 늘리는 연금개혁의 근거를 보여 주는 것으로 볼 수 있다. 이들 나라의 연령구조가 상대적으로 젊은 구조로 되어 있는데, 이러한 사실로부터 우리는 연금지출 증가로 인해 앞으로 얼마 안 가서 공공예산이 파산날 것으로 볼 수는 없다는 사실을 알 수 있다. 결국 세계화에 관한 위기론에서처럼, 인구고령화가 예산의 파국을 불러올 것이라 되풀이하는 것은 인구통계적 상황변화의 결과에 대한 정당한 고민의 결과가 아니라 단기적 고려에 의한 공공예산 억제 내지 감축주장에 의해 유발된 것이라 할 수 있을 것이다.

Chapter 7

# 출산율 저하위기－실제로 일어나고 있는가?

제1절 인구감소 가능성

제2절 현상의 반전

제3절 문화적 가치와 고용구조

제4절 선호유형의 변화

제5절 다양한 정책배경

제6절 정책효과 측정

제7절 판단의 보류

# 출산율 저하위기－실제로 일어나고 있는가?

제1절 인구감소 가능성

제2절 현상의 반전

제3절 문화적 가치와 고용구조

제4절 선호유형의 변화

제5절 다양한 정책배경

제6절 정책효과 측정

제7절 판단의 보류

## 제1절 인구감소 가능성

이 장에서는 앞의 장들과는 근본적으로 다른 접근을 시도한다. 앞에서는 복지국가의 미래가 위협을 받을 것이라는 가설이 타당한지에 관심을 가졌다. 여기서는 우리가 살고 있는 사회의 기본 구조에 가해질 것이라 예상되는 위협에 대해 검토해 보고, 나아가 사회정책 구상들이 그러한 위협에 대한 일단의 해결책이 될 수 있는지 여부를 확인해 보고자 한다. 기존 사회의 존립이 위태롭다는 것은, 기존 인구를 대체할 만큼 아이들이 충분히 태어나지 못하는 시기로 진입하고 있다는 것을 의미한다. 환경 차원에서 지속가능한 미래에 관심을 갖고 있는 사람들은 점진적인 인구감소를 위협으로 보기보다는 일종의 축복으로 보기도 한다. 그러나 현재의 낮은 출산율에 따라 예상되는 인구감소현상은 결코 점진적인 것이 아니라, 다음 세기 일부 서구 국가 인구를 절반, 심지어 1/4 수준으로 줄일 만큼 위협적이다.

따라서 출산율 감소 추세가 국가의 정교한 정책적 조치에 의해 줄어들거나 역전될 수 있는지 여부는 상당히 중요한 의미를 갖는 문제이다. 이러한 문제는 인구통계학자들에게 아주 흥미 있는 문제이지만, 비교정책연구들에서도 마땅히 관심을 가질 만한 문제이다. 출산율은 나라마다 상당히 다르게 나타나는데, 이 사실은 이 책에서 사용하고 있는 비교가설검증방법이 출산율의 국가 간 차이의 이유를 밝히는 데 아주 유용하다는 사실을 시사한다. 나아가 국가 사회정책의 차이가 출산율에 강한 영향을 주는 요인들 중 하나라고 믿을 만한 충분한 이유가 있다. 많은 나라들에서 여성들이 일과 가정을 보다 쉽게 연결지을 수 있게 해 주는 정책

표 7.1 OECD 21개국 기간합계출산율

| 국가 | 1960 | 1980 | 1998 | 1960~1980 | 1980~1998 |
|---|---|---|---|---|---|
| 호주 | 3.48 | 1.89 | 1.76 | −1.59 | −0.13 |
| 캐나다 | 3.90 | 1.73 | 1.62 | −2.17 | −0.11 |
| 아일랜드 | 3.73 | 3.24 | 1.93 | −0.49 | −1.31 |
| 뉴질랜드 | 4.24 | 2.01 | 1.92 | −2.23 | −0.09 |
| 영국 | 2.69 | 1.90 | 1.71 | −0.79 | −0.19 |
| 미국 | 3.65 | 1.85 | 2.07 | −1.80 | −0.22 |
| *영어사용 국가군 평균* | 3.61 | 2.10 | 1.83 | −1.51 | −0.28 |
| 덴마크 | 2.54 | 1.55 | 1.72 | −0.99 | −0.17 |
| 핀란드 | 2.71 | 1.63 | 1.70 | −1.08 | −0.07 |
| 노르웨이 | 2.90 | 1.72 | 1.81 | −1.18 | −0.09 |
| 스웨덴 | 2.13 | 1.68 | 1.50 | −0.45 | −0.18 |
| *스칸디나비아 국가군 평균* | 2.57 | 1.65 | 1.60 | −0.92 | −0.04 |
| 오스트리아 | 2.69 | 1.65 | 1.34 | −1.04 | −0.31 |
| 벨기에 | 2.58 | 1.68 | 1.59 | −0.90 | −0.09 |
| 프랑스 | 2.73 | 1.95 | 1.76 | −0.78 | −0.19 |
| 독일 | 2.36 | 1.56 | 1.36 | −0.80 | −0.20 |
| 네덜란드 | 3.12 | 1.60 | 1.63 | −1.52 | −0.03 |
| *서유럽대륙 국가군 평균* | 2.69 | 1.69 | 1.54 | −1.00 | −0.15 |
| 그리스 | 2.28 | 2.22 | 1.29 | −0.06 | −0.93 |
| 이탈리아 | 3.41 | 1.64 | 1.20 | −0.77 | −0.44 |
| 포르투갈 | 3.01 | 2.25 | 1.46 | −0.76 | −0.79 |
| 스페인 | 2.86 | 2.20 | 1.16 | −0.66 | −1.04 |
| *남유럽 국가군 평균* | 2.64 | 2.08 | 1.28 | −0.56 | −0.80 |
| 스위스 | 2.44 | 1.55 | 1.47 | −0.89 | −0.08 |
| 일본 | 2.00 | 1.75 | 1.38 | −0.25 | −0.37 |
| *전체 평균* | 2.88 | 1.87 | 1.59 | −1.01 | −0.28 |
| *변이계수* | 21.1 | 20.5 | 15.6 | | |

주 및 자료:
1) 1960년 자료: World Health Organization(1993).
2) 1980, 1998년 자료: J.-P. Sardon(2002), 111~156.
3) 모든 평균치는 반올림으로 인한 오차를 내포하고 있음.

들을 구사하고 있다. 여기서는 그러한 정책들이 가장 잘 개발된 나라들이 곧바로 출산율 감소요인들에 맞서서 가장 성공한 나라들이라는 분명한 가설을 설정하고 있는데, 이것이 본장에서 중심적으로 논의하고자 하는 것이다.

1960년 이후 선진산업사회의 기간합계출산율(period total fertility rates: PTFRs)은 급격하게 떨어졌다.[1] 〈표 7.1〉에서 볼 수 있듯이, 이들 나라 중 몇몇 나라를 제외하고는, 그러한 하락이 대부분 1960~1980년 사이에 일어났다. 이 시기 21개 OECD 국가들의 15~44세 연령층의 여성 1인당 자녀수로 표시한 평균기간합계출산율은 2.88에서 1.87로 떨어졌다. 이 기간 동안 모든 나라에서 출산율이 얼마씩은 다들 줄어들었다. 그러나 그리스의 경우 3% 정도밖에 줄어들지 않았지만, 오세아니아와 북미의 영어사용 국가들은 모두 40~50%나 줄어드는 등 그 정도 면에서는 다양한 차별성을 보였다. 1980년 이후에도 감소과정이 지속되었지만, 감소율은 훨씬 줄어들었으며, 감소 추세도 훨씬 더 다양해졌다. 1998년 이들 나라의 평균기간합계출산율은 1.59까지 떨어졌다. 그러나 덴마크 · 핀란드 · 노르웨이 등의 스칸디나비아 국가들과 뉴질랜드 · 미국 등의 영어사용 국가들은 그러한 하향 추세에 완강히 저항하면서 1980년 수준으로 완만하지만 그래도 약간씩 회복하는 모습을 보였다.

출산율 저하 정도가 1960~1980년 시기가 1980~1998년 시기보다 더 급격하게 나타나고 있었지만, 오늘날 인구통계학자들은 후자 시기의 변화를 보다 문제가 큰 것으로 보고 있다. 널리 알려져 있는 인구변화에 관한 '인구통계적 이행' 모형에 따르면, 출산율 저하는 질병과 사망률의 감소 정도에 따라 달라지는 것으로 간주된다. 질병과 사망률이 감소하면

1) 보론 「출산율의 제 개념」을 참고할 것.

아이를 더 적게 갖고도 생존자수는 줄지 않을 수 있다(Chesnais, 1992; van de Kaa, 1996). 이 모형의 관점에서 보면, 산업국가에서 전후 유아사망률의 큰 감소가 출산율의 실질적인 감소로 이어졌다는 사실은 놀라운 일이 아니다. 출산율이 이미 현재 인구수준 유지에 필요한 여성 1인당 자녀수 약 2.08에 도달하였음에도 불구하고 지속적으로 떨어지고 있는데도 여론조사 결과 이들 나라의 대부분 여성들이 지속적으로 2자녀 가정을 최적가정으로 보고 있다는 것은 더욱 이해하기 힘들다(Coleman, 2001: 5 참고).

대체출산율보다 낮은 출산율수준이 어째서 서구 사회의 미래에 대한 걱정을 야기하는지 이해하기 위해서는 장기간에 걸친 변화 추세를 추정해 볼 필요가 있다. 맥도널드(P. McDonald)의 지적에 따르면(2002: 2), 다른 조건이 일정한 경우 한 세기 동안 기간합계출산율이 1.3으로 이어질 경우 연간 1.5%의 인구감소가 일어나며, 세기 말에는 애초 규모의 1/4 수준에 머무르게 될 것이라 한다. 〈표 7.1〉에 제시된 나라들 중 오스트리아 · 그리스 · 이탈리아 · 스페인 등 네 나라에서는 이미 그러한 일이 벌어지고 있으며, 독일과 일본 같은 두 나라도 그에 못지않은 인구감소를 겪고 있다. 이 정도 규모의 인구감소는 그 영향이 아주 심각하다. 처음에는 노동력과 국민소득의 증가율을 감소시킬 것이다. 나아가는 노동시장을 위축시키고 음의 경제성장을 보이게 될 것이다. 인구고령화로 인한 사회적 지출수요를 걱정하는 고용주와 정부로서는 그러한 추세에 대응해 나가기 위해 이민을 장려하고자 할 것이며, 출산율이 미미한 경우에는 그것이 하나의 해결책이 될 수도 있다. 그러나 유엔의 최근 한 보고서(2001)를 상기시키면서 맥도널드가 지적하듯이(2002: 2), “출산율이 약 1.6을 넘지 못하면, 현 인구수준을 유지하는 데 필요한 이민의 수준은 상상할 수 없을 정도로 커지게 된다.” 〈표 7.1〉에 나타나듯이, OECD 평균출산율은 이미 그 정도 수준으로 떨어졌음을 알 수 있다.

그러나 이러한 직접적인 경제적 함의는 빙산의 일각에 불과하다. 이민의 대폭적인 증가는 정치적 긴장을 가져올 수 있으며, 나아가 이민 반대 대중운동의 근거를 제공함으로써 서구 민주주의 정치체제의 안정을 훼손시킬 수 있다. 네덜란드의 정당 List Pim Fortuyn[2)]이 2002년 5월 정당창립자 암살사건 이후 하룻밤 사이에 네덜란드의 제2정당으로 부상한 것은 앞으로 다가올 많은 일들의 전조에 불과할 수 있다. 인구감소는 향후 100년간의 지정학적 힘의 균형에도 영향을 미칠 것 같다. 거의 정확하게 현존 인구를 대체할 수 있는 수준의 기간합계출산율을 보이고 있는 미국만이 주요 OECD 국가들 중에서 인구감소문제로부터 상대적으로 자유로울 수 있는 유일한 국가이다. 앞에서 지적한 것처럼, 최소한 인구규모면에서만 보면 현재 국제무대에서 주도적인 역할을 하는 많은 나라들이 금세기가 끝나기도 전에 작은 역할을 하는 나라들 중의 하나로 전락하게 될 것이다.

급속하게 인구가 감소하는 나라들은 결국 경제가 침체되어, 계속 역동적으로 남아 있을 것 같은 미국 경제와 대등한 입장에서 경쟁하기가 점점 더 어렵게 될 것이다. 급격한 인구감소는 서구로의 '두뇌유출'을 가져올 것이며, 나아가 대부분의 유럽과 북아시아의 인적 자본의 기반을 고갈시킬 것이다. 동시에 유럽의 동쪽과 남쪽 국경지역의 국가들은 높은(적어도 유럽보다는 훨씬 높은) 출산율로 인해 인구가 급격히 늘어나서 생활수준이 떨어지는 문제에 직면하게 될 것이다. 이러한 상황 속에서, 질투

Chapter 7

2) List Pim Fortuyn(LPF)은 2002년 2월 포르튠(Pim Fortuyn)이 중심이 되어 창설된 네덜란드의 정당으로서, 이 정당은 당시 중요한 이슈가 되고 있던 이민문제에서 이민중단과 기존 이민자들에 대한 강제적인 동화정책을 주장하였다. 그해 5월 총선기간중 창설자 포르튠이 백인 좌익 환경주의자 그라프(Volkert Van de Graaf)에 의해 암살되었으나, 그 선거에서 LPF는 전체 150의석 중에서 26석을 얻어 네덜란드 제2의 정당이 되었다.

는 심해지고, 긴장은 커지며, 어쩌면 궁극적으로 가진 국가와 못 가진 국가들 간의 무장대치도 현실이 될 것이다. 현재 추세를 근거로 기계적으로 추정해서 다음 세기를 전망해 보면, 잠재적인 위협수준은 가히 문자 그대로 재앙적 수준이 되기 쉽다.

그러나 이러한 모습은 '거울을 통해서 희미하게' 바라본 미래 모습으로서, 적극적인 정책적 토론의 차원은 아니었다. 점차 대체출산율 이하의 출산율이 나타나는 현상을 의식하면서, 학자들 사이에는 두 가지 서로 다른 반응들이 나타났다. 첫 번째 반응은 지금과 같이 낮은 합계출산율이 앞으로도 장기적으로 지속될 것인지를 따지는 것이었다. 이러한 논의는 기간합계출산율이 주어진 일정 시점에서 모든 여성들의 출산행태를 하나의 숫자로 파악하기 위해 고안된 인위적인 척도라는 사실에 근거를 두고 있다. 특정 연령층의 여성들이 (평생)출산하는 평균자녀수로 계산하는 완결출산율(cohort fertility)[3] 척도에 비해, 기간출산율을 사용함으로써 얻을 수 있는 이점은 미래 출산행태를 결정짓는 젊은 여성들이 현재 출산하는 자녀수의 최적추정치를 제공하는 데 있다. 기간출산율의 단점은 그것이 배우자들의 자녀에 대한 선호의 변화에 의해서 달라질 뿐만 아니라 자녀출생시점의 변화에 의해서도 변화한다는 점이다. 최근 수십 년간의 출산율 저하가 산모가 첫 자녀를 가지는 평균연령이 현저하게 늦어진 데 기인하였다는 점을 고려하면, 대체출산율을 밑도는 출산율 추세의 상당 부분은 늦게 가정을 꾸리고 초산을 연기하는 데서 오는 일시적인 현상으로 볼 수도 있다.

이러한 사실은, 초산 이후 출생재개율에도 나라마다 차이가 있을 수 있다는 사실과 더불어 최근의 인구통계 관련문헌에서 폭넓게 논의되어

3) 보론 「출산율의 제 개념」을 참고할 것.

왔다(Lesthaeghe and Moors, 2000 참고). 초산연령이 높아지고 있는 시기에는, 기간출산율은 장기적인 출산율 저하를 과장하기 쉽다는 사실이 널리 인정되고 있다. 그러나 약간의 예외가 있기는 하지만(Bongaarts and Feeney, 1998), 초산의 연기가 기간출산율이 가장 낮은 나라들의 출산율 저하를 모두 설명하기에는 충분하지 못하다는 데도 의견이 일치되고 있어 보인다(Lesthaeghe and Willems, 1999: 226; McDonald, 2002: 4). 분명히 이들 나라에서 우리가 볼 수 있는 것은, 가족규모에 관한 선호가 장기적으로 변화한다는 것이다. 자녀를 전혀 갖지 않는 여성수는 증가하며, 보다 중요하게는 둘째와 셋째 자녀의 출산비율이 장기적으로 줄어드는 형태로 변화하고 있다.

그래서 선진산업사회에서 대체출산율수준을 밑도는 출산율수준이 광범위하게 확산됨에 따라 발생하는 문제에 대응하는 명백하게 다른 또 하나의 반응은, 입증 여부를 떠나 기간출산율에 차이가 나는 것은 출산상황에 대한 국가별 인식의 차이에서 비롯된 것이라는 사실에 근거를 두고 있다. 이러한 견해에 의하면, 논의를 위해서는 국가 간 출산율의 차이와 관련이 있는 요인들의 상대적 중요성을 확인하는 비교분석을 통해 그러한 요인을 찾아 내는 데 초점을 맞추는 전략을 세울 필요가 있다. 절박한 인구감소문제의 '해결책'을 찾아야 하는 정부로서는, 적어도 이 전략은 작금의 좋지 않는 추세를 되돌릴 수 있는 정책수단을 찾아 낼 가능성을 제공해 준다.



이러한 관점에서의 연구는 주로 노동시장에 대한 여성들의 변화하는 관점이나 여성고용과 출산의 연계를 지원하는 정책들에 초점을 맞춘다. 그러나 이 문헌들은 흔히 국가들 사이에서 그와 같은 논점을 지지하는 정도에 차이가 있다는 사실을 보여 주고 있는바, 그것을 비교를 위한 증빙자료로 활용하는 것은 일반적으로 제한점이 많다(이에 대한 부분적인 예외로는 Ahn and Mira, 1998; Castles, 1998; Esping-Andersen, 1999 등을 들 수 있다). 그 이유는 부분적으로는 인구통계적 전통에서 인구문제를 연구하는 사람들은 방법론적으로 국가적 차원에서 총량적 행위를 규정짓는 요인들보다 개별적 선택이나 행위를 규정짓는 요인들에 초점을 맞추는 경향이 강하였기 때문에 그러하다. 또 다른 이유로는 출산행태에 대한 설명에 관심을 갖고 있는 경제학자들은 가설에 의해 설정된 관계가 현실세계에서 존재하는지 여부를 경험적으로 검증할 필요성보다는 이론적 명제의 제시에 보다 많은 관심을 가져왔기 때문에 그러하다.

그러나 이 부문의 비교연구를 하려고 할 때 가장 큰 장애는, 비록 초보적인 형태로라도 비교분석을 할 수 있을 정도의 충분한 나라들을 대상으로 여성노동력 참가와 출산율에 영향을 주는 정책들과 관련이 있는 국가 간 자료를 아직까지 구하기 어렵다는 데 있다. 기본적으로 우리는 가족정책 목적을 위한 공공지출에 관한 자료와 다른 약간의 자료를 가지고 있다. 아동보호시설 보유 정도나 가족친화적인 노동관행 등과 같은 정보는 특정 시기 특정 국가의 경우에 대해서만 구할 수 있었다. 그러나 이제 이런 점이 바뀌고 있다. 이 장의 연구가 가능하게 된 것은 OECD가 지금까지와는 달리 가족친화적 정책 척도들에 관한 매우 포괄적인 자료를 최근 발간한 데 따른 것이다. 이러한 자료가 있어서, 우리는 가족친화적인 공공정책이 최근의 출산성과에 얼마나 영향을 주었는지, 나아가 그러한 정책이 앞으로 수십 년간 출산율 저하에 대처해 나가기 위한 실질적인 방안을 제공해 주는지 등을 평가할 수 있게 된 것이다.

## 제2절 현상의 반전

대체출산율에 못 미치는 원인에 대한 비교설명은 출산율이 줄어드는 끔찍한 사실에서 출발하고 있는 것이 아니라 20년도 안 되는 기간에 국가간 출산율에 극적인 변화가 있었다는 사실에서 출발하고 있다. 이러한 변화의 정도를 지적한 초기 연구자들 중에서 Chesnais(1996: 729)는 그러한 변화가 일어나는 것을 '북유럽과 남유럽 사이의 오래된 출산율의 차이'가 뒤바뀌는 현상을 포함해서 서유럽적 현상으로 간주하고 있다. 〈표 7.1〉은 서구 세계의 가장 경제적 선진국들에서 일어난 이러한 변화의 윤곽을 확인할 수 있게 해 준다. 1960년, 유럽 국가군들 중에서 서유럽대륙 국가군과 남유럽 국가군은 매우 유사한 평균출산율을 보이고 있었는데, 이들 두 국가군의 경우 모두 대체출산율수준을 넘어서고 있었다. 그러나 1960년과 1980년 사이 서유럽대륙 국가군의 출산율은 상당한 정도로 떨어졌지만, 남유럽 국가군은 유럽 국가군들 중에서 유일하게 대체출산율수준을 유지하고 있었다. 그러나 최근에는 남유럽 국가군의 출산율이 매우 급격하게 떨어졌으며, 1990년대 후반에는 다른 어떤 OECD 국가들보다 현저하게 낮은 수준을 보였다.

〈표 7.1〉은 또한 스칸디나비아 국가들에서도 그와 유사한 방향전환이 있었음을 보여 준다. 1980년까지 이 나라들은 OECD 중에서 가장 낮은 평균출산율을 보이고 있었다. 그 후 스칸디나비아 출산율은 회복되기 시작하여, 1998년에는 서유럽대륙과 남유럽 국가들보다 상당히 높은 출산율을 보였다. 거의 20년이 떨어져 있는 두 시점의 자료만 보면, 스웨덴의 경우는 일반적인 스칸디나비아 형태와 차이가 나고 있는 것을 알 수 있

다. 사실, 스웨덴의 기간출생률이 1980년 1.68에서 1990년에는 2.13으로 올라갔는데, 당시 그 수준은 아일랜드를 제외한 OECD 국가 중에서 가장 높은 수준이었다. 그러던 것이 1998년에는 다시 1.50으로 떨어졌다. 이러한 점을 고려하면, 진짜 문제는 어째서 스웨덴의 출산율이 1980년대에는 그토록 급속하게 늘어났으며, 어째서 그것이 다시금 1990년대에는 그렇게 크게 감소하였는가 하는 점에 있다. 이러한 것들이 나중의 분석에서 우리가 다루고자 하는 문제들이다.

영어사용 국가들의 출산율도 그 저하시기와 궤적이 다른 국가군들과는 꽤 다르게 나타나고 있다. 이 나라들의 변화의 대부분은 초기에 나타났으나, 국가군들과의 상대적 차별성에는 거의 영향을 주지 않고 있다. 〈표 7.1〉을 보면, 초기에 평균기간합계출산율은 아주 높았는데, 그것은 북미와 오세아니아 국가들의 전후 초기 '베이비 붐' 시기에 출산율이 높았던 데서 기인하는 것이며, 나아가 이러한 현상은 높은 수준의 이민과 그 결과 인구층이 매우 젊었기 때문에 나타나는 현상이다. 그러나 1960~1980년 사이에 이 나라들은 평균적으로 다른 어떤 OECD 국가군들보다 급격하게 출산율이 떨어졌으나, 뒤늦게 출산율이 저하되기 시작한 아일랜드를 극단적인 예외자로 빼내더라도 대체출산율수준에는 머무르고 있었음을 볼 수 있다. 1980년 이후, 다시 한 번 아일랜드를 예외로 하면, 출산율 감소 정도는 훨씬 더 완만해졌으며, 결과적으로 마지막 시기에 영어사용 국가들의 평균출산율은 다시금 다른 어떤 국가군의 경우보다 현저하게 높은 수준을 보였다.

OECD 국가들에 대한 이러한 비교는 전후 시기 선진국들의 국가 간 출산율 유형의 변화 정도를 설명해 준다. 〈표 7.1〉에서 변이계수가 줄어들고 있는 데서 볼 수 있듯이 전후 출산율의 일반적인 추세는 하향수렴해 왔음을 알 수 있다. 그런데 〈표 7.1〉의 자료는 국제적인 차원에서의 변화 정도를 과소평가하는 점이 있다. 자료에 따르면(Sardon, 2002), 1980년 이래 동유럽과 구소련의 많은 나라들에서 기간출산율수준이 종전의 대체 출산율수준에서 같은 시기의 남유럽 수준으로 줄어들고 있음을 알 수 있다. 북동아시아의 많은 신흥산업국들의 출산율도 이와 유사한 궤적을 보이고 있는바, 〈표 7.1〉에서 볼 수 있듯이 일본이 그러한 경향을 주도하고 있다. 그러한 변화의 근본적인 성격은 아마도 북과 남의 역전현상에서 가장 잘 나타나고 있으나, 이제 그러한 변화는 세계적인 현상으로서 점차 모든 대륙의 산업사회에 영향을 주고 있다.

이러한 변화는 단순히 국가 간 출산유형이 변화되었다는 이상의 의미를 갖는다. 논자들은 출산율과 출산율의 국가 간 차이를 결정짓는 것으로 간주되는 다른 변수들 사이에 존재하는 역사적인 관련성이 아주 크게 변하였다는 사실도 지적하였다. 이러한 맥락에서 가장 빈번하게 강조되는 변수들은 가족을 우선시하는 문화적 가치와 고용구조이다. Chesnais(1996: 729)의 견해에 따르면, 아주 특이한 것은 예외적으로 낮은 출산율을 보이고 있는 남부 국가들이 곧바로 '일반적으로 전통적이며, 가톨릭 성향을 갖고, 가족중심적으로 분류되는' 국가들이라는 사실이다. 전통적인 문화적 가치의 의미가 바뀐 것에 대해서는 Monnier and de Guibert-Lantoine(1996)도 지적하고 있다. 그들의 지적에 따르면, 현재 상황에서 상대적으로 출산율이 높은 영어사용 국가들과 스칸디나비아 국가들은 동시에 이혼율도 높고, 동거율도 높으며, 혼외출산율도 높은 나라들이며, 출산율이 아주 낮은 남유럽 국가들은 확실히 가족을 매우 중시하는 국가들이다.



OECD 국가들의 출산율의 상관관계에 관한 나의 초기 연구들에서는, 1974~1993년 사이에 가톨릭과의 관련성이 통계적으로 의미 있는 양의 관계로부터 음의 관계로 변화한 사실을 밝힌 바 있으며, 같은 기간 여성노동력 참가와 서비스고용에서는 같은 크기로, 그러나 서로 다른 방향으로 변화한 사실을 밝힌 바 있다. 경제적 변수의 영향에만 초점을 맞춘 연구들에서도 노동시장의 유사한 추세를 밝힌 바 있다. Ahn and Mira(1998)는 OECD 노동시장과 출산율에 관한 패널자료를 분석해서 역전의 시기는 1980년대 중반이었으며, 그 결정요인들은 남유럽 국가들의 여성임금과 실업의 변화에서 찾았다. OECD의 한 연구는(1999: 17), 유사한 형태의 역전이 기간출산율이 아니라 완결출산율을 사용해서 밝혀질 수 있음을 보여 준다.[4] 마지막으로, Esping-Andersen(1999: 67~70)은 문화적으로 가톨릭적 전통이 뚜렷이 남아 있는 나라들에서 전형적으로 나타나는 '가족주의적' 사회정책은 그러한 전통이 그리 심하지 않는 나라들에 비해 여성들로 하여금 일과 가족을 동시에 수행하는 것을 더욱 어렵게 만들어서 궁극적으로 출산율을 낮추게 된다는 사실을 지적하면서, 변화의 문화적 측면과 경제적 측면을 연결짓고자 하였다.



## 제3절 문화적 가치와 고용구조

여기서 우리가 하고자 하는 바는 이러한 핵심적 결과들에 시비를 걸자는 것이 아니라, 최근에 사용가능하게 된 OECD 국가의 가족친화적 정책에 관한 자료를 이용해서, 선진국들의 출산율수준의 국가 간 차이를 설명할 수 있는 모형을 만들어 내는 것이다. 그러한 모형을 만들기 위해 우리가 취할 첫 번째 단계는 1980년과 1998년의 출산율과 관련문헌으로부

4) 보론「출산율의 제 개념」을 참고할 것.

표 7.2 OECD 21개국 기간합계출산율과 문화적 가치 및 고용구조 관련변수 사이의 상관성 유형

| | 기간합계출산율과의 상관관계 | | 각 독립변수의 1980, 1998년 값들 사이의 상관관계 |
|---|---|---|---|
| | 1980 | 1998 | |
| 가톨릭 신봉자 | 0.47 * | −0.43 * | 0.99 ** |
| 총이혼율 | −0.43 * | 0.49 * | 0.88 ** |
| 서비스부문 고용자 | −0.44 * | 0.55 * | 0.94 ** |
| 여성고용자 | −0.47 * | 0.53 * | 0.81 ** |
| 여성노동력 | −0.47 * | 0.50 * | 0.80 ** |
| 여성직업교육 | −0.26 | 0.53 * | 0.80 ** |
| 여성실업자 | 0.17 | −0.53 * | 0.49 * |
| 기간합계출산율 | − | − | 0.21 |

주 및 자료:
1) 상관관계는 Pearson's *R*을 가리킴.
2) * 유의수준 0.05, **유의수준 0.01.
3) 가톨릭 신봉자 인구 대비 백분율 1975년 자료: Oxford University Press(1982), 1995년 자료: Oxford University Press(2001)(이 분석을 위해서 그리스정교도 가톨릭으로 간주하였음).
4) 총이혼율 자료: J.-P. Sardon(2002), 111∼156.
5) 15∼64세 여성인구 대비 여성고용 및 여성노동력 참가 비중에 관한 자료는 OECD(2001b), *Labour Force Statistics 1980∼2000*, Paris로부터 계산된 것임. 여성노동력 대비 여성실업자 백분율에 관한 자료와 총고용 대비 서비스부문 고용 백분율에 관한 자료출처도 이와 동일함.
6) 직업교육 수혜여성 백분율에 관한 자료: UNESCO(각 연도), *UNESCO Statistical Yearbook*, Paris.
7) 1980, 1998년 기간합계출산율 자료: 〈표 7.1〉.

터 구한 광범위한 변수들 사이의 관련성을 유심히 검토하는 것이다. 이러한 관련성의 크기와 방향은 〈표 7.2〉의 앞의 두 열에 나타내고 있는 상관계수에 의해 평가될 수 있다. 전통적인 문화적 가치의 지속적인 중요성을 파악하기 위한 변수는 가톨릭 신념과 이혼율을 들 수 있으나, 가톨릭 신념만이 잠재적으로 출산성과와 인과적 관계를 갖는 것으로 무리 없이 해석될 수 있다. 고용구조의 현대성을 측정할 수 있는 직접적인 척도

로는 여성고용, 여성노동력 참가, 그리고 총서비스고용 등을 들 수 있다. 고용과 노동력 참가는 관련문헌에서는 별도로 논의되지만, 여기서 측정되기로는 상관관계가 1980년에 0.99, 1998년에는 0.98로 높은 수치를 보임으로써 사실상 동일하게 나타나고 있다. 서비스부문 고용은 출산성과와 잠재적으로 관련을 맺고 있는 변수에 포함되어 있는데, 그것은 서비스부문 고용이 전후 여성고용 팽창에 중요한 결정요인이었다는 사실이 폭넓게 받아들여지고 있기 때문이다(OECD, 1984; Bakker, 1988; Castles, 1998).

다른 두 변수는 전통적 가치와 고용구조의 이분법으로 구분하기가 그리 쉽지 않다. 첫째 변수는 여성(직업)교육 등록인데, 이 변수는 전후 여성교육 기회의 확장을 나타내는 대리변수로, 그리고 여성들의 높아진 평등을 측정하는 적절한 척도로 채택되었다. 교육에 대한 접근 정도를 파악함으로써 문화적 가치와 고용구조의 변화양상을 파악할 수 있는데, 접근 정도가 증가하면, 여성들은 구태의연한 가치체계로부터 벗어날 수 있으며(Sen, 2001), 나아가 현대경제활동에 참가하는 데 필요한 기술을 습득할 수 있게 된다. 두 번째 변수는 여성실업수준이다. 이 변수는 고용구조만큼 고용의 현대성을 측정하는 척도는 되지 못하지만, 고용구조가 얼마나 여성노동시장 선호를 충족시키는지를 알려 주는 간접적인 지표역할은 할 수 있다. 여성실업률이 높은 곳에서는, 출산 후 노동시장에 재진입할 가능성이 줄어든다. 여성실업과 출산율 사이에 강한 음의 관련성이 있다는 사실로부터, 우리는 여성들의 노동시장 진입이 이미 문제가 있는 곳에서 출산 때문에 고용의 가능성을 훼손시키려 하지 않는다는 사실을 알 수 있다.

〈표 7.2〉의 첫 번째 두 열의 수치에서 나타나는 상황이 곧바로 우리가 알아 내고자 하는 것이다. 모든 변수들은 1998년의 경우 출산율과 유의한 상관성을 갖고 있으며, 나아가 1980년과 1998년 사이에 부호가 바뀌

고 있다. 전통적인 문화적 가치를 측정하는 두 개의 척도와 직접적인 고용구조의 현대성을 측정하는 세 개의 척도 등 다섯 가지 변수는 1980년과 1998년 각각 서로 다른 방향으로 통계적 유의성을 보이고 있다. 1980년의 수치들은 전통적인 가치와 고용구조가 상대적으로 높은 출산율과 밀접한 관련성을 맺을 것이라는 기대와 완전히 일치한다. 1998년의 수치들은 거꾸로 된 상황을 보여 주는데, 전통적인 가족의 가치를 위한 제도적 지원이 낮은 곳에서 출산율이 높게 나타나고 있으며, 여성교육 기회와 양성평등 정도가 큰 곳, 그리고 고용구조가 여성노동자에게 우호적인 곳에서 출산율이 높게 나타나고 있다.

〈표 7.2〉의 마지막 열의 수치는 표에 나오는 각 독립변수들의 1980년과 1998년의 값들 사이의 이변량 상관관계(bivariate correlations)를 나타낸다. 이 수치들은 이 기간 동안 이 변수들이 변화한 정도를 나타내 줌으로써, 관련성의 변화유형이 출산율의 역전현상과 얼마나 관련이 있는지, 그리고 고용구조와 전통적 가치의 변화와는 얼마나 관련이 있는지를 예비적으로 평가할 수 있게 해 준다. 대답은 여전히 명확하다. 여성실업자의 경우는 예외지만, 전통적 가치와 고용을 측정하는 변수들의 두 시점 간의 상관관계는 아주 높게 0.80 이상으로 나타나고 있는데, 이러한 사실은 이 기간에 국가 간 차이의 유형이 거의 변하지 않았다는 사실을 말해 준다. 이와는 대조적으로 1980년과 1998년의 기간합계출산율 사이의 두 시점 간 상관관계는 단지 0.21에 지나지 않는데(〈표 7.2〉의 마지막 행을 참고), 이는 시간의 경과와 더불어 국가들 사이에 출산율이 상당한 정도로 변화하고 있음을 말해 준다.

〈표 7.3〉의 수치들은 1980~1998년 사이 OECD 21개국들의 출산율 변화에 관련이 있는 요소들을 보다 잘 설명하고 있다. 표의 첫째 열의 값은 〈표 7.2〉와 같은 변수들의 1980년 초기값과 1980~1998년 사이의 출산율

표 7.3 OECD 21개국 기간합계출산율 변화분과 문화적 가치 및 고용구조관련 변수 초기값 및 변화분 사이의 상관성 유형(1980~1998)

| | 기간합계출산율 변화분과의 상관관계 | |
|---|---|---|
| | 초기값 | 변화분 |
| 가톨릭 신봉자 | −0.70 ** | 0.27 |
| 총이혼율 | 0.75 ** | 0.05 |
| 서비스부문 고용자 | 0.76 ** | −0.58 ** |
| 여성고용자 | 0.64 ** | −0.01 |
| 여성노동력 | 0.64 ** | −0.15 |
| 여성직업교육 | 0.48 * | 0.15 |
| 여성실업자 | −0.24 | −0.35 |
| 기간합계출산율 | −0.80 ** | − |

주 및 자료:
1) 상관관계는 Pearson's *R*을 가리킴.
2) * 유의수준 0.05, **유의수준 0.01.
3) 모든 초기값과 변화값의 출처는 〈표 7.2〉 참고.

변화분 사이의 상관관계를 보여 준다. 두 번째 열의 값은 그 변수들의 변화분과 출산율의 변화분 사이의 상관관계를 보여 준다. 분명히, 첫째 열의 값들은 둘째 열의 값들에 비해 직접적인 인과관계는 크지 않다. 두 변수 사이에 상관성을 시사하는 이론이 있고, 한 변수의 변화와 다른 변수의 변화 사이에 의미 있는 상관관계가 있다면, 적어도 두 변수 사이에 직접적인 인과관계가 있을 수 있다는 식의 해석이 잠정적으로 가능할 것이다. 그러나 이와는 달리 통계적으로 한 변수의 초기값과 다른 변수의 변화분 사이에 의미 있는 상관관계가 존재한다는 것은, 그것이 아무리 강하더라도, 단지 많이 변화한 것과 적게 변화한 것의 사전적인 성격을 보여 주는 것에 지나지 않는다. 그러한 상관관계는 우리에게 설명을 제공해 주지 못하며, 단지 해명되어야 할 현상에 대한 보다 중요한 실마리만 제공해 줄 따름이다.

〈표 7.3〉의 수치들도 이러한 맥락에서 해석되어야 한다. 첫째 열의 매우 강한 상관관계는 출산율이 급격하게 저하한 나라의 많은 특성들을 알려 준다. 그 나라들은 가톨릭 신념이 높은 정도나 이혼의 빈도가 낮은 정도로 측정한 전통적 가치에 대한 집착이 강한 나라들이었다. 그들은 또한 여성노동력 참가와 서비스부문 고용수준이 낮은 나라들이기도 하였다. 정도는 다소 작지만, 그 나라들은 여성교육 기회도 적었다. 마지막으로 1980년 출산율과 그 이후의 출산율 변화분 사이에는 강력한 음의 관련성이 존재하는데, 이는 아일랜드와 남유럽 국가들이 다른 OECD 국가들의 초기 출산율 추세를 모방하려는 따라잡기 과정의 마지막 단계에 와 있다는 사실을 의미한다. 측정 척도면에서 문화적 가치와 경제구조 관련 변수 사이에 상관성이 존재한다는 것은 놀랄 만한 일이 아니다. 그것은 〈표 7.2〉에서 각 변수와 출산율 사이의 상관관계 부호가 통계적으로 유의하게 바뀌고 있는 것을 보면 알 수 있다. 실질적인 면에서, 이 변수들에 의해 밝혀진 유형들의 크기나 일관성을 볼 때, 출산율의 변화와 문화적 가치 그리고 경제구조들 사이에 관련성이 존재하는 것은 결코 우연이 아님을 알 수 있다.

〈표 7.3〉 둘째 열에 유의하게 나타나고 있는 서비스부문 고용의 변화분과 출산율 변화분 사이의 관계에서는 해석이 다를 수 있다. 서비스부문의 고용증가와 출산율 감소 사이에 나타나고 있는 음의 유의한 관계는 전통적인 가정에 의하면 비정상적인 것으로 보인다. 그러나 이러한 관계는 초기의 높은 서비스부문 고용과 이어지는 출산율 증가 사이에 존재하는 훨씬 강한 양의 상관관계의 결과로 나타난 것이 거의 확실하다. 이 기간은 종전에 서비스부문의 성장이 가장 약하였던 국가들이 −0.77이라는 따라잡기 상관관계를 보이면서 광범위하게 성장하였던 기간이었다. 따라

서 이러한 사실을 현대의 고용구조가 높은 출산율과 관련성을 맺는 경향이 강하다는 일반적인 규칙의 예외로 간주하는 것은 적절치 않아 보인다. 오히려 그것은 초기에 서비스부문의 성장이 가장 약했던 나라들이야말로 그 이후 시기에 심한 출산율 감소를 경험하게 되었다는 관점에서 파악하는 것이 보다 적절해 보인다. 이러한 사실 또한 역시 인과관계적 사실이 아니라, 우리가 설명하고자 하는 유형의 한 부분에 지나지 않는 것이다.

〈표 7.3〉의 첫째 열에 강한 상관관계가 나타나고 있다는 사실과 그러면서도 이를 설명할 분명한 인과관계가 없다는 사실은 다음과 같은 두 가지 점을 시사한다. 하나는 전통적인 문화적 가치나 고용구조를 측정하는 변수들이 사회주체들에게 갖는 의미가 변화하여 일과 가족 사이의 상충관계에 관한 선호체계가 변하였을 수 있다는 점이다. 그렇지 않으면 〈표 7.3〉에 나타난 상관관계가 출산율 변화와 여기서 제시되고 있지 않은 다른 변수들과의 관계를 제대로 나타내지 못하였을 가능성이 있다는 점이다. 가장 분명한 변수로는 가족친화적인 공공정책과 관련된 변수들을 들 수 있을 것이다. 이어지는 설명에서 우리는 최근의 출생률 변화가 거의 확실하게 이와 같은 두 가지 메커니즘을 포함하고 있다는 사실을 보이고자 한다.



## 제4절 선호유형의 변화

대규모 역전의 신비는 이해하기 힘들다. 특히, 최근 수십 년간의 대체수준 이하의 출산율 추세를 설명하고자 하는 주요 경제이론들 모두가 이러한 변화의 원인을 여성교육수준의 증가와 여성고용수준의 증가에서 찾고 있다는 점에 동의하고 있는 것을 보면 더욱 그러하다. 여성교육이나 고용은 출산의 기회비용을 늘리는 것으로 간주되기도 하고(Becker, 1991), 또는 자식 갖는 시기를 늦춤으로써 얻게 되는 금전적 보수를 증가시키는 것으로 간주되기도 한다(Easterlin, 1976; Easterlin and Crimmins, 1991). 나아가서 여성교육이라든가 고용과 같은 현상이 젊은 여성들이 가정을 꾸리기 전에 그들의 교육을 완성시키고 직장에서의 입지를 확고히 하고자 하는 희망에 따라 달라진다는 사실은 만혼 추세에 대한 보다 일반적인 설명논리이기도 하다. 그러나 이러한 가설들에 의해 가정되고 있는 관계들은, 최소한 표면적으로는 우리의 국가 간 분석에서 나타나고 있는 관계들과는 상반된다. 우리의 분석에서는 출산율과 노동시장의 현대적 특성들 사이에 나타나는 음의 관계는 과거에 나타났던 현상으로서, 후기에는 정확하게 여성교육 성취도와 여성고용이 높은 나라들에서 출산율이 높은 수준을 보였다.

출산율과 고용구조 사이의 전통적인 관계라든가 교육수준과 고용구조 변화에 따른 출산율 감소에 대한 표준적인 설명은 개인행동 차원에서는 노동과 출산 사이의 경합관계 속에 일반적으로 잘 나타나고 있다(Sorrentino, 1990; Blau and Ferber, 1992). 직장생활상의 요구와 엄마 역할 수행과정에서의 상반된 요구는 자녀를 가지고자 하는 여성 피고용자의 능력과 일하고자 하는 엄마의 능력을 제한한다. 분명 이러한 주장은 한계적인 상황에서는 사실임에 틀림없다. 다른 조건이 일정하다면, 높은 급여수준의 고용이나 많은 출산은 모두 여성들의 시간을 요구하며, 따라서 이러한 것들은 여성들의 근로와 출산의 선택에 영향을 미치게 될 것이다. 그러나 이 또한 분명 극단적인 경우에만 사실이다. 바쁜 여성간부들은 일과 가정의 요구를 균형시키는 것이 매우 힘들다는 사실을 안다. 여러 자녀를 둔 엄마들은 정규직업을 계속 유지하는 것이 어렵다는 것을 안다. 그러나 이와 같은 상투적인 사례들이 시사하는 상충관계가 진정 사실이라 하더라도, 개인의 출산율 선택을 결정짓는 고려사항들은 국가간 출산율 유형의 차이와 거의 관련성이 없다. 이러한 관계에서 중요한 것은 상충관계가 일어나는 보다 광범위한 맥락과 관계 있다.

출산율관련 학자를 포함한 경제학자들의 이론은 선호극대화를 추구하는 행위자라는 개념에서 논의를 전개하면서, 선호 자체는 주어진 것으로 보고 있다. 여성과 부부들은 그들 자신의 욕구와 그러한 욕구충족과정에서 당면하는 장애라는 관점에서 그들의 고용과 출산율에 대한 선호조합을 선택하지만, 현실적으로 그러한 선택은 사회가 적절하다고 보는 (또는 종종 강요하는) 가치에 의해 크게 제약을 받는다. 이러한 가치들은 변할 수 있고 또 변화한다. 전후 수십 년간과 현재의 상황에 차이를 가져오고, 나아가 이 기간에 국가 간의 여성고용과 출산율 사이에 음의 관계를 가져온 것은, 이 시기 일과 출산 사이의 경합적 관계의 특성에 근본적인 차이가 있어서가 아니라 일과 출산에 관한 일련의 가치와 그에 수반하는 선호체계가 종전과 오늘날 후기산업사회의 것이 다른 데서 연유한다. 여성고용이 육아와 아동교육에 우호적이지 않는 것으로 폭넓게 간주되는 곳에서는, 이유야 어떠하든 여성고용이 높은 나라들이 출산율이 낮을 수밖에 없다.

그러나 고용과 출산부문을 완전히 분리하려는 선호체계는 경합관계로부터 당연히 추론되는 논리적 관계가 아니며, 또한 그러한 선호관계는 지금까지 존재하는 대부분의 사회에서 맞아 들어가는 것도 아니다. 여성들이 결혼이라든가 출산의 시작으로 인해 급여를 받는 고용상태에서 물러날 것이라는 가설은 전후 초기 수십 년간 서구 선진사회에 폭넓게 펴져 있었는데, 이는 거의 확실히 역사적 사실에서 벗어난 것임에 틀림없다(Hudson and Lee, 1990 참고). 그것은 이들 사회가 인류역사상 경제잉여가 충분하여 대부분의 여성들이 가사에 전적으로 집중할 수 있었던 첫 번째 사회였기 때문에 가능한 것이었다. 여성들에 대한 새로운 교육기회나 새로운 직업관이 다시금 여성들의 노동참여를 불러오기 전까지 그토록 많은 여성들이 가정에 머물면서 그들의 자식을 낳아 키워 온 사실은, 조금만 과장해 보면 전후 성장으로 갑자기 풍요로워진 산업사회에서 일어난 과시적 소비와 유사한 것으로 볼 수 있다.

그러나 여성고용과 출산율 사이의 경합관계에 대한 국가 간 양상이 그러한 경합관계가 발생하는 가치의 맥락에 의해 영향을 받는 것이라면, 국가 간 출산율 역전현상의 원천에 대한 분명한 설명은 여성들의 일과 출산 사이의 적절한 균형에 관한 선호체계의 폭넓은 변화에서 찾을 수 있다(이러한 변화에 관한 특별하면서도 아주 흥미로운 설명으로는 Hakim, 2000을 참고). 비록 관련된 메커니즘에 대한 여러 연구들의 설명에 다소간 차이가 나기는 하지만, 모든 연구가 그 본질에 대해서는 폭넓게 공감하고 있다. 여성들의 주된 역할은 모성애이며, 일과 모성애는 양립하기 어렵다는 가정과 관련해서 점진적으로 선호체계에 변화가 나타나고 있다. 그것은 여성은 남성과 같은 권리를 가지고 있으며 남성과 마찬가지로 재정적 이유에서 일을 필요로 한다는 가정과, 출산이 어떤 경우에는 직장생활에 대한 요구와 어느 정도 결합되어야 한다는 가정으로부터 나타나는 새로운 형태의 선호체계이다. 우리는 왜 그러한 선호체계의 변화가 1960년 이래 서구 국가들에서 나타나는 것과 같은 형태의 전반적인 출산율 감소를 가져오는지를 쉽게 이해할 수 있다. 그러한 변화들이 여성들의 늘어난 교육과 고용수준에 근거를 둔 것이든(Esping-Andersen, 1996, 1999; Lesthaeghe and Willems, 1999), 가족 상호간에서 가장(家長)의 뚜렷한 역할모형의 쇠퇴와 성 평등에 대한 요구의 증가에 근거를 둔 것이든(McDonald,

2000, 그리고 약간 다른 맥락에서 접근하고 있는 Sen, 2001 참고), 아니면 1970년대와 1980년대의 여권신장론자들의 주장의 승리에 근거를 둔 것이든(Castles, 1998), 그러한 변화는 반드시 여성들의 근로가치가 훨씬 늘어났으며, 나아가 여성 입장에서 가치가 체화된 직업목표를 추구하기 위해 출산욕구를 임시적으로나 항구적으로 조정하고자 하는 의지가 더 커졌다는 사실을 시사한다.

역설적으로 바로 이러한 선호체계의 변화가 현대적 고용구조와 문화적 가치의 특성을 지닌 국가들이 왜 그렇지 않은 국가들에 비해 보다 높은 출산수준을 보이는 경향을 갖는지에 대한 중요한 이유도 제공해 준다. 그러한 선호체계가 주어져 있다면, 여성에 대한 강력한 고용전망은 가족형성에 중요한 전제가 된다. 강력한 교육수준과 엄격한 노동시장은 그러한 전망을 현실화하는 데 가장 큰 역할을 할 것이다. 나아가 현대 일하는 엄마들이 역사상의 다른 시기와 유사한 정도의 어려움에 직면하고 있지만, 전통적인 가족가치가 후퇴하였다는 것은 그들의 생활이 더 이상 지난 날만큼 일과 가정 사이의 완전한 분리를 전제로 한 사회적 · 법률적 규범에 의해 좌우되지 않는다는 사실을 의미한다. 여성들이 이러한 어려움을 극복할 수 있는 정책을 가장 강력하게 추진해 나갈 것으로 기대할 수 있는 것도 바로 전통적 가치가 가장 약화된 나라들이다. 이와는 대조적으로 여성들이 고용상태를 확보하는 데 더욱 어려움을 느끼는 나라들과 일과 가족을 연계하는 것이 여전히 문화적으로 부적절한 것으로 간주되는 나라들에서는, 여성들은 보다 작은 부담으로 직장생활을 시작할 수 있기 위해 그들이 일자리를 가질 때까지 출산을 지연시키고, 나아가 그렇지 않은 경우에 비해 자녀를 보다 적게 가지려 할 것이다. 이리하여 일과 가족에 대한 여성들의 선호체계의 변화는 전후 대체수준 이하의 출산율과 그에 수반된 산업국가들의 국가 간 출산율의 거대한 역전현상을 설명하는 데 도움을 준다.



## 제5절 다양한 정책배경

일과 출산 사이의 경합성에 대한 보다 광범위한 맥락은 단순하게 변화하는 선호의 문제만은 아니다. 개인이나 부부에게서 일과 가족에 관한 문제는 늘 선택의 문제이다. 이러한 선택은 정책환경에 따라 정도의 차이는 있겠지만 늘 어려운 문제이다. 이러한 차원에서 최근 가족정책에는 그 효과가 검증되지 않는 다양한 처방들이 내려지고 있다. 그러나 최근까지 이 분야 문헌에서는 국가 간 출산율의 차이를 결정짓는 정책적 요소를 확인하는 것보다는 여성고용수준을 증진시키는 요인을 찾아 내는 데 훨씬 더 관심을 보여 왔다. 여기서 그 관련성은 상식적인 차원의 것이다. 만약 개인들이 출산으로 인해 늘어나는 부담을 줄일 수 있는 서비스를 획득할 수단이 있다면, 고용과 출산을 연결짓기는 보다 쉬울 것이다. 아동보호 서비스를 보다 싸게 획득할 수 있거나 또는 국가가 무료로 제공하는 경우에도 마찬가지이다. 정부가 복지를 위해 상당한 고용기회를 제공해 준다면, 그렇지 않은 경우에 비해 여성들은 보다 수월하게 재고용에 대한 전망을 가질 수 있다. 또한 노동시장에의 재진입 권리가 법적으로 보장되어 있거나 급부조건이 좋은 육아휴가제도에 의해 휴가에 대한 보상이 주어진다면, 여성들은 아이를 갖기 위해 잠시 일자리를 떠나는 데 대해 보다 안정감을 가질 수 있다. 만약 국가적 차원에서 육아휴가 구상이 없는 경우라도, 근무시간이 유동적이고 시간제 근로제가 있는 경우 근로와 가정을 병행하기가 더 쉬울 것이다.

이 문제는 바로 인구통계학자와 사회정책 전문가들이 서로 보완해야 할 문제이다. 또한 이 문제가 바로 출산율 저하 흐름을 막는 데 관심 있는 정책결정자들이 학술적 논쟁에 주의를 해야 하는 점이기도 하다. 이들 명제의 기본적인 전제는 기존에 있는 노동시장제도의 차이점들과 중앙정부가 선택하는 정책들이 근로와 출산 사이의 경합관계를 수정할 수 있으며, 나아가 해당 국가의 총출산행위에 잠재적인 영향을 줄 수 있다는 점이다. 여기서 노동시장제도들에는 서비스부문 피고용자의 임금수준에서부터 근로제도의 유연성에 이르는 모든 것을 포함하며, 중앙정부가 선택하는 정책에는 국내종사 외국인들에 대한 비자제한으로부터 아동보호 서비스의 무료공급에 이르는 모든 정책을 포함한다.

이런 식의 주장을 펼치는 Chesnais(1996)는 이탈리아의 예산에서 아동급여수준이 감소된 것과 독일에서 가정의 아동양육기능을 보완하는 제도적 장치가 취약한 점을 지적하면서, 전통적인 가족가치를 지지한다고 공언하고 있는 나라들이 실질적으로는 가족을 지지하는 나라가 별로 없다는 모순된 사실을 보여 주고 있다. Esping-Andersen(1996b)은 서유럽대륙국가들과 남유럽 국가들이 가족서비스 공급을 소홀히 하는 것은 여성들로 하여금 일과 출산율을 연결시키지 못하게 막는 주된 요인이라고 주장하고 있다. 나는 초기 연구(Castles, 1998)에서 가톨릭에 대한 신봉이 일련의 가족친화적인 정책들의 결핍을 설명하는 대리변수로서 역할을 한다고 주장한 적이 있다. 그러한 정책들에는 아동보호정책, 직장과 학교수업시간을 통합시키는 정책, 이중소득가정에 대한 과세정책, 시간제 근로 장려정책 등 여성노동 참가와 출산에 관한 국가 간 차이에 중요한 의미를 갖는 모든 정책들을 포함한다.

스칸디나비아, 특히 스웨덴에 대한 논평자들도 마찬가지로, 1980년대 이 나라들의 출산율수준 회복을 설명하면서, 정책환경의 역할을 강조하였다. 확인된 주요한 요소에는 보호서비스 영역에서의 공공부문 고용의 가능성(Esping-Andersen, 1999), 아동보호, 육아휴가급여의 확장, 유연한 근로시간제도 등(Hoem, 1993; Gustavsson and Stafford, 1994 참고)이 포함되어 있었다. 앞의 장들에서 지적한 스칸디나비아 국가들의 정부서비스 지출의 팽창은 이 나라들의 여성고용 확장과 아동보호 기회의 확장을 뒷받침하는 주요한 역할을 하였다. 1990년대 중반 스웨덴의 극적인 출산율 저하현상에 대한 연구에서는, 유사한 정책논리를 확인하면서, 가장 결정적인 요인은 이 기간 여성고용수준이 감소한 사실과 필사적으로 공공지출수준을 삭감하고자 하였던 정부가 추진한 가족급여수준의 삭감이었다는 사실을 보여 주고 있다(Hoem, 2000 참고).

이들 모든 논의의 요점은 공공정책이 여성고용과 출산과 관련해서 중요한 의미를 갖는다는 점이다. 나아가 그러한 논의는 심지어 관련된 요인들이 국가가 아니라 명백하게 시장에 의해 형성된 경우에도 적용된다. 왜냐하면, 정부가 원하기만 하면 시장에 개입하여 시장의 작동을 수정할 수 있기 때문이다. 물론 이러한 사실은 비교연구를 통해 얻을 수 있는 직접적인 교훈인바, 이러한 연구는 다양한 가족정책으로 인해, 이들 정책이 아니라면 OECD 국가들과 유사하였을 나라들조차 그 특징이 세부적으로 서로 다르게 규정된다는 사실을 보여 준다. 비교론적 관점에서 보면, 정책환경이라는 것은 정부가 수행하는 일에 의해 결정되는 것이 아니라, 그들이 하고자 할 때 할 수 있는 것이 무엇인가에 따라 결정된다. 관련문헌에서 가장 두드러진 주제는, 정부는 전통적인 가치가 이미 중요한 의미를 갖지 않는 상황에서 문화적 배경에 훨씬 더 신경을 쓰는 경향이 있다는 점이다.

선호관계와 다양한 정책환경을 고려하면서 경합관계를 검토해 보면, 최근 수십 년간의 국가 간 출산율의 변화가 이론적으로 그리 이상해 보이지 않게 된다. 여기서 제시한 설명이 무언가 의미를 갖는 것이라면, 세상은 엄청 많은 변화를 보인 것이다. 왜냐하면, 산업화된 나라의 여성들이 사회에서의 자신들의 적절한 역할에 대한 그들의 견해를 바꾸었으며, 이들 나라 중 적어도 몇몇 나라에서는 정부가 그러한 변화에 적응하기 위해 그들의 정책을 변화시켰기 때문이다. 그러나 지금까지 제시된 증거는 그리 완전하지는 못하다. 〈표 7.2〉의 두 번째 열에 보이고 있는 사실에서, 우리는 1990년대 후반 선호변화가설에 부합하는 꽤 중요한 관련성이 있었다는 사실을 알 수 있다. 〈표 7.3〉의 첫 번째 열에 보이고 있는 훨씬 더 강력한 관련성은 중요성에 대한 또 하나의 간접적인 증거를 제시해 준다. 그러나 우리에게 아직까지 부족한 것은 정책환경변수가 출산율에 미치는 영향에 관한 직접적인 증거이다. 만약 우리가 다양한 가족친화적인 정책들 중에서 어떤 정책들이 가장 영향력이 큰 것인지, 그리고 실제로는 선호의 변화와 정책변화에 의한 설명이 얼마나 분리될 수 있는지를 알아 내려면 그와 같은 증거를 찾는 것이 필수적이다.

복지국가

## 제6절 정책효과 측정

가족친화적인 정책은 다양한 형태를 띠고 있는데(Kamerman and Kahn, 1981; Gornick, Meyers, and Ross, 1997), 그 정책들은 근로여성들의 출산율을 높이는 데 조금씩 다른 의미를 가지고 있다. 그 정책들의 한 쪽에는 여성들이 보다 장기적으로 노동력으로부터 떠나 있을 수 있도록 해 주는 전통적인 인구정책 측면을 파악할 수 있게 해 주는 척도들이 있다. 이러한 정책의 대표적인 예로는 육아기간의 소득손실을 보전해 주기 위한 아동급여와 세액공제제도들을 들 수 있다. 다른 한 쪽에는 여성들이 육아기간 동안 고용되어 노동력을 발휘할 수 있는 능력을 돕는 척도들이 있다. 이러한 정책의 대표적인 것으로는 보호부문 고용의 공적 공급과 아동보호시설의 공급 등이 있는데, 이들은 초기 노동력 재진입에 결정적으로 중요한 0~3살 사이의 아동들을 위한 실질적인 장치역할을 한다. 그러한 양쪽 정책들 사이에는 여성 피고용자들의 출산을 적극적 또는 소극적으로 돕는 정책들이 있다. 적극적인 정책에는 출산 내지 육아휴가 같은 것이 있는데, 이러한 정책들은 여성들에게 보다 긴 휴가를 주어 영아들에게 특별히 필요한 서비스를 제공해 줄 수 있도록 하며, 또한 그 과정에서 발생하는 일시적인 소득손실을 보상할 수 있도록 대체율을 높여 주는 역할을 한다. 소극적인 정책들에는 부부들이 일과 가정의 상충되는 요구들을 양립시킬 수 있도록 자신들의 삶을 조정할 수 있는 다양한 형태의 유동적인 직장제도들이 포함된다.

가족친화적인 정책이 출산율에 미치는 영향을 평가하는 것은 그리 쉽지만은 않다. 다시 말하면, 인과관계의 서열을 밝혀 내는 것은 쉬운 문제가 아니다. 특정 정책이 지나치게 낮은 출산율문제를 해결할 수 있다고 믿는 한, 정부는 출산율문제를 해결하기 위해 당연히 그 정책을 쓰려 하고, 그리하여 예상되는 인과관계의 서열을 바꾸고, 나아가 상관관계의 부호(방향)마저 바꾸려 할 것이다. 또한 아동급여, 출산 내지 육아휴가, 아동보호, 기타 가족에 대한 다른 제반 서비스 등에 대한 총지출 척도들은, 다른 조건이 일정하다면, 인구구조가 젊은 곳에서 보다 높게 나타날 것이라 예상하는 것은 아주 당연하다. 이러한 사실은 총지출 척도들이 적어도 어느 정도는 출산율을 결정짓는 요인이라기보다는 출산율의 결과로 나타난다는 것을 보여 준다. 그러나 이러한 문제는 1인당 지출률을 계산함으로써 극복될 수 있다. 그것은 1인당 지출률이 지출급부수준으로

Chapter 7

연결되어 출산율과 사이에 내재된 인과관계를 보여 주기 때문이다.

또한 높은 수준의 아동보호와 보다 유연한 직장제도가 주어진다고 해서 반드시 출산율이 높아질 것이라고 보는 데는 문제가 있을 수 있다. 물론 이러한 정책들이 분명히 출산율을 늘릴 것으로 볼 수도 있겠지만, 그렇다고 그들 사이에 인과관계가 있는 것으로 보는 것은 적절하지 못하다. 전후 초기 수십 년간 산업화된 국가들에서 상당히 다른 문화적 가치가 지배하고 있었던 점을 고려해 보면, 현재보다 그 당시 출산율이 높았던 것은 공식적인 아동보호시설이라든가 유연한 직장제도 같은 것과는 거의 관계가 없었던 것으로 볼 수 있다. 오히려 일과 출산의 선택에 대한 당시 사회의 규범에 따른 것으로 볼 수 있다. 물론 우리가 살고 있는 사회와 같이 엄마들이 육아 이후에 일을 계속할 것이라는 규범이 지배하는 사회에서는 어떠한 규모의 출산율도 대부분 지금 정착되고 있는 그러한 정책들에 따라 결정될 것이다. 그러한 사실이 진정으로 의미하는 것은 여성들은 일반적으로 아동보호시설이 있거나 유연한 근로제도들이 작동되고 있는 곳에서만 아이를 가지고자 할 것이라는 사실이다. 이러한 사실에서 보면 정책은 출산의 결과라기보다는 필수 내지는 전제조건인 것이다.

사실 비교연구에서 더 큰 문제는 위와 같은 인과관계가 있는지의 문제라기보다는 적절한 자료가 있는가 하는 점이다. 우리가 공공지출 프로그램에서 나타나는 대부분의 가족친화적인 정책의 전개에 관해서는 포괄적으로 이해하고 있지만, 정녕 필요한 정보가 개별 기업이나 민간기구, 또는 개인들로부터 주어져야 한다는 사실은 제대로 보고되고 있지 않다. 중요한 예로는 공공부문 밖에서의 근무시간 자유선택제도, 자발적인 시간제 근무제도, 아동보호제도 등의 확산을 들 수 있다. 근무시간의 선택은 부부들이 아동양육의 필요나 근로참여 정도를 조절하여 근로생활을 계획하는 데 결정적인 역할을 한다. 시간제 근무제도는, 특히 그것이 자발적인 경우에는 여성들이 일과 가정의 필요를 결합할 수 있게 해 주는 직장의 유연성을 측정하는 척도로 간주되고 있다. 시간제 근무가 비자발적인 경우에는 전일제 직장을 얻고자 하는 바람이 결국 출산을 연기시키는 계기로 작용하게 된다. 지금까지 비교연구 문헌에서 보고되고 있는 아동보호에 관한 자료는 공적 자금에 의한 공급의 변화에 관한 내용만을 다루고 있었는데, 물론 그것은 그러한 자료가 정부가 모아서 제공하는 자료이기 때문인 것은 더 말할 나위도 없다. 그러나 아동보호 서비스가 어떻게 공급되는가와는 관계없이 그 공급 정도와 출산율 사이에는 양의 관계가 존재한다는 아주 단순한 가설에 비추어 볼 때, 그 사적 공급의 국가 간 차이가 출산율과 관련이 없다고 가정할 이유는 어디에도 없다.

최근에 OECD는 부모들이 일자리를 가질 수 있도록 도와 주는 정책들에 관한 조사보고서를 발간한 적이 있는데(OECD, 2001c), 그 보고서에는 1990년대 후반 18~20개 국가들의 모든 부문에 걸친 공식적인 아동보호시설의 공급에 관한 정보뿐만 아니라 직장유연성에 관한 각종 측면에 관한 설문조사 자료가 포함되어 있다. 이 자료는 공적 자금에 의한 아동보호와 현금급여 및 서비스에 대한 지출에 관해 일상적으로 얻을 수 있는 다른 자료들과 더불어, 우리가 광범위한 가족친화적인 정책수단들 중에서 어떤 것이 오늘날 출산율과 가장 밀접한 관련성이 있는지를 연구할 수 있도록 도와 준다. 그 자료는 또한 일과 가정 사이를 조화시키는 정책조합에 관한 지표도 포함하고 있기 때문에, 통합된 정책조합이 개별 정책들의 경우보다 결과에 더 결정적인 영향을 주는지 여부에 대한 가설도 검증할 수 있게 해 준다.

〈표 7.4〉는 정책수단과 1998년의 기간합계출산율과의 상관관계를 보여 준다. 가장 강한 상관성을 보이는 것은 출산율과 3세 이하 아동에 대

**표 7.4 OECD 21개국 기간합계출산율과 다양한 가족친화적 공공정책 척도들과의 상관성 유형(1998)**

| | 기간합계출산율과 상관관계 |
|---|---|
| 공식적인 아동보호장치 사용 아동 비율[a, b] | |
| • 0~3세 | 0.73** |
| • 3세~의미교육연령 | 0.37 |
| • 평균 | 0.69** |
| 공적 자금에 의한 아동보호장치 사용 아동 비율[c] | |
| • 0~3세 | 0.44 |
| • 3~6세 | −0.52** |
| • 평균 | −0.30 |
| 출산휴가/아동보호휴가 | |
| • 출산휴가 기간(주일) | −0.07 |
| • 소득대체율(평균임금 대비 백분율) | −0.44 |
| • 총출산휴가 기간/아동보호휴가 기간(주일) | −0.32 |
| 가족에 대한 사회적 지출[d] | |
| • 가족현금급여의 GDP 대비 백분율 | 0.14 |
| • 1인당 가족현금급여 | 0.18 |
| • 가족서비스지출의 GDP 대비 백분율 | 0.07 |
| • 1인당 가족서비스지출 | 0.01 |
| 작업장 유연성제도[e] | |
| • 근무시간 자유선택제도 활용 피고용자 백분율[c] | 0.50** |
| • 자발적 시간제 근무 여성 백분율 | 0.01 |
| 작업/가족 조화정책 합성지표[c, f] | 0.51* |

주:
1) 상관관계는 Pearson's $R$을 가리킴.
2) * 유의수준 0.05, **유의수준 0.01.
a. 스위스는 자료가 없음.
b. 공식적인 아동보호장치에 의해 보호받는 아동 비율 자료에는 아동보호센터와 거주 보호가정(residential care homes)에 의한 공적 및 사적 공급을 포함한다. 여기에는 보모가 자기 집에서 보호하는 경우와 가족은 아니면서 가족들과 동거하면서 돌보는 사람이 보호하는 경우도 포함한다.

c. 일본, 뉴질랜드, 스위스는 자료가 없음.
d. OECD 정의에 의하면, '가족에 대한 사회적 지출'은 가족현금급여 프로그램(아동을 위한 가족수당, 가족지원급여, 다른 부양가족을 위한 급여, 편부모 현금급여, 가족에 대한 다른 현금급여, 출산 및 육아휴가급여 등)과 가족서비스지출 프로그램(공식적인 데이 케어, 개인적 서비스, 가족에 대한 다른 서비스, 가족에 대한 다른 실물급부 등)으로 구성된다. 1인당 지출은 GDP 대비 지출 비율을 15세 미만 인구 백분율로 나누어서 구한 것임.
e. 작업장 유연성제도에 관한 정보는 OECD 국가들이 전국적으로 실시한 설문지조사로부터 얻은 것임.
f. 작업/가족 조화 합성지표는 OECD가 정부와 고용자들이 택한 다양한 가족친화적 정책지표들을 집약하여 계산한 것임. 이 지표에는 공식적인 3세 미만 아동보호 포괄범위, 출산급여권리, 근무시간 자유선택 정도, 자발적 시간제 근무 정도, 기업이 제공하는 자발적 가족휴가 정도(이 마지막 지표는 다른 지표들에 비해 절반의 가중치를 부여함) 등이 포함되어 있음.

자료:
1) 공적 자금에 의한 아동보호장치와 가족에 대한 사회적 지출 자료를 제외한 모든 자료는 OECD(2001c), "Balancing Work and Family Life: Helping Parents into Paid Employment," *OECD Employment Outlook*, Paris, pp. 129~166에서 가져온 것임.
2) 공적 자금에 의한 아동보호에 관한 자료는 M. Daly(2000), p. 488에서 가져온 것임.
3) 가족에 대한 사회적 지출의 GDP 대비 백분율 자료는 OECD(2001a), *Social Expenditure Database, 1980~1998*, Paris에서 가져온 것임.

---

한 공식적인 보호, 그리고 출산율과 공적 공급의 평균수준과의 상관관계인데, 사실 후자는 전자에서 파생된 것이다. 이들 상관관계는 공적 자금에 의한 공급과의 사이에 나타나는 상관관계보다 훨씬 더 강력할 뿐만 아니라, 특히 공적 공급의 경우에는 3세 이상 공급에서 음의 관계를 보이고 있는데, 그것은 공적 공급이 높으면 출산율수준이 낮아지는 관계가 있음을 말해 준다. Gauthier(1996: 181)에 따르면, 프랑스 · 벨기에 · 이탈리아 같은 나라에서 3세 이상의 아동에 대한 높은 보호수준은 여성고용을 촉진하는 데 거의 영향을 미치지 않고 있으며, 오히려 그것은 조기교육 편익에 관한 신념을 반영하는 것으로 나타나고 있다. 여기서 나타나고 있는 사실은 그러한 효과를 보여 주는 것으로 보인다.

위의 두 관계를 빼면 통계적으로 의미 있는 관계는 두 가지만 남는다. 첫째는 출산율과 근무시간 자유선택제하에서 근무하는 피고용자의 백분율 사이의 상관관계인데, 이는 직장에서 일어나고 있는 상황들이 정교하게 고안된 공적 정책들과 마찬가지로 성과와 밀접한 관련성을 가질 수 있다는 사실을 시사한다. 둘째는 출산율과 일과 가정의 조화정책에 관한 혼합지표들 사이의 상관관계이다. 그러나 혼합지표에는 3세 이하 아동에 대한 공식적인 보호 정도와 근무시간 자유선택제도의 정도들이 포함되어 있으며, 또한 혼합지표와 출산율의 상관관계가 아동보호와 출산율의 상관관계보다 약하며 근무시간 자유선택제도와 출산율 사이의 상관관계와 유사하게 나타나고 있는 점을 고려하면, 가족친화적인 정책의 통합된 수단들이 개별 정책요소들보다 더 큰 영향을 준다는 증거는 없어 보인다. 〈표 7.4〉에서 나타내고 있는 다른 모든 상관관계는 그 정도가 아주 사소하거나 아니면 예상과는 어긋나는 것들이다. 특히, 출산율과 출산급여대체율 사이에는 크게 의미 없는 음의 상관관계가 나타나고 있는데, 이를 가지고 정부가 낮은 출산율의 흐름을 바꾸기 위해 적극적으로 가족친화적인 정책을 취해 왔다는 사실을 증명해 주는 것으로 보기는 어렵다.

출산율과 공적인 아동보호 서비스 공급 사이에 강력한 양의 상관관계가 있다는 사실, 그리고 다소 약하기는 하지만 근무시간 자유선택제도와의 사이에 양의 상관관계가 있다는 사실 등은 정책환경의 국가 간 차이가 출산율의 차이를 가져오는 데 중요한 영향을 주고 있다는 강력한 증거를 제공해 주고 있다. 1990년대 후반 이전에 공식적인 아동보호 서비스 공급에 관한 체계적인 비교자료가 없어서 증빙하는 데 다소간 어려움이 있기는 하지만, 아동보호시설의 팽창은 1980년대와 1990년대의 출산율 역전을 가져온 요소들 사이에서 중요한 요소이었을 가능성이 큰 것으로 보인다. 이러한 메커니즘은 분명히 〈표 7.3〉의 첫 번째 열의 기존 여성고용수준 및 전통적인 가족가치와 출산율 사이에 존재하는 아주 강한 상관관계를 잘 설명해 준다. 그것은 여성노동자들이 아동보호시설 확장을 위한 정치적 압력을 만들어 내는 분명한 원천이라는 사실과 전통적 가치가 그러한 요구를 정책으로 전환시키는 데 문화적 방해를 주고 있다는 사실을 보여 준다. 우리가 아동보호 서비스 공급의 팽창에 대해 가지고 있는 증거는 이러한 명제를 강력하게 지지한다. 스칸디나비아 4개국은 모두 1980년대 출산의 하향 추세를 역전시키는 데 성공한 나라들인데, 그 나라들은 동시에 이 시기 초에 OECD 국가 중에서 여성고용수준이 가장 높은 나라들이었으며, 그 이후 공적 자금에 의한 아동보호시설을 가장 강력하게 추진한 나라들이었다(Gauthier, 1996: 182). 이와 같은 가족친화적인 정책의 실행에는 비용이 많이 든다. OECD의 사회적 지출 데이터베이스 자료에 의하면, 이미 1980년에 스칸디나비아 4개국은 OECD 다른 나라들보다 가족서비스부문에 보다 많은 지출을 하였으며, 1998년에도 그런 상황은 지속되었다.

우리는 가족친화적인 공공정책의 국가 간 차별성을 제대로 보여 주는 자료로는 1990년대 후반의 것을 가지고 있기 때문에, 1980~1998년 시기의 정책변화와 출산율 성과 변화 사이의 상관관계를 모형화할 수 있는 입장이 못 된다. 그러나 우리는 1998년의 기간합계출산율의 국가 간 차이에 관한 최적모형(best-fit model)은 제공할 수 있다. 이 모형은 〈표 7.5〉에서 보이고 있다. 이 표는 〈표 7.2〉의 둘째 열에 나타난 변수들을 모아서 만든 것으로서, 출산율과 문화적 전통 및 고용구조 사이의 관계를 보여 주고 있으며, 또한 〈표 7.4〉의 변수들도 반영하고 있는데, 이 부분은 가족친화적인 정책들과의 관계를 보여 준다. 모형에 포함시킨 기준은 제5장과 제6장에서 규정하고 있는 것과 같다.

〈표 7.5〉는 1998년의 기간합계출산율을 설명하는 세 가지 요소를 보

표 7.5 OECD 20개국 기간합계출산율의 국가 간 차이의 결정요인에 대한 최적모형 (1998)[a]

| | 계수 | 표준오차 | $t$–값 |
|---|---|---|---|
| 상수항 | 0.933 | 0.154 | 6.36** |
| 여성직업교육 | 5.53E–03 | 0.002 | 3.03** |
| 여성실업자 | –1.75E–02 | 0.005 | –3.21** |
| 공식적 아동보호 평균수준 | 8.77E–03 | 0.002 | 4.23** |
| Adj. $R^2$=0.73 | | | |

주 및 자료:
1) ** 0.01 유의수준.
2) 모든 변수의 자료는 이 장의 앞의 표들의 자료를 참고.
a. 스위스는 아동보호변수에 관한 자료가 없어서, 이 모형에 포함하지 않았음.

여 준다. 그것은 공식적인 아동보호 서비스 공급의 평균수준, 여성직업교육 등록 정도, 여성실업수준 등이다. 모형은 국가 간 차이의 73%[5]를 설명해 주고 있으며, 모든 설명변수 사이의 상관계수는 0.3 이하를 기록하여 다중공선성(multi-collinearity) 문제를 보이지 않고 있다. 이전에 여러 방면에서 이탈자(outliers)의 모습을 보였던 아일랜드와 스웨덴을 제외하면, 설명된 변동(explained variance)의 수치는 82%까지 올라간다. 가장 강한 영향력을 보이고 있는 변수는 아동보호수준이지만, 세 가지 변수 모두 0.01 수준에서 유의한 것으로 나타나고 있다. 그러나 잭나이프추정법(jackknifing)에 따라 순차적으로 각 사례를 제거시켜 가면, 실업에서 발견되는 사실은 전적으로 실업률이 최근 수십 년간 가장 높았던 OECD 국가인 스페인을 모형에 포함시킨 데 따른 것임을 보여 준다. 모형에 출산율이 예외적으로 낮은 네 개의 남유럽 국가의 사례를 제거시키면 모형은 변동의

5) 원서 p. 164에는 72%로 되어 있으나, 〈표 7.5〉에 나타난 $R^2$에 따라 73%로 바꾸었음.

51%에 대한 설명력을 가지는데, 그 경우도 아동보호는 여전히 종전과 같은 의미를 유지하며, 교육등록은 0.05수준에서 유의성을 유지하는 것으로 나타난다. 따라서 실업변수를 예외로 하면, 이와 같은 인상적인 사실들은 개별적인 사례를 가지고 만들어 낸 것도 아니며, 또한 남유럽과 같은 예외적으로 특히 낮은 출산율수준 때문에 생긴 것도 아니라는 사실을 알 수 있다. 모형의 이와 같은 기본적 사실은 보고되지 않은 다변량분석 결과들(multivariate findings)에 의해서도 지지된다. 다변량분석에 의하면 1980~1998년 시기의 출산율 변화는 따라잡기 항에 양(+)의 여성교육등록 변화 항과 음(−)의 여성실업 변화 항을 더해서 성공적으로 모형화할 수 있음을 알 수 있다. 따라서 이 시기 가족정책 변수의 변화에 관한 정보가 부족함에도 불구하고, 우리는 1998년의 출산율수준을 결정짓는 요소의 어느 정도는 이전 20년간의 변화에서도 주도적인 역할을 한 요인들로 나타나고 있다는 사실을 알 수 있다.

〈표 7.5〉의 모형은 관련문헌에서 유도한 이론적인 설명과 아주 잘 들어맞는 것으로 나타나고 있다. 높은 출산율이 어느 정도 여성들의 교육기회 접근 정도에 따라 결정된다는 강력한 증거는 선호이전(preference shift)모형과 잘 맞아떨어진다. 이 모형에 의하면, 고용구조면에서 적합한 자원을 가지고 있으면 여성들의 출산은 어려워지는 것이 아니라 오히려 보다 더 쉬워진다. 교육접근의 중요성에 관한 사실은 또한 현대적 조건하에서 양성평등이 출산수준을 방해하는 것이 아니라 오히려 촉진한다는 견해를 강력하게 지지한다. 실업 항에서 나타나는 것이 분명한 사실이라면, 그 또한 자원에 근거한 설명을 지지해 주는 것으로 볼 수 있다. 그것은 실업이 여성들로 하여금 고용에 보다 쉽게 접근하게 하는 직접적인 척도역할을 한다는 점을 고려해 보면 그러하다. 출산율과 공식적인 아동보호 서비스 공급 사이에 보다 강력한 상관관계가 존재한다는 사실은 출

산 이후 여성들의 노동시장으로의 조기진입과 가장 직접적으로 관계 있는 요인을 보임으로써, 분명히 오늘날 출산율 형태를 결정짓는 가족친화적인 공공정책 역할의 중요성을 보여 주고 있다. 오늘날의 성과를 규정짓는 데 있어 가족친화적인 정책을 측정하는 변수가 선호이전을 결정짓는 어떤 하나의 변수보다 훨씬 더 중요하다는 사실이 판명되었다는 것은 그리 놀랄 일이 아니다. 그러나 그렇다고 해서 그러한 정책변화가 어떤 의미에서도 국가 간 변화를 가져오는 선호이전보다 더 중요하다는 사실을 의미하는 것으로 해석되어서는 안 된다. 분명히 그 둘은 매우 밀접한 관련을 갖고 있는 것으로 예상할 수 있다. 선호이전이 궁극적으로 상당한 정도의 정책변화를 가져온다는 사실은 틀림없이 민주주의 사회에서 선호이전이 진정 중요하다는 사실을 나타내 주는 것이다.



## 제7절 판단의 보류

이 책의 앞 장들에서 우리는 일반적인 위기론에 대해 부정적인 입장을 피력하였다. 그러한 위기주장들은 평균치들로부터 추정해 낸 것으로서, 나타나는 문제들을 정책적 조치를 통해 조정해 줄 수 있는 가능성을 아예 고려하지 않고 있다. 이와 같은 상황은 출산율 저하문제의 경우도 사실이다. 물론 잠재적 위기의 기준을 출산율 1.6 이하로 본다면, 이 책에 나타나고 있는 사실을 볼 때, OECD 국가의 대략 절반 정도가 깊은 수렁에 빠져 있다고 보는 것은 옳다고 할 수 있다. 급격한 인구감소 위험은 허구적 위기는 아니라 하더라도 아직은 확정된 현실의 모습도 아니다. 이 시점에서 그러한 위험을 일반적인 위기상황으로 해석하는 것을 거부하는 데는 두 가지 이유가 있다. 첫째는 많은 나라의 기간합계출산율의 저하현상은 워낙 최근에 일어나고 있는 것들이라서 일정 부분 새롭게 높아질 수 있는 가능성을 배제해서 확정적인 것으로 보는 데는 문제가 있다. 사회적 지출에 관한 자료들과는 달리 출산율에 관해서는 1998년 이후의 자료를 가지고 있는데, 우리가 알기로 2000년 많은 나라에서 출생률이 약간씩 회복되고 있었으며, 프랑스의 경우는 단 2년 사이에 기간합계출산율이 1.76에서 1.89로 상당히 크게 올라가고 있었다. 위기가 일반적이라는 사실을 보여 줄 수 있는 증거는 아직 없다. 그러나 몇몇 나라들에서는 상황이 현재대로 간다면 큰 문제에 직면하게 될 것이다.

판단을 보류하고자 하는 또 다른 이유는, 본서의 분석에 따르면 심지어 기존의 낮은 출산율이 지속되어 명백한 문제를 일으키고 있는 곳에서조차도 정부가 대응할 수 있는 정책적인 조치들은 여전히 존재한다는 사실을 입증할 만한 강력한 증거들이 있다는 데 있다. 〈표 7.5〉를 보면, 출산성과는 단지 하나의 정책변수가 아니라 세 가지 변수에 의해 결정된다는 점을 알 수 있다. 가족친화적 정책은 스칸디나비아의 좌파 정부가 그랬던 것처럼, 정부가 그러한 정책을 일과 출산을 양립시킬 수 있는 수단으로 활용할 수 있기 때문에 가장 분명한 변수이다. 만약 우리의 모형이 맞다면, 교육과 고용에 대한 여성의 접근을 강화하는 조치들은 유사한 간접효과들도 가지고 있다. 사실이 그러하다면, 정부는 대체출산율 이하의 출산율에 대처해 나가는 데 단순히 가족친화적인 정책에만 의지하는 경우보다, 여성교육과 훈련을 확장시키고 노동시장을 좀더 효율적으로 작동하게 하는 정책들을 포함하는 보다 다양한 정책수단들을 동원할 수 있을 것이다.

증거를 낙관적으로 해석하면, 실제로 모든 OECD 국가의 정부들이 이미 후자의 정책들을 채택하고 있어서, 남은 과제는 가족친화적 정책이 적어도 출산율 저하 정도를 줄이거나 역전시킬 수 있는 하나의 해결책은 될 수 있다는 사실을 이해시키는 것이라 볼 수 있다. 보다 비관적으로 증거를 해석하면, 출산율 전망이 나쁜 많은 나라들은 제6장에서 노인들에 대한 급부율이 아주 크게 나타났던 나라들이었는데, 그러한 사실은 청년들에 대한 우호적인 방향으로 정책이 바뀌는 경우 이들 나라의 사회적 공급체제의 기본적인 원칙과 상충하게 될 가능성이 크다는 사실을 시사한다. 그렇게 보면, 문제는 위기가 일반적 현상이라 할 수 없고, 서유럽 대륙과 남유럽 국가군의 몇몇 나라들에 특별하게 심화된 문제들이라 할 수 있을 것이다. 서로 다른 형태의 복지국가가 당면한 다양한 문제들과 도전들에 대해서는 마지막 장의 결론부분에서 다루고자 한다.

## 보론: 출산율의 제 개념

출산율의 개념에는 크게 합계출산율과 대체출산율이 있는데, 그 중 합계출산율은 기간합계출산율과 완결합계출산율로 그 개념이 나뉘어 있다. 출산율에 대한 이러한 서로 다른 개념들은 출산율의 현황을 파악하고, 나아가 출산율 저하를 막기 위한 정책수립에 중요한 의미를 가진다.

### 1. 합계출산율

'합계출산율'(total fertility rate: TFR)이란 출산가능한 여성의 나이인 15~49세까지를 기준으로 여성 한 명이 평생의 가임기간 동안 출산하는 평균 자녀수를 의미한다. 합계출산율 개념에는 기간합계출산율과 완결합계출산율의 두 종류가 있으며, 각 개념의 수치가 갖는 정책적 의미가 달라진다는 점에서 중요한 의미가 있는 구분이다.

### (1) 기간합계출산율

1) 개념

'기간합계출산율'(period total fertility rate: PTFR)이란 특정 기간 내지 특정 연도 가임연령대(15~49세) 여성의 평균출생아수를 일컫는 개념으로서, 해당 기간 가임여성의 연령별 출산율을 합해서 계산한다. 예를 들어, 기간합계출산율이란 2008년 한 해 동안 가임연령대 여성의 평균출생아수로서, 해당 연도 10대 여성 출산율, 20대 여성 출산율, 30대 여성 출산율 등 연령층별 출산율을 합해서 구해 낸 것이다. 이러한 기간합계출산율에는 특정 연령대 기간합계출산율, 특정 계층 기간합계출산율, 특정 세대 기간합계출산율 등의 개념이 있을 수 있다.

2) 특성

일반적으로 기간합계출산율은 사회경제적 여건의 변화에 따라 큰 폭의 변화를 보이는 경향이 있다. 말하자면, 극심한 불황이라든가 커다란 사회적 여건변화에 의해 특정 기간에 임신과 출산을 기피하면 기간합계출산율은 단기적으로 크게 하락하게 된다. 예를 들어, 현재 30대 여성은 이미 20대에 출산행위를 종료하였으나, 현재 20대 여성은 일자리가 갖기가 어려워 30대에 출산을 계획하고 있다고 하자. 이러한 경우에 당장 출산하는 여성의 수가 적으므로 기간합계출산율은 크게 하락하게 된다. 이처럼 기간합계출산율은 여성의 출산에 대한 선호보다는 사회경제적 상황의 변화에 따른 출산시기의 조절에 따라 변화한다.

### (2) 완결합계출산율

1) 개념

'완결합계출산율'(cohort total fertility rate)이란 특정 연도에 출생한 여성들의 가임연령대 동안(평생)의 평균출산자녀수를 일컫는다. 예를 들어, 2008년 현재 출생한 여성들의 가임연령대 동안의 평균출산자녀수를 일컫는다. 특정 연도 출생한 여성들은 출산에 대해서도 서로 공감하는 공통적인 관을 가질 수 있다. 말하자면, 1990년에 출생한 여성들이 평생 갖고자 하는 자녀수와 2000년에 출생한 여성들이 일생 동안 갖고자 하는 자녀수는 다를 수 있다. 이렇게 볼 때 특정 연도 출생한 여성집단(cohort)이 가임연령 동안 갖고자 하는 평균출산자녀수를 확인하는 것은 중요한 의미를 지닌다. 바로 이러한 맥락에서 만들어진 출산율 개념이 완결합계출산율이다. 이러한 완결합계출산율에도 특정 계층 완결합계출산율, 특정 세대(전후세대, 전쟁세대) 완결합계출산율 등의 개념이 있을 수 있다.

2) 특성

이러한 완결합계출산율은 일시적인 사회경제적 여건의 변화가 아니라, 세대별로 자녀에 대한 여성들의 가치관이 달라지면서 변화하는 경향을 보인다. 예를 들어, 경우에 따라 특정 시기 출생여성들의 경우 다른 시기 출생여성에 비해 결혼기피경향이 강하거나 무자녀가정 선호도가 유달리 높을 수 있다.

한편, 전술한 개념상의 이유로 완결합계출산율 통계는 출산행위가 종료되어야 알 수 있다는 특징이 있다. 따라서 출산율 변화의 최근 경향은 알 수 없다는 문제점을 가진다. 예를 들어, 출산은 40대에 이르러야 거의 끝나므로 2008년 현재 40세가 되는 1968년생에 대해서만 완결합계출산율은 의미가 있으며, 현재 출산활동 변화의 중심부에 있는 20대 후반과 30대 초반 여성에 대해서는 완결합계출산율은 아직 미완의 불완전한 통계에 지나지 않는다는 단점이 있다.

### (3) 비교평가

일반적으로 기간합계출산율은 완결합계출산율에 비해 변화의 폭이 크다. 말하자면, 전술한 바와 같이 불황이라든가 커다란 사회적 여건의 변화로 인해 특정 기간 여성들이 임신과 출산을 기피할 수 있다. 그 경우 특정 세대 내지 특정 계층 여성들의 완결합계출산율에는 변화가 없더라도 기간합계출산율은 줄어들 수 있다.

그러나 전술한 바와 같이 특정 시기 출생여성들의 자녀관이 달라져서 완결합계출산율이 낮아지는 경우, 일시적인 사회적 여건의 변화로 인해 기간합계출산율이 떨어지는 경우보다 더 근본적인 문제가 발생할 수 있다. 그것은 기간합계출산율이 하락하는 것은 여성의 혼인연령 상승, 출산연령 상승 등의 일시적 요인에 기인한 것일 가능성이 크지만, 사회적 상황의 변화로 인해 특정 시기 출생여성들의 결혼기피경향, 무자녀 선호경향 등이 높아져 완결합계출산율이 낮아진 경우는 앞으로 출산율이 크게 회복될 가능성이 낮아지기 때문이다.

## 2. 대체출산율

'대체출산율'(replacement fertility rate)은 현재 인구를 유지하는 데 필요한 합계출산율수준으로서, 이 대체출산율수준 이하로 출산율이 떨어진 사회를 '저출산사회'로 본다. 일반적으로 대체출산율수준은 합계출산율, 즉 가임여성 1명이 평생 출산하는 자녀수를 2.1명으로 보고, 그 이하를 '저출산사회'로 부르며, 1.3명 이하를 '초저출산사회'라 부르기도 한다.

이렇게 대체출산율이라는 개념은 출산상황과 관련된 복잡한 상황을 하나의 숫자로 분명하게 나타내 줌으로써 관계자들 사이에 선호되기는 하지만, 이 수치는 고정적이고 안정적인 개념으로 보기에는 부적절한 측면이 있다는 점을 유념할 필요가 있다. 말하자면, 나라마다 여아출생률도 다르고, 또한 그것이 일정하더라도 보건상태 등에 따라 출생시기까지의 생존율이 다를 수 있으며, 뿐만 아니라 사망률 등도 각 국가의 사회문화적 배경에 따라 가변적 의미를 가진다는 점을 유념해서 이 수치를 해석할 필요가 있다.[6)]

6) 이와 관련된 보다 구체적인 내용은 Robert Engelman and Elizabeth Leahy(2006)을 참고.

Chapter 8

# 안정적 복지국가는 달성가능한가?

제1절 머리말

제2절 안정적 지출

제3절 유형별 수렴현상

제4절 미래 복지 결정요인

제5절 남겨진 과제

# 안정적 복지국가는 달성가능한가?

제1절 머리말

제2절 안정적 지출

제3절 유형별 수렴현상

제4절 미래 복지 결정요인

제5절 남겨진 과제

## 제1절 머리말

마지막 장에서 우리는 지금까지의 분석으로부터 중요한 시사점을 몇 가지 찾아보고자 한다. 이 장은 새로운 내용을 소개하는 것이 아니라, 지금까지 분석된 내용으로부터 분석대상 국가였던 OECD 21개 국가의 복지국가로서의 위상과 사회정책이 앞으로 어떻게 전개될 것인가에 대해 무언가를 얻어 내고자 하는 데 뜻을 두고 있다. 따라서 그 내용이 상대적으로 간단하다. 여기서 우리는 최근의 경험으로부터 앞으로 다가올 수십년간 일어날 것으로 예상되는 상황을 상당히 명시적으로 논의하고자 한다. 물론 이 과정은 실질적으로 어려움이 많다. 출산율 저하문제를 다룬 앞 장에서 보았듯이, 사회란 갑작스러운 변화를 경험할 수도 있고, 그에 따라 우리가 내세우고 있는 모든 가정들이 하룻밤 사이에 뒤집힐 수도 있다. 최근의 경험으로부터 귀납적으로 분석하는 방법을 쓰지 않으려면 이론에 근거하여 논의하는 방법을 써야 하는데, 이 책의 분석을 통해서 우리가 얻은 교훈이 하나 있다면, 그것은 이론이라는 것은 엄격한 실증을 거치지 않으면 제대로 근거를 갖춘 결론을 얻을 수 없다는 것이다.

바로 이처럼 최근의 복지국가 전개과정에 대한 경험적 사실에 반하는 검증되지 않는 이론을 사용함으로써, 본서 분석의 주제가 되어 왔던 전반적인 위기의 허구성 문제를 불러일으켰으며, 그 과정에서 현재와 미래의 추세에 대한 정책적 진단은 매우 부정확해졌고, 문제가 개선되기보다는 더욱 악화되었다. 그래서 우리는 정확하게 제시된 추세로부터 귀납적으로 추론해 내는 방법을 택하여 지난 시기 복지국가 전개과정을 묘사해 보고자 하였다. 그러나 이러한 방법을 통해 얻어 낸 예측도 시간이 지남에 따라 점차 현실에 대한 설명력이 떨어지게 될 것이라는 표준적인 사실만을 얻어 낼 수 있을 따름이다. 이어서 우리는 앞으로 수십 년간 복지국가의 지출유형이 얼마나 변할 것인지, 그리고 같은 기간 서로 다른 유형의 복지국가들이 어떠한 문제와 도전에 직면하게 될지에 대해 논의해 보고자 한다.



## 제2절 안정적 지출

우리가 지금까지 이 책에서 논의하고 검증해 온 위기론에 의하면, 복지국가는 경제의 세계화와 인구통계적 요소에 의해 상당한 압력을 받아 왔으며 앞으로도 그럴 것이라는 사실을 알 수 있다. 이런 위기론은 결과적으로 복지국가의 성격이 근본적으로 변하게 될 것이라는 사실을 분명하게 말해 주고 있다. 지출은 총계규모로 보나 프로그램별로 보나 앞으로 줄어들 것인데, 그것은 세계화된 금융시장의 요구 때문이기도 하고, 한편으로는 늘어나는 고령화로 인한 요구로 인해 일부 프로그램들이 삭감되어야 하기 때문이기도 하다. 그러나 지난 20년간의 지출전개 양상을 보면, 지금까지는 이러한 압력들로 인해 총지출수준이 거대한 규모로 줄어들었거나 늘어난 일반적 경향성을 보여 온 것은 아니라는 사실을 알 수 있다. 1970년대 중반 이래로 점점 더 요란하게 주장되어 온 복지국가 위기현상은 아직까지 일관되게 나타나지 않고 있다.

그러나 지난 20년간 나타난 가장 뚜렷한 경향은 아마도 소위 '안정적인'(steady-state) 복지국가를 향해 수렴해 가는 현상이라 할 수 있을 것이다. 구체적으로 보면 지출수준이 낮았던 많은 국가들이 지출을 상당 수준 늘렸으며, 그에 비해 이전에 지출수준이 높았던 나라들은 상당 폭의 지출을 삭감하였다. 제5장의 분석에서 우리는 12항목 지출과 총지출모형에서 상당히 뚜렷한 수렴경로가 나타나고 있었으며, 그것은 두 가지 추세의 결과라는 사실을 보였다. 첫 번째 추세는 다른 나라들보다 늦게 지출 프로그램을 채택한 나라들에 의한 따라잡기 과정이었다. 두 번째 추세는 경제성장을 높게 예상하여 지출을 크게 잡았던 나라들이 실제로 경제성장이 거기에 미치지 못하여 과도하게 예상한 지출을 수정하는 과정이었다. 최근 수십 년간의 지출규모 수렴현상은 1960년대와 1970년대의 국가 간 지출팽창에서 상당히 차별적인 유형을 물리치고 나타난 아주 특별한 양상인데, 당시 제일 먼저 그들 프로그램을 가동시켰던 국가들은 종종 세계무역에 상당한 정도로 노출되었던 국가들이었다. 이 시기에 나타난 따라잡기 과정의 대부분은 초기의 전후 프로그램 전개과정에서 뒤처져 있던 나라들에 의해 이루어졌다. 〈그림 5.1〉의 경로분석 논의에서 보여 준 것처럼, 세계무역에의 노정 정도가 낮은 나라들에서 정확하게 이렇게 높은 지출팽창이 나타나는 현상은 최근 수십 년간 '바닥으로의 질주현상' 논의가 표면적으로 어느 정도 그럴 듯해 보였던 이유들 중의 하나였다.

우리가 여기서 안정적인 복지국가의 출현을 이야기한다고 해서, 사회적 목적의 지출이 그 증가를 멈추었다거나 또는 앞으로 더 이상 늘어나지 않을 것이라는 사실을 이야기하고자 하는 것은 아니다. 오히려 제2장 분석을 통해서 1990년과 1998년 사이 모든 OECD 국가들에서 1인당 또는 복지의존인구 1인당 실질지출은 실질적으로 늘었다는 사실을 알고 있다. 만약 앞으로도 지난 시기의 추세가 이어진다면, 우리는 실질지출의 팽창은 경제성장률수준과 보조를 맞추어 나갈 것이라고 기대해 볼 수 있다. 또한 안정적인 복지국가라 해서 현재 GDP 대비 복지지출, 즉 '복지

Chapter 8

노력'수준이 반드시 정점에 달하였다는 의미도 아니다. 오히려 우리가 찾고자 하는 바는, 오늘날 대부분의 서구 복지국가들이 그들의 초기 성장경로를 넘었다는 사실이다. 복지 프로그램이 초기의 미미한 시작단계에서부터 지속적으로 성장해 왔던 복지국가의 '황금기'는 이미 더 이상 지속되지 않으며, 우리는 이미 대부분의 사회적 프로그램들이 성숙한 모습을 띠고 있는 시기에 살고 있다. 결국 앞으로 총지출수준은 소폭으로 변화할 것으로 예상되며, 지출팽창이 지속적으로 늘어나는 경우에도 그 성장은 과거에 비해 상대적으로 점진적인 경향을 띠게 될 것이다. 경제성장률이라든가 경제순환의 단계, 나아가 정부 성격의 차이 등 다양한 상황의 변화에 따라, GDP 대비 총사회적 지출비율의 기복은 10여 년 동안 약 10~15% 정도 선에서 안정적으로 변화를 보일 것이지만, 그러한 변화는 대부분 성격상 경기에 민감할 것이며, 기존의 국가 간 차이를 크게 흩트리는 정도는 아닐 것이다. 1980~1998년 사이의 총사회적 지출의 상관관계는 1960~1980년 사이의 지출수준의 상관관계보다 높았다. 우리는 2000~2020년 사이의 상관관계는 이전보다 더 높을 것으로 예상한다.

최근 수십 년간의 수렴과정에서는 전반적으로 사회적 지출이 완만하게 팽창하였는데, 그 과정에서 다른 범주의 지출들은 줄어들고 거의 모든 나라에서 복지국가부문이 현대 공공정책의 주요한 관심사가 되어 있었다. 결과적으로 대외적인 국방이나 대내적인 법과 질서를 위한 지출을 중시하는 마르크스주의자들의 야경국가적 성격은 점점 더 과거지사가 되었는데, 이러한 현상은 심지어 영어사용 국가군이나 남유럽 국가군과 같이 지출수준이 낮은 나라들에서도 나타나고 있었다. 이러한 경향이 바뀔 가능성 중의 하나는 국제적인 테러리즘으로 인해 나타나는 대내외적인 안전에 대한 위협으로 생긴 국가의 대외적 안전보장기능을 새롭게 강화하는 일일 것이다. 대중들이 이미 익숙해 있는 사회적 편익을 감소시키고 그 대신 안전보장을 위해 비용을 지불하는 데 얼마나 동의할 것인가 하는 것은 아직 확실하지 않다. 부시 대통령이 말하는 이른바 '악의 축'을 무너뜨리기 위한 인적 · 물적 요구에 대한 국제적인 대응이 일어나고 있는 상황에서, 이러한 종류의 위협은 사회정책보다 대내외적 안전을 더욱 선호하는 나라들에서 복지국가적 특성을 완화시킴으로써, 최근 수십 년간의 수렴현상을 방해할 가능성이 있음에 틀림없다.

물론 이러한 현상은 귀납적 방법으로 확인할 수 없는 일종의 '혼란스러운' 시나리오에 해당된다. 그러나 당장 극단적인 상황은 나타나지 않을 것이다. 최근의 추세에 비추어 앞으로의 수십 년간을 예측해 보면, 프로그램이 성숙되어 가면서 지출팽창률이 줄어든다는 전제 아래, 우리는 앞으로의 총지출유형은 오늘날보다 훨씬 응집된 유형을 보일 것이며, 그 크기는 지금보다 단지 몇 % 포인트 높은 수준에 지나지 않을 것이라 예상할 수 있다. 〈표 2.1〉을 보면 총사회적 지출의 변이계수는 1960년 이래 40년 동안 거의 절반으로 줄어들었음을 알 수 있다. 제5장과 제6장의 모형을 보면, 최근 수십 년간 모든 주요한 총지출척도에서 따라잡기현상과 지나친 지출수준을 수정하는 현상이 강하게 나타나고 있었음을 알 수 있다. 이러한 수정이 일어나고 나면, 대부분의 이들 나라는 앞으로 30, 40년간은 OECD 사회적 지출 데이터베이스에 포함된 사회적 지출 범주에 GDP 대비 대략 25~27%를 할당하면서, 현재와 같은 규모로 복지분야에 자원을 배분하게 될 것이다.

GDP의 2~4% 포인트 사이의 평균지출 증가는 1998년 수치를 넘어서는 수준으로서, 그만한 증가는 이 기간 동안 대다수 OECD 국가들에서 인구고령화에 필요한 지출증가에 대응할 수 있는 충분한 수준이다. 나아가 〈표 2.2〉에서 확인한 바와 같이 앞으로 수십 년간 총지출 추세가 거의 일정하다면, 그러한 팽창의 상당 부분은 비사회적 지출항목의 축소로부터

올 것으로 볼 수 있다. 사회가 제대로 기능하는 데 교육, 법과 질서, 그리고 공적 하부구조 투자 등이 긴요하다고 생각하는 사람들은, 사회적 지출이 추가적으로 늘어나면 순채무이자 지불이 늘어날 수밖에 없다고 예상한다. 오랜 기간 차입을 많이 하지 않으면서 큰 복지국가를 운영해 온 스칸디나비아 사회민주주의자들이 잘 알고 있듯이, 정통적인 재정이론에서는 이념적 논쟁을 위한 적절한 근거를 찾는 것보다 오히려 건전재정 여부를 더 중시한다. 적자가 커지면 국가가 금융시장에 예속되게 되며, 동시에 장기적으로 보면 필요한 공공지출을 위한 가용자원은 줄어들게 된다.



## 제3절 유형별 수렴현상

그러나 거의 확실하게, 미래 사회적 지출의 수렴현상은 현재의 추세로부터 기술적으로 추론해 내는 것보다는 더 제한적으로 나타날 것이다. 제3장과 제4장의 분석내용을 보면, 최근 수십 년간 일어난 변화는 전체 OECD 지역에서 일어난 보편적인 총지출 수렴과정이었다기보다는 유형별로 수렴되는 과정이었다고 해석할 수 있다. 이러한 추세는 제3장에서 밝혀진 지출 비중의 유형별로, 그리고 우리의 분석 전체를 관류하는 국가군별로 선명하게 나타나고 있다. 이 기간 동안 서로 다른 유형별 국가들의 지출수준 사이에는 서로 간에 뚜렷한 유사점을 갖지 않고 있지는 않았지만, 지출 비중이 같은 유형 내에서, 그리고 같은 국가군 내에서의 총지출수준은 보다 동질적으로 나타나고 있었다.

이와 같은 특정 유형 내 수렴 추세는 이 기간 동안 가장 극적으로 지출유형을 변화시킨 나라들의 지출변화 궤적을 살펴봄으로써 쉽게 확인할 수 있다. 1980년 아일랜드는 영어사용 국가들 중에서 가장 가난한 나라이었지만, 어쩌면 가장 가난한 나라이었기 때문에 영어사용 국가들 중에서 지출이 큰 나라들 중의 하나이었다. 1980년 뉴질랜드는 특히 연금분야에서 세계에서 급부조건이 좋은 국가들 중의 하나이었다. 그러나 1980년과 1998년 사이 아일랜드는 지출을 철저하게 축소시켰으며, 뉴질랜드는 복지급부조건을 축소시킴으로써, 이들 두 빈곤완화국가는 정형화된 유형으로 돌아섰다. 스칸디나비아 국가들의 수렴경향은 영어사용권 세계의 그것보다 훨씬 더 현저하게 나타났다. 〈표 2.1〉을 보면 1960년과 1980년 사이에 스웨덴과 덴마크의 복지국가 지출은 OECD 어느 국가보다 더 빠르게 늘어났음을 알 수 있다. 1980년 이후 수십 년간 핀란드와 노르웨이의 사회적 지출 프로그램이 필적할 만큼 늘어났으며, 그리하여 〈표 4.1〉에서 나타나고 있듯이, 1998년에 이르러서는 스칸디나비아 국가들이 우리가 어떤 분석에서 볼 수 없을 정도로 지출수준이 유사성을 띠게 되었다. 이들 나라의 지출수준이 정부서비스에 크게 치우치고 있는 점을 보면, 이 국가군이 바로 OECD 국가들의 전반적인 지출유형면에서 가장 독특한 특성을 가진 국가군이다.

〈표 4.1〉을 보면, 이미 1980년에 서유럽대륙의 사회보장국가들의 총지출수준은 서로 매우 유사성을 띠고 있었음을 알 수 있다. 이 국가들은 전후 초기에 이미 선도적 복지국가들이었으며, 이 나라들의 사회적 프로그램들은 일찍부터 발달되었기 때문에 다른 나라들에 앞서서 성숙되는 경향을 보이고 있었다. 따라서 이 국가군들에서 일어나고 있었던 변화는 우리가 여기서 논의하고 있는 시기에 이미 안정적인 유형을 보이고 있었던 것으로 가정하는 것은 타당하다. 이는 실제로 그러하였는데, 네덜란드가 이미 특화된 국가군의 범주 내에서 지출변화의 모범을 보이고 있는

것을 보면 알 수 있다. 1980~1998년 사이에 네덜란드는 12항목 지출수준이 약 15% 줄어듦으로써, 그 국가군 내에서 가장 높았던 총지출수준이 가장 낮아졌다. 이러한 변화에도 불구하고, 〈표 4.1〉을 보면 서유럽대륙 국가군의 변이계수가 실질적으로 거의 변화되지 않고 있음을 알 수 있다. 이 시기 네덜란드의 지출감소를 가져온 가장 주요한 요인은 1980년대 중반 이래 그 나라의 예외적으로 높았던 경제적 성과이었던바, 이 나라의 이러한 '경제적 기적'(Visser and Hemerijck, 1997)으로 인해 OECD 복지국가들 중에서 가장 복지급부조건이 좋은 나라로서 이 나라의 위상에 심각한 영향을 주지 않으면서 '복지노력'을 축소시키는 것이 가능하였던 것이다. 이것이 바로 유형별 수렴과정이 거의 완전하게 나타나는 선진복지국가의 안정적인 세계에서 찾아볼 수 있는 그러한 형태의 변화인 것이다. 이렇게 보면, 이 시기 서유럽대륙 국가군은 그 유형에 가장 극적으로 수렴하는 새로운 한 나라를 더 갖게 되었다는 사실을 지적할 필요가 있을 것 같다. 스위스는 1980년에 이미 지출유형이라는 점에서 이들 국가군과 상당히 유사성을 보이고 있었지만 GDP 대비 비율면에서 상당히 낮은 비중의 지출수준을 보였었는데, 이어지는 20년간 지출수준을 크게 증가시킴으로써 모든 면에서 서유럽대륙 국가들의 지출형태를 갖추게 되었다.

마지막으로 공급유형면에서 사회보장부문에 강한 특성을 보이고 있는 그리스와 이탈리아는 그들의 총사회적 지출을 서유럽대륙 국가군의 수준과 유사한 정도로까지 증가시켰는데, 이러한 지출변화의 궤적은 초기에 발견된 서유럽 가톨릭 국가들의 경제발전과 복지노력수준 사이의 긴밀한 관련성과 아주 잘 어울리는 것이다(Castles, 1998: 160~161). 앞으로 남유럽의 다른 나라도 이와 같은 변화궤적을 보인다면, 제4장에서 지적한 바와 같은 북유럽에서 나타나는 지출수준의 유사성은 아일랜드와 아마 영국 정도를 제외하고는 궁극적으로는 서유럽 전체로까지 확장될 것이다. 영국과 아일랜드에서는 다른 영어사용 국가들에서처럼 지출구조가 빈곤완화와 건강보호에 주로 초점을 맞추고 있는데, 이러한 지출구조는 지출팽창에 대한 제약으로 기능하게 될 것처럼 보인다.

낮은 지출의 빈곤완화국가와 높은 지출의 사회보장 및 정부서비스 국가들 사이에 나타나는 이러한 간극을 보면, 가까운 미래에 국가 간의 지출유형이 동일해질 것이라고 결론지을 수 있는 수렴경향이 나타날 것 같지는 않다. 오히려 총지출수준면에서 다소간 양극적인 분포가 나타날 것으로 보인다. 스칸디나비아와 서유럽대륙 국가 및 남유럽 국가군 중 일부 국가들의 지출수준은 GDP 대비 25~30%대의 어느 곳으로 집중될 것이며, 영어사용 국가들과 일본은 약 20% 수준으로 집중될 것이다. 물론 앞으로 수십 년 사이에 복지 선진국가의 수는 오늘날보다는 실질적으로 더 많아질 것이다. 그리고 궁극적으로 2004년 확대된 유럽연합 국가들도 이들 양극에 분포될 것인바, 그들의 지출 정도는 애초에 사회보장이나 정부서비스에 사회적 공급이 초점을 맞추고 있었던 나라인가, 빈곤완화나 건강보호에 초점을 맞추고 있었던 나라인가에 따라 달라질 것이다.

이렇게 지출수준면에서 보다 극적인 수렴현상이 나타날 것 같지 않은데, 지출 비중 유형면에서는 더욱 그럴 것 같지 않다. 제3장의 분석에서 보았듯이 지출 비중의 유형은 해당 기간의 총지출유형보다 훨씬 덜 변화하였다. 영어사용 국가들은 덜 지출하는 경향을 보였는데, 그것은 그들의 의도가 그러하였기 때문이었다. 그러나 사회보장국가나 정부서비스 국가들은 그들이 국가자원의 비슷한 몫을 복지국가적 목적에 할당하였지만 그들의 목적은 상당히 달랐다. 근로연계라는 입장에서 차이를 보이고 있는 비스마르크식의 복지구조는 후기산업사회에 출현한 복지문제에 대처해 나가고자 하였던 보다 사회민주주의적이고 평등주의적이었던 나라들과는 상당히 다른 결과를 가져왔다. 사실상 〈표 3.3〉과 〈표 3.4〉에

Chapter 8

서 나타난 사실들을 보면 지출유형면에서 OECD 국가들은 이미 1980년에 거의 안정적인 상태에 도달하였으며, 그래서 그 이후 큰 변화를 보이지 않았다고 결론지어도 전혀 이상하지 않아 보인다.

제7장에서 분석된 내용을 보면, 어떠한 나라들이 보다 가족친화적인 방향으로 정책을 조정해 나가고자 하는 긴박한 필요성 때문에 스칸디나비아 국가유형으로 보다 일반적으로 변해 갈 것이라고 보는 것은 받아들이기 어려워 보인다. 스칸디나비아 국가유형에서는 여성들이 (정부서비스)국가의 도움으로 보호부문과 높은 보조를 받는 아동보호부문에서 일자리를 갖는 것이 용이해짐으로써 일과 출산을 병행하는 것이 훨씬 더 가능하게 되었다. 〈표 3.4〉가 정부서비스 공급으로의 점진적인 이동을 보여 주고 있지만, 그 변화의 정도는 극히 느렸다. 그것은 국가들이 이미 확립된 구조적 특성과 일치하는 정책을 선택하는 것을 선호하기 때문이다. 몇몇 영어사용 국가들, 특히 미국은 자신들의 집에서 낮은 임금으로 보호하는 사람들을 쓸 수 있도록 사적 공급을 묵인해 주거나 심지어 실질적으로 허가까지 해 줌으로써 값싼 아동보호 서비스에 접근할 수 있게 해 주고 있다. 이것은 직접적인 국가개입을 최소화하거나 직접적인 사회적 지출을 쓰지 않는 방식이다. 이와는 대조적으로 보다 국가주의적 성향을 가지고 있으면서도 일괄적인 공적 아동보호 서비스 공급정책에 대해서는 일정한 유예를 하고 있는 나라들은, 어린아이의 어머니들에게 소득보조를 해 주어 그들이 아이들과 집에서 머무를 수 있게 해 주거나, 또는 사적으로 공급되는 아동보호를 보조해 주는 데 쓰일 수 있도록 해 주는 방법을 택하였다. 이것은 부부들로 하여금 그들의 특별한 요구에 맞는 가족친화적인 종합정책을 선택할 수 있도록 해 주는 유사소득보조원리(quasi-income maintenance principles)를 활용하는 방식이다. 복지국가를 적용시키는 그러한 과정에 새로운 것은 전혀 없다. 복지국가는 끊임없이

늘어나는 요구에 점점 더 부응하기 위해 100년이 넘도록 늘 완만하고 점진적인 구조변화를 추구하면서 그들의 역량을 확대시켜 왔다. 앞으로 서로 다른 유형의 복지국가들이 새로운 문제와 도전에 대응해 나가는 과정에서 그들의 지출구조와 복지정책조합의 성격(Powell and Barrientos, 2004와 비교)이 현재보다 더 유사해질 것이라고 예상할 만한 이유는 없다. 복지국가체제와 국가군의 다양성은 장기적으로 그대로 남아 있을 것이다.



## 제4절 미래 복지 결정요인

앞으로 수십 년 이내 서로 다른 국가군의 정책결정자들이 맞닥뜨리게 될 문제와 과제들로 넘어가기 전에, 지출이 안정적이고 지출수렴현상이 더 이상 나타날 것 같지 않다는 미래에 대한 앞에서의 예측을 방해하는 다른 요소들은 없는지를 살펴볼 필요가 있다. 제5장의 모형이 가능성 있는 요인들을 보여 주는데, 이 중에서 통계적으로 나타난 효과면에서 가장 강력한 것은 경제성장 요인이다. 분명히 높은 수준의 경제성장은 본서 연구기간의 아일랜드와 네덜란드의 복지국가 축소에 기여하였다. 스위스의 경우 이 시기 다른 요인들이 지출팽창에 기여하였는데, 낮은 성장으로 인해 지출팽창이 더욱 커졌다. 그리고 스웨덴의 경우 다른 요인들은 지출축소에 기여하였으나 낮은 성장은 그와 반대로 지출팽창에 기여하였다. 앞으로 수십 년간 OECD 모든 국가들이 1990년대 아일랜드의 6% 이상의 성장경험을 따라잡을 수 있다면, 서구 복지국가들은 의심할 바 없이 실질적으로 더 작아질 것이다. 이때 재무장관들은 기꺼이 가장 고통이 없는 길을 활용할 수 있으며, 또 복지공급수준에 대한 열렬한 신봉자를 제외한 모든 사람들이 가장 반기는 사회적 지출축소의 길을 택할 수 있을 것이다. 반면, 경제성장수준이 낮았던 스위스의 경험이 앞으로의 전개과정의 전형이 된다면, GDP로 표시한 총사회적 및 공공지출은 아주 현저하게 늘어날 것이며, 그렇게 되면 절박한 복지국가 위기현상도 사실로 나타나게 될 것이다.

그러나 어떠한 각본도 장차 일어날 일을 제대로 설명해 줄 수 있을 것 같지는 않다. 1990년대 아일랜드가 경험한 성장수준은 극히 예외적인 것으로서, 그것은 전후 초기 일본의 경우처럼 거의 확실하게 대부분 OECD 국가들의 1인당 GDP수준을 최근 수십 년간 서로 아주 가까워지도록 한 폭넓은 소득수렴과정의 일부였다(Dowrick and Nguyen, 1989). 만약 소득수렴현상이 미래 경제성장률을 결정짓는 주요한 요인이라면, 이 분석에서 미래에 이 정도 규모로 성장할 것으로 전망되는 유일한 국가들은 그리스 · 포르투갈 그리고 스페인 등인데, 이 모든 나라들은 서유럽 기준으로 보면 여전히 상대적으로 가난한 상태에 머물고 있다. OECD의 평균적인 경제성장률이 실질적으로 증가함에 따라 총지출수준이 낮아지는 일반적인 추세가 나타난다는 생각은, 지난 반 세기 서구의 경제성장 추세에 관해 우리가 알고 있는 바로는 어떤 곳에서도 그 근거를 찾을 수 없다.

실제로 1980~1998년 사이 OECD 연평균 경제성장률은 2.5%이었는데, 그 크기는 1990년대 아일랜드의 절반도 안 되는 수준으로서, 전반기에 비해 후반기가 아주 근소하게 낮은 수준이었다. 앞으로 평균성장률이 훨씬 더 낮아질 것이라 예상할 분명한 이유는 없지만, 어느 모로 보나 수십 년간에 걸쳐 국가 간 성장률의 차이에는 기복이 상당히 심할 것이라고 예상할 수 있다. 최근 경험으로 보아서는 확실히 그러하였다. 전후 시기 경제성장의 표상이었던 일본도 1990년대 경제적 침체상태에 빠졌으며, 일본의 경제성장률은 1980년대에 4.1%이었던 것이 1990년대는 1.4%로 줄어들었다. 미국은 전후 수십 년간 경제가 상당히 위축되어 있었는데, 1980년대와 1990년대에 와서는 다시 회복되어 OECD 지역 경제확장의 중심 역할을 하게 되었다. 과거처럼 앞으로도 분명히 경제성장수준이 낮은 시기에 지출수준이 실질적으로 높아지는 효과가 있을 것이다. 말하자면, 경제활동의 하향국면이 사회적 지출의 상향국면을 불러오는 효과가 나타날 것이다. 그러나 그러한 효과는 경제적 조건이 개선되면 다시금 지출수준이 줄어드는, 단지 주기적인 것에 지나지 않는다고 볼 수 있다. 경제성장 추세는 과거처럼 앞으로도 총사회적 지출의 변동에 영향을 끼칠 것이다. 그러나 그 효과가 최근의 지출변화의 경로를 결정적으로 바꿀 것이라 믿을 만한 이유는 없다.

탈산업화의 영향에 있어서도 유사한 결론이 내려질 것으로 보인다. 탈산업화가 진전되면서 앞으로 OECD의 사회적 지출수준에 극적인 팽창이 있을 것 같지는 않는데, 이는 단순히 OECD 국가들에서 추가적 탈산업화의 가능성이 거의 없기 때문이다. 1998년에 OECD 국가들에서 농업과 제조업부문에 고용된 평균인구비율은 생산활동인구 대비 16%를 약간 넘어서는 수준이었으며, 일본과 포르투갈 두 나라만이 20%를 넘어서는 수치를 보였다. 1980년 이 부문의 인구가 전체 생산활동인구 대비 20%가 채 안 되는 나라들에서 1980~1998년 사이 탈산업화 수준이 평균적으로 3.6% 포인트 추가 상승[1]하였는데, 이러한 사실은 〈표 5.4〉에 나오는 관련 계수(coefficient)에 적용시켜 보면, 총사회적 지출이 평균적으로 GDP 대비 대략 1.5% 늘어난 것을 의미한다. 만약 그것이 탈산업화가 미래의 사회적

Chapter 8

1) 원서 p. 176에는 추가적인 '하락'(decline)으로 되어 있으나, 제5장의 관련부분 내용과 전후 맥락에 비추어 '상승'으로 바꾸었으니 참고하기 바람.

지출팽창에 미치는 영향이라면, 그 결과는 지속적으로 안정적인 상황을 벗어나지 않을 것이다. 나아가 일본과 포르투갈이 모두 총사회적 지출과 총공공지출에서 OECD 평균을 밑돌고 있기 때문에, 이들 나라에서 훨씬 더 큰 규모의 탈산업화는 앞으로 OECD 지출비율의 수렴현상을 가속화시킬 것이다. 그러나 탈산업화 효과는 중부와 동부 유럽의 많은 국가들에서 훨씬 더 현저하게 나타날 것인데, 이러한 현상은 2004년 확대과정을 거쳐 더욱 넓어진 유럽연합의 지출수준 수렴현상에 중요한 의미를 가질 것이다. 실제로 〈표 3.1〉에서 나타나는 바와 같이 독일이 12항목 평균지출 팽창수준을 넘어선 것은 1990년 이후의 일인데, 이렇게 된 데에는 옛 동독 지역의 극적인 탈산업화가 하나의 중요한 요인으로 작용하였다.

우리는 위에서, OECD 국가들 사이에서 총사회적 지출수준의 수렴 추세가 제대로 모습을 드러내지 못하는 가장 큰 하나의 요인은 빈곤완화국가와 사회보장 및 정부서비스 국가들 사이에서 복지에 대한 기대가 서로 다르다는 데 있다는 사실을 지적해 왔다. 제5장의 모형은 영어사용권의 빈곤완화국가와 스칸디나비아의 정부서비스국가의 지출수준 차이를 설명하는 가장 기본적인 요인은 서로 다른 당색의 정부가 정권을 잡고 있다는 점이며, 특히 장기적인 좌파 유산의 누적적인 영향이라는 점을 시사해 준다. 이러한 효과는 단기적으로 없어질 것 같지 않다. 스칸디나비아 국가군의 사회민주주의는 더 이상 종전과 같은 지배력을 갖고 있지는 않지만, 여전히 이들 나라에서 사회민주주의적 정당들은 당연히 있어야 할 정당으로 남아 있다. 이와는 대조적으로 미국에서 민주사회주의는 여전히 정치적인 영향력을 얻지 못하고 있으며, 캐나다에서는 단지 지역적 차원에서만 영향력을 가지고 있다. 아일랜드에서는 정당체계가 노동당을 영구적으로 무력하게 만들고 있다. 영어사용권의 다른 국가들에서는 서로 반대되는 정당이 교대로 정권을 잡아, 좌파의 재임기간이 얼마가 되든지 간에 그 기간에 이룩한 사회정책적 업적이 이어지는 우파의 재임기간에 상쇄되고 만다. 영어사용 국가와 스칸디나비아 국가들 사이의 이와 같은 정치적 차별성이 해소될 징후는 보이지 않는다. 그러나 설령 해소된다 하더라도 그것이 복지국가에 미치는 영향은 그 이후에도 오랫동안, 적어도 우리가 논의하는 기간 동안은 확실히 지속될 것 같다.

정당의 성격이 영어사용권과 스칸디나비아 국가들의 지출수준 차이를 설명한다면, 영어사용권과 서유럽대륙 국가들의 차이는 주로 복지급부조건의 차이에서 생기는 것으로 보인다. 제6장에서 우리는 이 효과를 연금급부조건에 관한 AGE 비율 차이의 관점에서 모형화하였다. 그러나 그것은 소득보전지출의 모든 범주에 보다 폭넓게 적용된다. 편익급부조건이 본질적으로 사회보장국가의 성격을 규정짓는 기여금구조와 연계되어 있다면, 이 효과들 또한 정상적인 상황하에서는 아주 지속적으로 나타날 것이라고 예상된다. 왜냐하면, 비스마르크식의 복지국가가 묵시적으로 기여자와 투표자들에게 미래의 편익수준과 관련하여, 급부조건의 확대를 사회보장체제 속에 심어 넣을 것이라고 약속하고 있기 때문이다. '무거운 코끼리의 더딘 움직임'처럼 완만하게 변화하는 것은 그러한 원리에 따라 구축된 연금제도만은 아니다. 편익수혜권리가 사전에 지불한 기여금에 따라 결정되는 모든 범주의 소득보전 프로그램의 편익에는 같은 원리가 적용된다.

그러나 제6장에서 우리는 연금급부조건이 좋은 많은 나라들이 바로 앞으로 50년간 인구고령화가 가장 빠르게 늘어날 나라들이기 때문에, 미래의 수십 년간 상황은 정상적이지 못할 것이라는 사실을 확인한 바 있다. 또한 우리는 이들 나라 중 이탈리아를 필두로 하는 상당수가 1990년대 연금개혁을 시도하였다는 사실도 지적하였다. 만약 이러한 개혁노력이 궁극적으로 성공적인 것으로 판명나면, OECD 국가들 내의 수렴경향

Chapter 8

은 더욱 강화될 것이다. 그러나 성공적이지 못하면, 연금급부조건의 제고와 극단적인 고령화의 이와 같은 혼합은 기존의 서유럽대륙 국가와 남유럽 국가군의 극히 일부 국가들에서 새롭게 지출수준이 아주 높은 국가집단을 출현시킬 것이다.



## 제5절 남겨진 과제

연금개혁의 가능성에 대한 이러한 논의를 하다 보면, 자연스럽게 앞으로의 복지국가가 당면한 과제들은 무엇일까 하는 주제로 넘어가게 된다. 여기서 말하고자 하는 논점은, 앞으로 수십 년간 복지국가를 어렵게 할 위기현상을 일반화하는 것이 전적으로 적절하지 않는 것과 마찬가지로 복지국가가 당면할 문제들을 일반화하는 것 또한 적절하지 않다는 점이다. 물론 그 이유는 동일하다. 말하자면, 서로 다른 복지국가들은 서로 다른 문제들에 직면하며, 따라서 서로 다른 과제들에 접하게 된다. 그렇다고 해서 모든 나라들의 문제와 과제들이 전적으로 다르다는 뜻은 아니다. 서로 다른 국가군은 서로 다른 복지제도들을 발전시켜 왔는데, 이는 동일한 국가군 내의 나라들이 직면하는 문제는 단지 정도의 차이가 있을 따름이지만, 서로 다른 국가군들 사이에는 문제들이 현격하게 차이가 난다는 사실을 의미한다. 앞으로 선진복지국가들이 당면하게 될 문제들은 보편적이지도 않고 그렇다고 전적으로 특별하지도 않지만, 각 나라들이 속하는 복지국가 유형별로 선호하는 제도조합을 포함하여 그들의 역사적 · 문화적 유산에 따라 유형화될 수 있다. 복지국가의 유형에 따라 문제와 과제들이 서로 다르다는 점이 본서 분석에서 밝혀진 새로운 사실이라고 주장하는 것은 아니다. 오히려 이러한 관련성들은 앞 장들에서 제시된 증거로부터 도출된 것으로서, 이러한 사실들이 이 분야의 최근 연구의 결론을 체계적으로 뒷받침해 주는 역할을 한다는 사실을 주장하고자 하는 것이다(특히, Esping-Andersen, 1996a; Scharpf and Schmidt, 2000a, b; Esping-Andersen et al., 2002 등을 참고).

영어사용 복지국가들이 당면한 기본적인 문제는 이들 나라가 OECD 대부분의 다른 나라들에 비해 빈곤수준과 불평등수준이 더 높은 경향을 보이고 있다는 점이다(이러한 사실을 보이고 있는 최근의 연구로는 Smeeding, 2002 참고). 이들 나라의 복지서비스 공급의 근거를 '자유주의'에서 찾든, '잔여적 모형'에서 찾든, 또는 빈곤완화에서 찾든 그 의미는 마찬가지이다. 말하자면, 이들 나라의 복지국가적인 제도적 환경은 다른 국가군에 비해 체계적으로 지출수준을 낮추고 급부수준을 낮춘다(〈표 2.1〉, 〈표 2.2〉, 〈표 2.4〉, 〈표 6.2〉 등을 참고). 그러나 복지국가에 관한 비교연구 문헌들은 종종 영어사용 국가들과 다른 선진복지국가들 사이의 차별성을 과장하는 경향이 있다. 이 나라들이 사회정책에서 빈곤완화에 치중하는 주된 이유는 그들이 국가간섭을 싫어하기 때문인데, 이는 이 나라들이 직접적인 국가공급을 피하여 (민간의) 의무적 공급과 규제적 간섭을 실시할 가능성이 높은 국가들이라는 의미이다(Castles, 1994). 마찬가지로 이들은 복지수혜자들에게 조세를 가장 적게 징수하는 나라들이기도 한데, 그리하여 빈곤과 지출수준면에서 국가 간 상대적 차별성이 실질적으로 어느 정도 나타날 수 있다(Whiteford, 1995; Castles, 1997; Adema, 1999). 이렇게 보면 총지출수준의 차별성은 때때로 복지성과의 차별성을 과장하기도 하는 것이다. 그러나 비록 이 나라들이 풍요롭고, 나아가 다른 국가군들에 비해 현저하게 인구통계적인 압력도 적음에도 불구하고, 이 나라들과 대부분의 OECD 다른 나라들의 지출 및 급부조건의 수준에는 아주 큰 차이가 나는 것은 사실이다.

이 국가들의 주된 사회정책 과제는 위기설에서 암시하는 바와는 거의 정반대다. 그것은 그들의 유리한 인구통계적 입장을 활용하여, 적절하지는 않지만 가난한 사람들의 요구를 들어 주면서 편익과 서비스 공급수준을 최소수준에서 탈피하는 것, 말하자면 가난한 복지국가를 벗어나는 것이다. 이들 나라가 수행해야 할 작지만 중요한 또 하나의 과제는 복지국가의 위기론 확산을 위한 주요한 지적 창고역할을 멈추는 것이다. 세계경제와 인구통계적 압력 때문에 복지국가 지출을 삭감하는 방법 이외에 '다른 대안은 없다'라는 집요한 주장이 바로 가난한 사람들에 대한 급부조건이 좋지 않는 나라들에서 나오고 있다는 사실은 우연이 아니다. 복지국가에 대한 허구적 위기설의 주요 기능은, 세계화와 인구고령화가 주는 충격에 관한 보다 일반적인 설명들을 들먹이면서, 최소한의 국가간섭과 가능한 최저한의 과세에 대한 논리를 제공하는 데 있다. 필자가 가끔 '끔찍한 영어권'이라 묘사하였던 표현이 정당성을 갖는 점이 있다면 바로 이런 점일 것이다.

평균적인 지출과 급부수준면에서 영어사용 국가들과 가장 유사한 남유럽 국가들의 과제는 상당히 사뭇 다르다. 그것은 부분적으로는 남유럽 국가들이 가지고 있는 비스마르크식의 제도적 틀로 인해 프로그램이 성숙해 가고, 1인당 소득수준이 증가해 감에 따라 이 나라들이 영어사용 국가들보다 결국에는 훨씬 더 지출하게 될 것이기 때문이다. 〈표 2.4〉에 나타나듯이 남유럽 국가들의 급부조건이 낮은 것은 영어사용 국가들에서처럼 그들이 선호하는 사회적 공급의 방식에 내재되어 있는 것은 아니다. 나아가 남유럽 국가들은 다른 OECD 국가들보다 복지국가 건설과정이 더 늦게 시작되었기 때문에, 많은 경우 그들의 프로그램 전개양상이 아직은 불완전하다. 따라서 이 나라들은 앞으로 수십 년간 OECD 수렴현상에 훨씬 더 근접하고, 따라잡기를 할 가능성이 큰 나라들이다.

남유럽 복지국가들의 가장 큰 문제는 불균형의 문제이다(Ferrera, 1996). 특히, 두 가지 문제가 눈에 띈다. 첫째, OECD 어느 곳보다 남유럽 복지국가들이 연금수혜자의 복지국가들이다. 일반적으로 이들은 고령층과 중년층(조기퇴직자들) 노동자들에 대한 지출과 여성과 아이들에 대한 지출 사이의 불균형이 심한 나라들이다(보다 자세한 논의는 Lynch, 2002 참고). 이 불균형은 고령현금급여에 대한 지나친 지출에서도 볼 수 있으며(〈표 6.2〉의 첫 번째 세열 참고), 또한 그들의 복지서비스 공급의 전반적인 급부조건과 고령자에 대한 AGE 비율 급부조건의 차이에서도 볼 수 있다(〈표 2.4〉와 〈표 6.2〉의 마지막 세열을 대조해 볼 것). 둘째, 남유럽 국가들은 또한 가장 인구고령화가 급속하게 진행되는 국가들이기도 하며, 또한 급격한 출산율 저하로 인해 인구구조가 곧바로 붕괴될 전망이 가장 큰 국가들이기도 하다. 이 국가들의 과제는 그들 사회의 균형을 회복한다는 차원에서 복지국가를 균형 있게 발전시키는 것이다. 자원을 고령층으로부터 여성고용수준을 높이고 동시에 출산율도 제고시키기 위한 가족친화적인 정책들로 이동시키는 연금개혁이 매우 시급하다. 가족친화적인 사회정책이라는 면에서 보면, 이 두 가지 목표는 여전히 양립할 수 없는 것으로 보인다(Esping-Andersen, 1999). 그러나 우리의 분석에 따르면, 이 둘은 서로 모순되지 아니하며, 서로 다른 방향에서 장기적으로 인구고령화가 사회정책에 주는 충격을 줄이기 위해 두 정책이 모두 필요하다는 사실을 알 수 있다.



서유럽 대륙의 복지국가들은 비록 프로그램 성숙도라는 관점에서 남유럽 국가들과 반대편 쪽에 있지만, 일정 부분 같은 문제와 과제들을 가지고 있다. 인구고령화, 높은 연금급부수준, 출산율의 급격한 하락 등은 지중해 연안국들에서만큼이나 알프스 북쪽에서도 흔히 목격되는 특성들이다(〈표 6.1〉, 〈표 6.2〉, 〈표 7.1〉 참고). 오스트리아 · 독일 같은 나라들에서도 인구감소가 가져다 주는 보다 심각한 영향을 피하기 위해서는 연금으로부터 가족친화적인 정책으로 자원의 이동이 일어날 필요가 있다. 또한 남유럽 국가들과 서유럽대륙 국가들은 기여에 의한 자금조달방식에 바탕을 두는 공통적인 제도적 특성을 공유하고 있는데, 이 경우는 일반과세에 의한 자금조달방식을 택하고 있는 체제에 비해 제도를 수정하기가 본질적으로 더 어렵다. 연금개혁은 이들 모든 국가군에서 아주 중요한 정책의제인데, 이러한 의제는 두 국가군 모두 정부의 안정성을 해칠 가능성을 갖고 있다.

그러나 차이점도 있는데, 서유럽대륙 국가들에서는 서로 다른 프로그램들 사이에 불균형의 정도가 보다 완만하다는 점이 주된 차이점이다. 말하자면, 급부조건이 고령자에 대한 급부율과 근로층에 대한 급부율이 유사하게 나타나고 있다. 이러한 사실은 〈표 2.4〉와 〈표 6.2〉의 수치들을 비교해 보면 아주 분명하게 대조를 이루는 것을 볼 수 있다. 서유럽대륙 복지국가들에서는 사회보장을 통한 소득보전의 목표가 대부분 거의 달성되었다. 물론 그러한 것은 대가 없이 얻어진 것은 아니다. 이와 같이 수혜자 범주별 급부조건에 차이가 나지 않은 것은, 잠재적으로 노동력 참가에 영향을 주어 노동시장의 유연성을 큰 폭으로 떨어뜨리고 나아가 장기적인 실업과 과소고용을 지속시킴으로써 이들 복지국가에 문제를 만들어 낸 것으로 볼 수 있다(Esping-Andersen, 1996b; Scharpf, 2000; Kenworthy, 2003 참고). 앞으로 사회보장국가가 당면할 근본적인 과제는 소득대체수준을 높이는 일과 남녀 모두에게 노동시장 참가수준을 높이는 일을 연계시킬 수 있는 방안을 찾아 내는 데 있다.

마지막으로 스칸디나비아 복지국가들이 당면한 문제와 해결책으로 눈을 돌려보자. 얼핏 보면, 우리는 여기서도 남유럽 국가들의 불균형과 유사한 일종의 불균형문제를 만나게 되는데, 연금급부수준은 복지 프로그램 전반의 급부수준과 비교해 보면 그만큼 높지 못하다. 그러나 고령자들의 필요(needs)에 그처럼 덜 중점을 두는 것은 사실과 다르다. 왜냐하면, 스칸디나비아 국가들은 OECD 국가들 중에서 다른 형태의 복지체제에 견줄 수 없을 만큼, 정부서비스 공급의 한 부분으로서 고령자들에게 가장 많은 서비스를 제공하는 국가들이기 때문이다. 에스핑-앤더슨이 수년 동안 주장해 왔듯이, 스칸디나비아 국가들은 무료로 또는 높은 보조를 통해 그렇게 많은 서비스를 공급함으로써 다른 나라들과 차별성을 보이고 있으며, 동시에 많은 복지국가문제들을 풀어 내고 있다(Esping-Andersen, 1990, 1999). 고령자에게뿐만 아니라 국민건강 서비스의 형태로, 그리고 우리가 보았듯이 아동보호를 위한 공적 자금에 의한 집중적인 체제형태로 자유롭게 서비스를 공급해 줌으로써, 복지국가에 균등화 요인을 제공해 준다. 그리하여 한편으로 고용을 제고시키면서, 또 한편으로는 그러한 고용의 대부분이 여성이기 때문에 성별 균등의 수준 또한 높여 주고 있다. 나아가, 스칸디나비아 복지국가들은 여성고용을 한층 촉진하는 가족서비스를 제공함으로써, 현대사회의 저출산 요인에 대응할 수 있는 독특한 특성을 가지고 있다.

원칙적으로 스칸디비아 복지국가들은 결국 급부조건이 높고, 평등주의적이며, 고용촉진적이고, 가족친화적으로서, 다른 어떤 체제와도 견줄 수 없을 정도로 노동시장과 사회정책이 결합된 모습을 띠고 있다. 그러나 여기에도 극복해야 할 과제들이 있다. 가장 많이 지적되는 과제는 그처럼 높은 수준의 지출을 기여금이 아니라 일반적인 과세로부터 실질적으로 조달해야 한다는 점에서 재정부담의 문제가 있다. 아마도 보다 심각한 과제는 높은 수준의 실업에 노정될 가능성 문제인데, 이는 스칸디나비아식 복지구조의 상당 부분에 위협이 될 수 있다. 스웨덴은 1980년대 이래 처음으로 1990년대 중반 가장 심각한 대량실업사태에 직면한 적이 있는데, 그로 인해 빈곤이 급격하게 늘어났으며(Palme, 2000 참고), 출산율은 급격하게 줄어들었다(Hoem, 2000). 그러나 보다 최근에는 핀란드와 스웨덴 모두 실업이 줄어들었으며, 빈곤과 출산 추세도 역전되었는데, 이러한 사실은 단일의 유럽 시장이라는 맥락에서 노동시장을 관리하는 데 어려움이 있지 않을까 하는 우려가 있음에도 불구하고(Korpi, 2003), 평등주의적인 사회정책과 완전고용을 추구하는 스칸디나비아의 목표는 적어도 단기적으로 양립가능하다는 사실을 시사한다.

우리는 선진복지국가들의 지출수준은 앞으로 쉽게 바뀔 것 같지 않으며, 또한 서로 다른 복지국가 유형이나 국가군의 지출우선순위도 여전히 보다 확고하게 유지될 것이라는 사실을 주장해 왔다. 이러한 사실은 분명 서로 다른 국가군의 복지서비스 공급에서 나타나는 특별한 문제들은 극복하기가 힘들다는 사실을 시사해 준다. 그렇다고 해서 그러한 문제들이 전적으로 해결할 수 없다는 뜻은 아니다. 서구 복지국가의 역사를 보면 그때그때마다 정책결정자들이 해결할 수 없다고 생각하였던 문제들이 산재해 있었다. 그러나 비스마르크가 처음으로 기여에 의한 사회보장 프로그램을 만들어 낸 이래 120여 년이 지나는 동안 다양한 구도를 갖춘 복지국가들이 광범위한 새로운 문제들을 성공적으로 다루면서 진화해 왔다. 그들은 다양한 프로그램들을 끊임없이 만들어 내면서, 그리고 GDP 대비 총지출수준을 현저하게 늘리면서 이러한 과제를 해결해 왔다. 앞으로 수십 년간 복지국가가 당면한 과제는 기본적으로 안정적인 지출의 틀 속에서 그들이 당면한 문제, 특히 인구통계적 문제를 해결하는 방법을 찾아 내는 일이 될 것이다.

# 참고문헌


Abrahamson, P.(1999), "The Welfare Modelling Business," *Social Policy and Administration*, 33(4): 394~415.

Adema, W.(1999), "Net Social Expenditure," *Labour Market and Social Policy Occasional PaPers*, 52, 2nd edn., Paris: OECD.

Ahn, N. and P. Mira(1998), "A Note on the Changing Relationship Between Fertility and Female Employment Rates in Developed Countries," *Fundación de Estudios de Economía Aplicada (FEDEA)*, Working Paper No. 13.

Aldenderfer, M. S. and R. K. Blashfield(1984), *Cluster Analysis*, Sage University Papers, No. 44, Newbury, Park, CA: Sage Publications.

Anttonen, A. and J. Sipila(1996), "European Social Care Services: Is It Possible to Identify Models', *Journal of European Social Policy*, 6(2): 87~100.

Armingeon, K.(2001), "Institutionalising the Swiss Welfare State," in J-E. Lane(ed.), *The Swiss Labyrinth, Institutions, Outcomes and Design* (Special issue of *West European Politics*), London: Frank Cass, pp. 145~168.

Aspinwall, M.(1996), "The Unholy Trinity: Modelling Social Dumping Under Conditions of Capital Mobility and Free Trade," *West European Politics*, 19(I): 125~150.

Bakker, I.(1988), "Women's Employment in Comparative perspective," in J. Jenson, E. Hagen, and C. Reddy(eds.), *Feminization of the Labour Force*, Cambridge: Polity Press, pp. 65~84.

Beaujot, R. and J. Liu(2002), "Children, Social Assistance and Outcomes: Cross-National Comparisons," Discussion Paper No. 01-20, Population Studies Centre, University of Western Ontario.

Beck, N. and J. N. Katz(1995), "What To Do (and Not to Do) with Time-Series-Cross-Section Data in Comparative Politics," *American Political Science Review*, 89(3): 634~647.

Beck, W., L. van der Maesen, and A. Walker(eds.)(1997), *The Social Quality of Europe*, The Hague: Kluwer Law International.

Becker, G. S.(1991), *A Treatise on the Family*, 2nd edn., Boston: Harvard University Press.

Blau, F. D. and M. A. Ferber(1992), *The Economics of Women, Men, and Work*, 2nd edn., Englewood Cliffs, NJ: Prentice Hall.

Blöndal, S. and S. Scarpetta(1998), "The Retirement Decision in OECD Countries," OECD Economics Department Working Paper No. 202.

Bongaarts, T. and G. Feeney(1998), "On the Quantum and Tempo of Fertility," *Population and Development Review*, 2(24): 271~291.

______ and A. Mach(2000), "Switzerland: Adjustment Policies Within Institutional Constraints," in F. W. Scharpf and V. A. Schmidt(eds.), *Welfare and Work in the Open Economy*, Vol. II: *Diverse Responses to Common Challenges*, Oxford: Oxford University Press, pp. 131~174.

Bonoli, G. and P. Taylor-Gooby(2000), *European Welfare Futures: Towards a Theory of Retrenchment*, Oxford: Polity.

Bos, E., M. T. Vu, E. Massiah, and R. Bulateo(1994), *World Population Projections, 1994-95*, New York: World Bank.

Boston, J. and J. Uhr(1996), "Reshaping the Mechanics of Government," in F.

Castles, R. Gerritsen, and J. Vowles(eds.), *The Great Experiment: Labour Parties and Public Policy Transformation in Australia and New Zealand*, Sydney: Allen and Unwin, pp. 48~67.

Brittan, S.(1997), *The Economic Consequences of Democracy*, London: Temple Smith.

Cameron, D.(1978), "The Expansion of the Public Economy: A Comparative Analysis," *American Political Science Review*, 72(4): 1243~1261.

Castles, F. G.(1978), *The Social Democratic Image of Society*, London: Routledge and Kegan Paul.

_____ (ed.) (1982), *The Impact of Parties*, London: Sage Publications.

_____ (1994), "Is Expenditure Enough? On the Nature of the Dependent Variable in Comparative Public Policy Analysis," *Journal of Commonwealth and Comparative Politics*, XXXII(3): 349~363.

_____ (1995), "Welfare State Development in Southern Europe," *West European Politics*, 18(2): 291~313.

_____ (1997), "The Institutional Design of the Australian Welfare State," *International Social Security Review*, 50(2): 25~42.

_____ (1998), *Comparative Public Policy: Patterns of Post-War Transformation*, Cheltenham: Edward Elgar.

_____ (2001a), "Reflections on the Methodology of Comparative Type Construction: Three Worlds or Real Worlds?," *Acta Politica*, 36: 140~154.

_____ (2001b), "On the Political Economy of Recent Public Sector Development," *Journal of European Social Policy*, 11(3): 195~211.

_____ and M. Ferrera(1996), "Home Ownership and the Welfare State: Is Southern Europe Different?," *South European Society and Politics*, 1(2): 163~185.

_____ and R. McKinlay(1997), "Does Politics Matter? An Analysis of the Public Welfare Commitment in Advanced Democratic States," *European Journal of Political Research*, 7(2): 169~186.

_____ and V. Merrill(1989), "Towards a General Model of Public Policy Outcomes," *Journal of Theoretical Politics*, 1(2): 177~212.

_____, R. Gerritsen, and J. Vowles(eds.)(1996), *The Great Experiment: Labour Parties and Public Policy Transformation in Australia and New Zealand,* Sydney: Allen and Unwin.

Center for Strategic and International Studies(CSIS)(2002), *The Global Retirement Crisis*, Washington, DC: Center for Strategic and International Studies.

Chassard, Y. and O. Quentin(1993), "Social Protection in the European Community: Towards a Convergence of Policies," *International Social Security Review*, 45(1/2): 91~108.

Chesnais, J-C.(1992), *The Demographic Transition: Stages, Patterns, and Economic Implications*, Oxford: Clarendon Press.

_____ (1996), "Fertility, Family, and Social Policy in Contemporary Western Europe," *Population and Development Review*, 22(4): 729~739.

Clayton, R. and J. Pontusson(1988), "Welfare State Retrenchment Revisited," *World Politics*, 51(1): 67~98.

Coleman, D.(2001), "Population Ageing: An Unavoidable Future," *Social Biology and Human Affairs*, 66: 1~11.

Comité des Sages(1996), *For a Europe of Civic and Social Rights*, Brussels: European Commission, Directorate-V.

Concialdi, P.(2000), "Demography, the Labour Market and Competitiveness," in G. Hughes and J. Stewart(eds.), *Pensions in the European Union: Adapting to Economic and Social Change*, Boston: Kluwer Academic.

Corrado, L., B. Londoño, F. Mennini, and G. Trovato(2003), "The Welfare States in a United Europe," *European Political Economy Review*, 1(1): 40~55.

Council of the European Union(2000), *Document 14011/00*, SOC 462 (Annex).

Crozier, M., S. P. Huntington, and S. Watanuki(1975), *The Crisis of Democracy: Report to the Trilateral Commission on the Governability of Liberal Democracies*, New York: New York University Press.

Cutright, P.(1965), "Political Structures, Economic Development and National Security Programs," *American Journal of Sociology*, 70(5): 537~550.

Dahl, R. and E. Tufte(1973), *Size and Democracy*, Stanford, CA: Stanford University Press.

Daly, M.(1997), "Welfare States Under Pressure: Cash Benefits in European Welfare States Over the Last Ten Years," *Journal of European Social Policy*, 7(2): 24~59.

_____ (2000), "A Fine Balance: Women's Labor Market Participation in International Comparison," in F. W. Scharpf and V. A. Schmidt(eds.), *Welfare and Work in the Open Economy*, Vol. II: *Diverse Responses to Common Challenges*, Oxford: Oxford University Press, pp. 467~510.

Delors, J.(1992), *Our Europe*, London: Verso.

De Santis, G.(2001), "Population Ageing in Industrialized Countries: Challenges and Issues," Policy and Research Paper, No. 19, Paris: International for the Scientific Study of Population(IUSSP).

Dowrick, S. and D. Nguyen(1989), "OECD Comparative Economic Growth 1950-85: Catch-up and Convergence," *American Economic Review*, 79(5): 1010~1030.

Drache, D.(1996), "From Keynes to K-Mart: Competitiveness in a Corporate Age," in R. Boyer and D. Drache(eds.), *States Against Markets: The Limits of Globalization*, New York: Routledge, pp. 31~61.

Drezner, D.(2000), "Bottom Feeders," *Foreign Policy*, 171(Nov/Dec): 64~70.

Easterlin, R. A.(1976), "The Conflict Between Aspirations and Resources," *Population and Development Review*, 2(3/4): 417~425.

_____ and E. M. Crimmins(1991), "Private Materialism, Personal Self-fulfillment, Family Life and Public Interest: The Nature, Effects, and Causes of Recent Changes in the Values of American Youth," *Public Opinion Quarterly*, 55(4): 499~533.

Ebbinghaus, B.(1999), "Does a European Social Model Exist and Can it Survive?," in G. Huemer, M. Mesch, and F. Traxler(eds.), *The Role of Employer Associations and Labour Unions in the EMU. Institutional Requirements for European Economic Policies*, Aldershot: Ashgate, pp. 1~26.

Emerson, M.(1988), *What Model for Europe?*, Boston: MIT Press.

Esping-Andersen, G.(1990), *The Three Worlds of Welfare Capitalism*, Cambridge: Polity Press.

_____ (1993), "Budgets and Democracy: Towards a Welfare State in Spain and Portugal, 1960-1986," in I. Budge and D. McKay(eds.), *Expanding Democracy: Research in Honour of Jean Blondel*, London: Sage Publications.

Esping-Andersen, G.(ed.)(1996a), *The Welfare State in Transition*, London: Sage Publications.

_____ (1996b), "Welfare States Without Work: The Impasse of Labour Shedding and Familialism in Continental European Social Policy," in G. Esping-

Andersen(ed.), *The Welfare State in Transition*, London: Sage Publications, pp. 66~87.

_____ (1997), "Hybrid or Unique? The Distinctiveness of the Japanese Welfare State," *Journal of European Social Policy*, 7(3): 179~189.

_____ (1999), *Social Foundations of Post-Industrial Economies*, Oxford: Oxford University Press.

_____ and S. Sarasa(2002), "The Generational Confict Reconsidered," *Journal of European Social Policy*, 12(1): 5~21.

_____ , D. Gallie, A. Hemerijck, and J. Myles(2002), *Why We Need a New Welfare State*, Oxford: Oxford University Press.

Falkner, G.(1998), *EU-Social Policy in the 1990s: Towards a Corporatist Policy Community*, London: Routledge.

Feldstein, M. and H. Siebert(eds.)(2001), *Social Security Pension Reform in Europe*, Chicago: Chicago University Press.

Ferrera, M.(1996), "The 'Southern Model' of Welfare in Social Europe," *Journal of European Social Policy*, 6(1): 17~37.

_____ (2000), "Reconstructing the State in Southern Europe," in S. Kuhnle(ed.), *The Survival of the European Welfare State*, London: Routledge, pp. 166~181.

_____ and M. Rhodes(eds.)(2000), "Recasting European Welfare States," *West European Politics* (Special Issue), 23(2).

_____ , A. Hemerijck, and M. Rhodes(2001), "The Future of the 'European Social Model' in the Global Economy," *Journal of Comparative Policy Analysis*, 3(2): 163~190.

Flora, P.(1986), "Introduction," in P. Flora(ed.), *Growth to Limits: The Western*

*European Welfare States Since World War II*, Vol. 1, Berlin: De Gruyter, pp. XI~XXXVI.

_____ and A. Heidenheimer(eds.)(1981), *The Development of Welfare States in Europe and America*, New Brunswick, NJ: Transaction Books, pp. 37~80.

Furniss, N. and T. Tilton(1977), *The Case for the Welfare State*, Bloomington: Indiana University Press.

Ganghof, S.(2000), "Adjusting National Tax Policy to Economic Internationalization: Strategies and Ouctcomes," in F. W. Scharpf and V. A. Schmidt(eds.), *Welfare and Work in the Open Economy*, Vol. II: *Diverse Responses to Common Challenges*, Oxford: Oxford University Press, pp. 597~645.

Garrett, G.(1998), *Partisan Politics in the Global Economy*, Cambridge: Cambridge University Press.

Gauthier, A. H.(1996), *The State and the Family*, Oxford: Clarendon Press.

Gemmell, N.(1993), "Wagner's Law and Musgrave's Hypotheses," in N. Gemmell(ed.), *The Growth of the Public Sector: Theories and International Evidence*, Aldershot: Edward Elgar, pp. 103~120.

Goldthorpe, J.(ed.)(1984), *Order and Conflict in Contemporary Capitalism*, Oxford: Clarendon Press.

Goodman, R. and I. Peng(1996), "The East Asian Welfare States: Peripatetic Learning, Adaptive Change, and Nation-Building," in G. Esping-Andersen(ed.), *The Welfare State in Transition*, London: Sage Publications, pp. 192~224.

Gornick, J., M. Meyers, and K. Ross(1997), "Supporting the Employment of Mothers: Policy Variation Across Fourteen Welfare States," *Journal of European Social Policy*, 7(1): 45~70.

Gough, I.(1979), *The Political Economy of the Welfare State*, London: Macmillan.

Grahl, J. and P. Teague(1997), "Is the European Social Model Fragmenting?," *New Political Economy*, 2(3): 405~426.

Green-Pedersen, C.(2004), "The Dependent Variable Problem Within the Study of Welfare-State Retrenchment: Defining the Problem and Looking for Solutions," *Journal of Comparative Policy Analysis*, 6(1).

Green-Pedersen, J.(2002), *The Politics of Justification: Party Competition and Welfare-State Retrenchment in Denmark and the Netherlands from 1982 to 1998*, Amsterdam: Amsterdam University Press.

Gruber, J. and D. Wise(2001), "An International Perspective on Policies for an Aging Society," NBER Working Paper No. W8103, Cambridge, MA: National Bureau of Economic Research.

Guillén, A. and S. Álvarez(2001), "Globalization and the Southern Welfare States," in R. Sykes, B. Palier, and P. Prior(eds.), *Globalization and European Welfare States*, Basingstoke: Palgrave, pp. 103~126.

Gustavsson, S. and F. Stafford(1994), "Three Regimes of Childcare: The United States, the Netherlands, and Sweden," in R. Blank(ed.), *Social Protection versus Economic Flexibility*, Chicago: University of Chicago Press, pp. 333~362.

Hakim, C.(2000), *Work-Lifestyles Choices in the 21st Century*, Oxford: Oxford University Press.

Hemerijck, A.(2002), "The Self-Transformation of the European Social Model(s)," in G. Esping-Andersen, D. Gallie, D. Hemerijck, and J. Myles(eds.), *Why We Need a New Welfare State*, Oxford: Oxford University Press, pp. 173~213.

Hicks, A. and D. Swank(1984), "On the Political Economy of Welfare Expansion," *Comparative Political Studies*, 17(1): 81~119.

_____ (1992), "Politics, Institutions, and Welfare Spending in Industrialized Democracies, 1960-1982," *American Political Science Review*, 86(3): 658~674.

Hinrichs, K.(2001a), "Elephants on the Move: Patterns of Public Pension Reform in OECD Countries," in S. Liebfried(ed.), *Welfare State Futures*, Cambridge: Cambridge University Press, pp. 77~102.

_____ (2001b), "Ageing and Public Pension Reforms in Western Europe and North America: Patterns and Politics," in J. Clasen(ed.), *What Future for Social Security? Debates and Reforms in National and Cross-national Perspective*, The Hague: Kluwer Law International, pp. 157~178.

Hirst, P. and G. Thompson(1996), *Globalization in Question*, Cambridge: Polity Press.

Hodges, M. and S. Woolcock(1993), "Atlantic Capitalism versus Rhine Capitalism in the European Community," *West European Politics*, 16(3): 329~344.

Hoem, B.(2000), "Entry into Motherhood in Sweden: The Influence of Economic Factors on the Rise and Fall in Fertility, 1986-1997," *Demographic Research*, 2(4)(www.demographic-research.org/Volumes/Vo12/4).

Hoem, J.(1993), "Public Policy as the Fuel of Fertility: Effects of a Policy Reform on the Pace of Childbearing in Sweden in the 1980s," *Acta Sociologica*, 36(1): 19~31.

Hood, C. and V. Wright(eds.)(1981), *Big Government in Hard Times*, Oxford: Martin Robertson.

Huber, E. and J. Stephens(2001), *Development and the Crisis of the Welfare State*,

Chicago: University of Chicago Press.

_____ , C. Ragin, and J. Stephens(1993), "Social Democracy, Christian Democracy, Constitutional Structure and the Welfare State," *American Journal of Sociology*, 99(3): 711~749.

Hudson, P. and W. R. Lee(1990), "Introduction," in P. Hudson and W. R. Lee(eds.), *Women's Work and the Family Economy in Historical Perspective*, Manchester: Manchester University Press, pp. 2~47.

IMF(various years), *Balance of Payments Statistics*, Washington, DC.

_____ , *Financial Statistics*, Washington, DC.

Iversen, T.(2001), "The Dynamics of Welfare State Expansion: Trade Openness, De-industrialization, and Partisan Politics," in P. Pierson(ed.), *The New Politics of the Welfare State*, Oxford: Oxford University Press, pp.45~79.

_____ and T. Cusack(2000), "The Causes of Welfare State Expansion: Deindustrialization or Globalization?," *World Politics*, 52(2): 313~349.

Jessop, R.(1996), "Post-Fordism and the State," in B. Greve(ed.), *Comparative Welfare Systems: The Scandinavian Model in a Period of Change*, New York: St Martin's Press, pp. 165~183.

Kamerman, S. and A. Kahn(1981), *Child Care, Family Benefits and Working Parents*, New York: Columbia University Press.

Kangas, O.(1991), *The Politics of Social Rights*, Stockholm: Swedish Institute for Social Research.

Katzenstein, P.(1985), *Small States in World Markets*, Ithaca, NY: Cornell University Press.

Kautto, M., J. Fritzell, B. Hvinden, J. Kvist, and H. Uusitalo(eds.)(2001), *Nordic Welfare States in the European Context*, London: Routledge.

Kelsey, J.(1993), *Rolling Back the State*, Wellington: Bridget Williams Books.

Kenworthy, L.(2003), "Do Affluent Countries Face an Incomes—Jobs Tradeoff?," *Comparative Political Studies*, 36(10): 1180~1209.

Keohane, R. O. and H. V. Milner(eds.)(1996), *Internationalization and Domestic Politics*, Cambridge: Cambridge University Press.

Kittel, B.(1999), "Sense and Sensitivity in the Pooled Analysis of Political Data," *European Journal of Political Research*, 35(2): 225~253.

Korpi, W.(1989), "Power, Politics, and State Autonomy in the Development of Social Citizenship: Social Rights During Sickness in Eighteen OECD Countries Since 1930," *American Sociological Review*, 54(2): 309~328.

_____ (2001), "Contentious Institutions: An Augmented Rational-Action Analysis of the Origins and Path Dependency of Welfare State Institutions in Western Countries," *Rationality and Society*, 13(2): 235~283.

_____ (2003), "Welfare-State Regress in Western Europe: Politics, Institutions, Globalization, and Europeanization," *Annual Review of Sociology*, 29: 589~609.

_____ and J. Palme(2003), "New Politics and Class Politics in the Context of Austerity and Globalization: Welfare State Regress in 18 Countries, 1975-95," *American Political Science Review*, 97(3): 425~446.

Kriesi, H.(1999), "Note on the Size of the Public Sector in Switzerland," *Revue Suisse de Science Politique*, 5(2): 106~109.

Kuhnle, S.(ed.)(2000), *Survival of the European Welfare State*, London: Routledge.

Lane, J-E.(1999), "The Public/Private Distinction in Switzerland," *Revue Suisse de Science Politique*, 5(2): 94~105.

Laurance, J.(2002), "Why an Ageing Population is the Greatest Threat to Society,"

*Today*, International Youth Care Network(www.cyc-net.org/today/today020410.html).

Lesthaeghe, R. and G. Moors(2000), "Recent Trends in Fertility and Household Formation in the Industrialized World," *Review of Population and Social Policy*, 9: 1~49.

______ and P. Willems(1999), "Is Low Fertility a Temporary Phenomenon in the European Union?," *Population and Development Review*, 25(2): 211~228.

Liebfried, S.(1993), "Towards a European Welfare State?," in C. Jones(ed.), *New Perspectives on the Welfare State in Europe*, London: Routledge.

______ (ed.)(2001), *Welfare State Futures*, Cambridge: Cambridge University Press.

______ and P. Pierson(eds.)(1995), *European Social Policy: Between Fragmentation and Integration*, Washington, DC: Brookings Institution.

Lijphart, A.(1999), *Patterns of Democracy: Government Form and Performance in Thirty-Six Countries*, New Haven, CT: Yale University Press.

Lindberg, L. and C. Maier(eds.)(1985), *The Politics of Inflation and Economic Stagnation: Theoretical Approaches and International Case Studies*, Washington, DC: Brookings Institution.

Lynch, J.(2002), "The Age of Welfare: Citizens, Clients, and Generations in the Development of the Welfare State," Ph.D. Dissertation, Berkeley: University of California.

Manow, P. and E. Seils(2000), "Adjusting Badly: The German Welfare State, Structural Change, and the Open Economy," in F. W. Scharpf and V. A. Schmidt(eds.), *Welfare and Work in the Open Economy*, Vol. II: *Diverse Responses to Common Challenges*, Oxford: Oxford University Press, pp.

264~306.

McDonald, P.(2000), "Gender Equity, Social Institutions and the Future of Fertility," *Journal of Population Research*, 17(1): 1~16.

_____ (2002), "Low Fertility: Unifying the Theory and the Demography," Paper Presented to a Meeting of the Population Association of America, Atlanta, 9-11 May.

Miller, P. and M. Wilson(1983), *A Dictionary of Social Science Methods*, New York: John Wiley and Sons.

Milner, H. and R. Keohane(1996), "Internationalization and Domestic Politics: An Introduction," in R. Keohane and H. Milner(eds.), *Internationalization and Domestic Politics*, Cambridge: Cambridge University Press, pp. 3~24.

Mishra, R.(1990), *The Welfare State in Capitalist Society*, Toronto: University of Toronto Press.

_____ (1999), *Globalization and the Welfare State*, Cheltenham: Edward Elgar.

Monnier, A. and C. de Guilbert-Lantoine(1996), "La conjoncture démographique: l' Europe et les pays développés d'outre-mer," *Population*, 16(4): 1005~1030.

Moran, M.(1988), "Crises of the Welfare State," *British Journal of Political Science*, 18(3): 397~414.

Myles, J.(2002), "A New Social Contract for the Elderly?," in G. Esping-Andersen, D. Gallie, A. Hemerijck, and J. Myles(eds.), *Why We Need a New Welfare State*, Oxford: Oxford University Press.

Myles, J. and J. Quadagno(1997), "Recent Trends in Public Pension Reform: A Comparative View," in K. Banting and R. Boardway(eds.), *Reform of*

*Retirement Income Policy: International and Canadian Perspectives*, Queen's University, Kingston, ON: School of Policy Studies.

Obinger, H. and U. Wagschal(2001), "Families of Nations and Public Policy," *West European Politics*, 24(1): 99~111.

O'Connor, J.(1973), *The Fiscal Crisis of the State*, New York: St Martin's Press.

OECD(1981), *The Welfare State in Crisis*, Paris.

_____ (1984), "The Contribution of Services to Employment," *OECD Employment Outlook*, Paris, pp. 39~54.

_____ (1985), *Social Expenditure 1960-1990, Problems of Growth and Control*, Paris.

_____ (1993), *OECD Health Systems*, Vol. II, Paris.

_____ (1994), "New Orientations for Social Policy," *Social Policy Studies*, No. 12, Paris.

_____ (1996a), *Ageing in OECD Countries: A Critical Policy Challenge*, Social Policy Studies, No. 20, Paris.

_____ (1996b), *Social Expenditure Statistics of OECD Member Countries* (Provisional Version), Paris.

_____ (1999), *A Caring World: The New Social Policy Agenda*, Paris.

_____ (2001a), *Social Expenditure Database, 1980-1998*, CD-Rom, Paris.

_____ (2001b), *Labour Force Statistics, 1980-2000*, Paris.

_____ (2001c), "Balancing Work and Family Life: Helping Parents into Paid Employment," *OECD Employment Outlook*, Paris, pp. 129~166.

_____ (various years), *Economic Outlook*, Paris.

_____ (various years), *Foreign Direct Investment in OECD Countries*, Paris.

_____ (various years), *Historical Statistics*, Paris.

Offe, C.(1984), *Contradictions of the Welfare State*, London: Hutchinson.

Ohmae, K.(1991), *The Borderless World: Power and Strategy in the Interlinked Economy*, New York: Harper Perennial.

Orloff, A.(1993), "Gender and the Social Rights of Citizenship: The Comparative Analysis of Gender Relations and Welfare States," *American Sociological Review*, 58(3): 303~328.

Overbye, E.(1994), "Convergence in Policy Outcomes: Social Security Systems in Perspective," *Journal of Public Policy*, 14(2): 147~174.

Oxford University Press(1982), *World Christian Encyclopedia*, 1st edn., Nairobi.

______(2001), *World Christian Encyclopedia*, 2nd edn, New York.

Palier, B.(2000), "'Defrosting' the French Welfare State," *West European Politics*, 23(2): 113~136.

______(2001), "Beyond Retrenchment: Four Problems in Current Welfare State Research and One Suggestion How to Overcome Them," in J. Clasen(ed.), *What Future for Social Security? Debates and Reforms in National and Cross-national Perspective*, The Hague: Kluwer Law International, pp. 105~120.

Palme, J.(1990), *Pension Rights in Welfare Capitalism*, Stockholm: Swedish Institute for Social Research.

______ et al.(2000), *Welfare at Crossroads: Summary of Interim Balance Sheet for Welfare in the 1990s*, Stockholm: SOU, p. 3.

Pampel, F. and J. Williamson(1989), *Age, Class, Politics, and the Welfare State*, Cambridge: Cambridge University Press.

Pfaller, A., I. Gough, and G. Therborn(eds.)(1991), *Can the Welfare State Compete?*, London: Macmillan.

Pierson, P.(1994), *Dismantling the Welfare State?*, Cambridge: Cambridge University

Press.

_____ (1996), "The New Politics of Welfare State," *World Politics*, 48(2): 143~179.

_____ (1998), "Irresistible Forces, Immovable Objects: Post-industrial Welfare States Confront Permanent Austerity," *Journal of European Public Policy*, 5(4): 539~560.

_____ (2000), "Increasing Returns, Path Dependence and the Study of Politics," *American Political Science Review*, 94(2): 251~267.

_____ (ed.)(2001), *The New Politics of the Welfare State*, Oxford: Oxford University Press.

Pinder, J.(1968), "Positive Integration and Negative Integration: Some Problems of Economic Union in the EEC," *The World Today*, 24(3): 88~110.

Powell, M. and A. Barrientos(2004), "Welfare Regimes and the Welfare Mix," *European Journal of Political Research*, 43(1): 83~105.

Przeworski, A.(1987), "Methods of Cross-National Research, 1970-83: An Overview," in M. Dierkes, H. Weiler, and A. Antal(eds.), *Comparative Policy Research*, Aldershot: Gower.

Rhodes, M.(1998), "'Subversive Liberalism': Market Integration, Globalisation, and European Welfare States," in W. Coleman and G. Underhill(eds.), *Regionalism and Global Economic Integration: Europe, Asia and the Americas*, London: Routledge.

Rieger, E. and S. Leibfried(2003), *Limits to Globalization: Welfare States and the World Economy*, Cambridge: Cambridge University Press.

Rimlinger, G. V.(1971), *Welfare Policy and Industrialization in Europe, America and Russia*, New York: John Wiley and Sons.

Rodrik, D.(1997), *Has Globalisation Gone Too Far?*, Washington, DC: Institute for

International Economics.

Roseveare, D., W. Leibfritz, D. Fore, and E. Wurzel(1996), "Ageing Populations, Pension Systems and Government Budgets: Simulations for 20 OECD Countries," Economics Department Working Papers No. 168, Paris.

Ross, Fiona(2000), "'Beyond Left and Right': The New *Partisan* Politics of Welfare," *Governance*, 13(2): 155~183.

Ruggie, J.(1982), "International Regimes, Transactions and Change: Embedded Liberalism in the Postwar Economic Order," *International Organization*, 36(2): 379~415.

Sardon, J.-P.(2002), "Recent Demographic Trends in the Developed Countries," *Population*, (English Edition), 57(1): 111~156.

Scharpf, Y. Mény(1998), "Positive and Negative Integration in the Political Economy of European Welfare States," in M. Rhodes and E. Mény(eds.), *The Future of European Welfare: A New Social Contract?*, London: Macmillan.

Scharpf, F.(2000), "Economic Changes, Vulnerabilities, and Institutional Capabilities," in F. Scharpf and V. Schmidt(eds.), *Welfare and Work in the Open Economy*, Vol. I: *From Vulnerability to Competitiveness*, Oxford: Oxford University Press, pp. 21~124.

Scharpf, F. W. and V. A. Schmidt(eds.)(2000a), *Welfare and Work in the Open Economy*, Vol. I: *From Vulnerability to Competitiveness*, Oxford: Oxford University Press.

______ (eds.)(2000b), *Welfare and Work in the Open Economy*, Vol. II: *Diverse Responses to Common Challenges*, Oxford: Oxford University Press.

Schmidt, M. G.(1996), "When Parties Matter: A Review of the Possibilities and Limits of Partisan Influence on Public Policy," *European Journal of Political Research*, 30(2): 155~183.

Schulz, J.(2002), "The Evolving Concept of 'Retirement': Looking Forward to the Year 2050," *International Social Security Review*, 55(1): 85~105.

Sen, A.(2001), "Gender Equity and the Population Problem," *International Journal of Health Services*, 31(3): 469~474.

Shirer, P.(1996), "The Myth of the Demographic Imperative," in C. Steuerle and M. Kawai(eds.), *The New Fiscal World Order: Implications for Industrialized Nations*, Washington, DC: Urban Institute Press, pp. 61~84.

Siaroff, A.(1999), "Corporatism in 24 Industrial Democracies: Meaning and Measurement," *European Journal of Political Research*, 36(2): 175~205.

Smeeding, T.(2002), "Globalization, Inequality and the Rich Countries of the G-20: Evidence from the Luxembourg Income Study(LIS)," Luxembourg Income Study Working Paper No. 320, Luxembourg.

Sorrentino, C.(1990), "The Changing Family in International Perspective," *Monthly Labor Review*, 113(3): 41~58.

Stephens, J.(1979), *The Transition From Capitalism to Socialism*, London: Macmillan.

Stephens, R.(1999), "Economics and Social Policy," in D. Milne and J. Savage(eds.), *Reporting Economics*, Wellington: Journalists Training Organisation, pp. 189~204.

Stimson, J.(1985), "Regression in Space and Time: A Statistical Essay," *American Journal of Political Science*, 29(4): 914~947.

Strange, S.(1996), *The Retreat of the State: The Diffusion of Power in the World Economy*, Cambridge: Cambridge University Press.

Summers, R. and A. Heston(1991), "The Penn World Table(Mark 5)," *Quarterly Journal of Economics*, 106(2): 327~368.

Swank, D.(2001), "Political Institutions and Welfare State Restructuring: The Impact of Institutions on Social Policy Change in Developed Democracies," in P. Pierson(ed.), *The New Politics of the Welfare State*, Oxford: Oxford University Press.

_____ (2002), *Global Capital, Political Institutions, and Policy Change in Developed Welfare States*, Cambridge: Cambridge University Press.

Teeple, G.(1995), *Globalisation and the Decline of Social Reform*, Toronto: Garamond.

Therborn, G.(1983), "When, How and Why Does a Welfare State Become a Welfare State?," ECPR Workshops, Freiburg, March.

_____ (1995), *European Modernity and Beyond: The Trajectory of European Societies, 1945-2000*, London: Sage Publications.

Thomson, D.(1994), *Selfish Generations? The Ageing of New Zealand's Welfare State*, Wellington: Bridget Williams Books.

Titmuss, R. M.(1974), *Social Policy: An Introduction*, London: George Allen and Unwin.

Tsebelis, G.(1995), "Decision Making in Political Systems: Veto Players in Presidentialism, Parliamentarianism, Multicameralism and Multipartism," *British Journal of Political Science*, 25(3): 289~325.

_____ (1999), "Veto Players and Law Production in Parliamentary Democracies: An Empirical Analysis," *American Political Science Review*, 93(3): 591~608.

Tsoukalis, L. and M. Rhodes(1997), "Economic Integration and the Nation State," in M. Rhodes, P. Heywood, and V. Wright(eds.), *Developments in Western*

*European Politics*, London: Macmillan, pp. 19~36.

UNESCO(various years), *Unesco Statistical Yearbook*, Paris.

United Nations(1998), *World Population Prospects: The 1998 Revision*, New York: UN Population Division (Available elctronically).

_____ (1999), "Classification of Expenditures According to Purpose," Statistical Papers, Series M, No. 84, New York.

_____ (2001), *Replacement Migration: Is it a Solution to Declining and Ageing Populations* (ST/ESA/SER.A/206), New York: Department of Social and Economic Affairs, Population Division.

Van de Kaa, D. J.(1996), "Anchored Narratives: The Story and Findings of Half a Century Research into the Determinants of Fertility," *Population Studies*, 50(3): 389~432.

Van Kersbergen, K.(1995), *Social Capitalism: A Study of Christian Democracy and the Welfare State*, London: Routledge.

Visser, J. and A. Hemerijck(1997), *A Dutch Miracle*, Amsterdam: Amsterdam University Press.

Von Rhein-Kress, G.(1993), "Coping with Economic Crisis: Labour Supply as a Policy Instrument," in F. Castles(ed.), *Families of Nations: Patterns of Public Policy in Western Democracies*, Aldershot: Dartmouth, pp. 131~178.

Walker, A.(ed.)(1996), *The New Generational Conflict*, London: UCL Press.

Webb, M.(1995), *The Political Economy of Policy Coordination: Economic Adjustment Since 1945*, Ithaca, NY: Cornell University Press.

Whiteford, P.(1995), "The Use of Replacement Rates in International Comparisons of Benefit Systems," *International Social Security Review*, 48(2): 3~30.

Wilensky, H. L.(1975), *The Welfare State and Equality*, Berkeley: University of California Press.

______ and C. N. Lebeaux(1958), *Industrial Social Welfare*, New York: Russell Sage Foundation.

World Bank(1994), *Averting the Old Age Crisis*, New York: Oxford University Press.

World Health Organisation(1993), *World Health Statistics Annual*, Geneva.

## 역주 및 보론 참고문헌

강명세(2007), 「세계화, 복지국가, 민주주의—한국의 복지국가 전망과 복지정치」, 『한국 복지체제의 대안』, 대안 복지패러다임 연속 세미나, 참여연대 사회복지위원회.

박상섭(1985), 『자본주의 국가론』, 한울.

배인명(2000), 「지방정부 자치재정력의 지방세출구조에 대한 효과분석」, 『한국행정학보』, 34(2).

변세일(2008), 「경로분석방법론: 인과관계의 논리적 설명은 경로분석을 통해서」, 『국토』, 국토연구원.

전영평(1992), 「광산안전 규제의 효과분석」, 『한국행정학보』, 26(1).

조영훈(2004), 「사회변동, 복지정치, 복지국가의 변화」, 『한국사회학』, 38(1).

홍경준 · 송호근(2005), 「사회복지정책 결정구조에 대한 정책연결망 분석」, 『한국사회복지학』, 57(4).

Bågenholm, Andreas(2002), "Understanding Constraints," Research project to be discussed at the EPIC, Second Cohort, 2nd Advanced Research Workshop in Florence, 16-22 May.

Engelman, Robert and Elizabeth Leahy(2006), "Replacement Fertility: Not Constant, Not 2.1, but Varying with the Survival of Girls and Young Women," *Population Action International*, 1(4), April 3(http://www.populationaction.org/Publications/Research_Commentaries/Replacement_Fertility_Not_Constant/Summary.shtml).

Koß, Michael(2007), "Party Goals, Institutional Veto Points and the Discourse on Political Corruption," Papers presented at the 57th Political Studies Association Annual Conference Bath, 11-13 April.

O'Connor, J., *The Fiscal Crisis of the State*, St. Martin's Press, 1973(우명동, 『현대국가의 재정위기』, 이론과 실천, 1990).

Pierson, Paul, *Dismantling the Welfare State?*, 1994(박시종 옮김, 『복지국가는 해체되는가』, 성균관대학교 출판부, 2006).

# 찾아보기


[ㄱ]

가설검증 7, 20

가족친화적 정책 226, 230, 236, 244, 247, 255, 281, 282

가톨릭 신념(신봉) 231, 235, 242

거부지점(veto points) 28, 163

경로계수(path coefficient) 181

경로 다이어그램(path diagram) 182

경로분석(path analysis) 174, 181

경로의존적 성질 39

고령인구 의존율 190, 193

고용주의 의무적 공급 40

구조변화 척도 91

규모감소 척도 91

근무시간 자유선택제도 246, 250

기간(합계)출산율(period (total) fertility rate) 221, 224, 257

기여비례원칙(확정기여안) 205

기여원칙(contributory principle) 203

[ㄴ]

노동시장정책 82

[ㄷ]

당파효과 165

대체출산율(replacement fertility rate) 224, 259

따라잡기 160, 169, 211

[ㅁ]

무역개방도 155

민주주의 국가 과부하론(democratic overload) 4

[ㅂ]

변이계수(coefficient of variation) 43, 118

보편적 급여 202

복지국가 급부수준 198

복지국가 급부율 25, 57, 198

복지국가의 새 정치 3, 28, 33, 151, 162, 164, 180

복지국가의 옛 정치 33, 151

복지국가의 제 유형 96

복지급부율 60, 128, 129

복지레짐(welfare regime) 76

복지의존인구 58, 67

비교가설검증(comparative hypothesis testing) 16
비버리지식 96, 203
비스마르크식 96, 98, 132, 203, 271, 277
비표준화 회귀계수 174, 179, 181
빈곤완화국가 102, 276
빈곤완화기능 77

[ㅅ]
사회과학 17
사회민주주의 13, 77, 116, 188, 271, 276
사회민주주의적 복지국가 98
사회보장국가 98, 102, 276, 277, 282
사회적 서비스국가 96
산업적 성취-수행형태 96
소득보전원칙(확정급여 안) 205
소셜 덤핑(social dumping) 7
시간제 근무제도 247
시장순응적 복지국가 77
신자유주의 151

[ㅇ]
아동보호 246, 247, 248, 250
SOCX 16
AGE 비율 131, 201, 202, 207
여성고용 237, 239, 241, 243, 281
여성(직업)교육 232, 237, 252
여성실업 232, 252
연금급부율 198, 211
연금급부 척도 131
연방제도 163
OECD 사회적 지출 데이터베이스 (OECD Social Expenditure Database) 16, 22
완결(합계)출산율(cohort (total) fertility rate) 224, 257
유교적 가치 196
유럽경화증(Eurosclerosis) 90
유럽식 사회복지모형 26, 113, 117, 121, 123, 126, 137
유럽연합이사회(Council of the European Union) 116, 142
유럽이사회(European Council) 116, 142
유럽집행위원회(European Commission) 116, 142
이론검증 18
이론생성 18
EU 기구 142
EU 회원국 119, 145
인구고령화 192
인구구조 206
인구통계적 의존율 190

[ㅈ]

자본이동 정도 155
자산조사에 근거한 급여 202
자유주의적 복지국가 98
잔여적 복지국가 11
잔여적 형태 96
저출산사회 259
정부서비스(state services)국가 77, 103, 276
제도적 재분배형태 96
조합주의 13, 151, 163
좌파 영향 164, 171, 172
좌파 유산 171, 172, 211, 276
직장유연성 246, 247
집적시계열분석(pooled time series analysis) 20

[ㅊ]

초저출산사회 259
최적모형(best-fit models) 168, 170, 212, 251

[ㅌ]

탈산업화 162
탈산업화 가설 169

[ㅍ]

평률급여 202
표준화 회귀계수(standardized regression coefficients) 174, 181
프로그램 급부율 198, 205, 207
프로그램 성숙도 28

[ㅎ]

합계출산율(total fertility rate: TFR) 256
헌법구조 163, 167
현대국가 재정위기론 (fiscal crisis of the state) 5
황금기 52, 108, 113, 115, 169, 170
횡단면분석(corss-sectional design) 20

## 역자소개

### 우명동

고려대학교 경영학과 졸업
고려대학교 대학원 경제학과 졸업(경제학 석사 및 박사)
영국 런던대학교(SOAS, Univ. of London) 경제학과 객원교수
미국 아메리칸대학교(American Univ.) 경제학과 객원교수
현재 성신여자대학교 사회과학대학 경제학과 교수

**저서 및 역서**
『공공경제학』(공역), 박영사, 1986.
『현대국가의 재정위기』(역), 이론과 실천, 1990.
『재정학방법론과 재정론』, 해남, 1999(2002).
『국가성격논쟁-재정론과 공공선택론-』(공역), 해남, 2003.
『국가론』, 해남, 2005.
『재정학』, 『조세론』, 『지방재정론』 등 다수.

### 우기동

성균관대학교 졸업(경제학사, 경제학 석사)
주간 한국농업신문사 농수산부 출입기자
주간 문학신문사 총무국장
JCP(Jesse's College Prep.) 부원장
IVY Plan, SAT Writing 전담강사

**논문**
「1960년대 이후 우리나라 농가부채에 관한 연구」, 성균관대학교 대학원, 1990.

## ⊙ 복지국가의 미래

2008년 12월 20일 초판인쇄
2008년 12월 26일 초판발행

역자와
협의하에
인지 생략

저 자 프랜시스 캐슬
역 자 우명동 · 우기동
발행인 노현철
발행처 도서출판 해남
서울특별시 서대문구 냉천동 182 냉천B/D 4층
전화 739-4822 팩스 720-4823
e-mail haenam30@dreamwiz.com
homepage www.hpub.co.kr
등록 1995. 5. 10 제1-1885호

정 가 17,000원

ISBN 978-89-6238-009-5 93330